兰州大学人文社会科学类高水平著作出版经费资助

加速的经济周期

宏观政策选择和金融加速器效应

金祥义　张文菲◎著

中国社会科学出版社

图书在版编目（CIP）数据

加速的经济周期：宏观政策选择和金融加速器效应/金祥义，张文菲著 . —北京：中国社会科学出版社，2024.5
ISBN 978-7-5227-3561-0

Ⅰ.①加… Ⅱ.①金… ②张… Ⅲ.①宏观调控政策—研究—中国 Ⅳ.①F123.16

中国国家版本馆 CIP 数据核字（2024）第 100047 号

出 版 人	赵剑英
责任编辑	谢欣露
责任校对	周晓东
责任印制	王 超

出　　版	中国社会科学出版社
社　　址	北京鼓楼西大街甲 158 号
邮　　编	100720
网　　址	http://www.csspw.cn
发 行 部	010-84083685
门 市 部	010-84029450
经　　销	新华书店及其他书店
印刷装订	三河市华骏印务包装有限公司
版　　次	2024 年 5 月第 1 版
印　　次	2024 年 5 月第 1 次印刷
开　　本	710×1000　1/16
印　　张	15.5
字　　数	238 千字
定　　价	78.00 元

凡购买中国社会科学出版社图书，如有质量问题请与本社营销中心联系调换
电话：010-84083683
版权所有　侵权必究

前　言

　　金融危机席卷全球后，各国政府逐渐意识到金融因素对宏观经济波动有着不可忽视的作用，孤立金融因素来分析货币政策和财政政策对宏观经济的调控作用，将难以捕捉金融风险泡沫堆积下，宏观经济运行的客观变化规律，这对于正处于金融市场改制转型的中国而言，尤为关键。2022年诺贝尔经济学奖授予金融危机研究领域，以嘉奖伯南克等人从金融加速器视角来解读宏观经济波动的贡献，这也吸引了大量研究者关注金融加速器理论对经济周期的影响。鉴于此，本书基于新凯恩斯主义的理论框架，并借鉴BGG模型对金融因素的研究范式，通过构建包含金融加速器机制在内的宏观动态随机一般均衡模型（DSGE模型），系统分析金融加速器机制对中国货币政策和财政政策宏观调控效果的影响，以及金融加速器作用下不同宏观政策对经济体的福利影响大小，以期为甄选最适于经济运行规律的宏观调控方案和宏观政策规则提供来自现实经验的例证。具体而言，本书研究核心内容主要包含以下三部分：

　　首先，本书构建了包含家庭、商业银行、企业家、资本生产商、零售商、中央银行、政府部门在内的七部门宏观DSGE模型，将税率因素融入金融加速器机制中，拓展了基础的金融加速器模型，并依据我国经济运行特征设定具有自动稳定器功能的财政政策形式，以及遵循泰勒规则的货币政策形式，通过宏观数据和贝叶斯的估计方法对模型参数进行校准和估计，以此来分析货币政策和财政政策在金融加速器机制下的宏观调控作用。研究发现，包含金融加速器机制的DSGE模型比不包含金融加速器机制的DSGE模型更能拟合宏观经济数据的变动；货币政策和财政政策是宏观经济调控的两大基本方式，能够累积解释宏观经济变量一半以上的波动，并且在财政政策内部，政府支出对宏观经济波动的解释力度最大，劳动所得税次之，资本所得税最弱；货币政策和财政政策由于能够通过资产负债效应来影响企业的净资产，因此，当金融市场存在摩擦时，金融加速器机制将放大货币政策和财政政策对宏观经济的调控作用，并且随着金融加速器强度的增加，这一作用随之增强；福利损失分析显示，货币政策比财政政策实施后产生的福利损失程度更低，在兼顾宏观调控能力和宏观政策效果上，货币政策是政策当局用于熨平经济波动的最优选择。

其次，本书将原有 DSGE 模型拓展至开放经济环境下，在模型构建上增加汇率、国内外消费品、国内外资产配置、贸易等经济因素，将汇率因素融入金融加速器机制中，进一步丰富了金融加速器的作用机理，进而利于探究开放宏观条件下，货币政策和财政政策对宏观经济的影响程度，并对比开放经济环境下和封闭经济环境下的异同。研究结果显示，经济体在开放经济环境下面临着更大的金融加速器强度，暗喻了外部经济冲击带来的潜在影响；在开放经济环境下，货币政策和财政政策还能通过影响汇率因素，进一步对企业净资产产生作用，进而实现金融加速器机制的运行，放大宏观政策对实体经济的作用；宏观政策福利损失分析的结果支持了原有模型的结论，货币政策在不同金融加速器强度下均能带来最小的福利损失；汇率制度选择分析上，本书将外生汇率冲击引入基准模型中，探究了在不同浮动程度的汇率制度下，整个社会的福利损失情况，发现在浮动程度最高的汇率制度下，浮动汇率将吸收外部汇率冲击，进而减小汇率冲击通过货币政策调整对国内宏观经济产生的影响，最终降低了宏观经济的波动和汇率冲击引发的福利损失。

最后，在上述两方面内容的分析基础上，本书探究了最优货币政策规则的制定问题，通过引入预期消息冲击因素，构建包含金融加速器、预期消息冲击和不同货币政策规则的 DSGE 模型，详细地分析了数量型、价格型、混合型货币政策规则在公众预期因素下的宏观调控作用。分析结果表明，在加入预期消息冲击因素后，不同货币政策规则的模型对宏观经济波动的拟合程度均有所提高；数量型、价格型和混合型货币政策规则均能够发挥货币政策对宏观经济运行的指引作用，货币政策冲击能够通过影响企业的净资产变化，促使金融加速器机制得以运行，进而放大数量型、价格型和混合型货币政策规则下，货币政策带来的宏观调控力度，并且已预期的货币政策冲击比未预期的货币政策冲击具有更强的作用，这一作用随着金融加速器强度的变化存在着异质性；不同货币政策规则的福利损失分析结果显示，相比于数量型和价格型货币政策规则，混合型货币政策规则给社会造成的福利损失水平最小，这一结论在不同金融加速器强度变化下稳健成立，这表明改变我国当下数量型货币政策规则，使其向混合型货币政策规则逐步转轨，将有益于改善我国现阶段的社会福利水平，这亦是未来货币政策发展的应有方向。

目　　录

第一章　绪论 ·· 1

　　第一节　现实背景和研究意义 ·· 1
　　第二节　研究方法和结构框架 ·· 5
　　第三节　主要创新点和研究难点 ··· 11

第二章　理论评析与文献综述 ··· 15

　　第一节　金融加速器机制与文献研究 ································· 15
　　第二节　货币政策发展和宏观调控效果 ····························· 23
　　第三节　财政政策发展和宏观调控效果 ····························· 30
　　第四节　货币政策和财政政策的配合效应 ························· 36

第三章　货币政策和财政政策的发展路径和事实特征 ············· 41

　　第一节　我国货币政策和财政政策的历史发展评析 ·········· 41
　　第二节　货币政策和财政政策的调控规律和客观事实 ······ 44

第四章　封闭经济环境下货币政策和财政政策的影响分析
　　　　——基于金融加速器机制的视角 ································· 49

　　第一节　基本 DSGE 模型的构建 ·· 50
　　第二节　模型对数线性化的处理 ··· 58
　　第三节　参数校准和贝叶斯估计 ··· 60
　　第四节　模型拟合性的检验 ··· 70
　　第五节　模型的方差分解 ··· 75

第六节　基准模型的脉冲响应分析 …………………………… 77
第七节　不同金融加速器强度下的脉冲响应分析 …………… 86
第八节　金融加速器强度与政策福利损失分析 ……………… 99
第九节　本章小结 ……………………………………………… 104

第五章　开放经济环境下货币政策和财政政策的影响分析
——基于金融加速器机制的视角 …………………………… 107
第一节　基本 DSGE 模型的构建 ……………………………… 108
第二节　模型对数线性化的处理 ……………………………… 115
第三节　参数校准和贝叶斯估计 ……………………………… 118
第四节　模型拟合性的检验 …………………………………… 122
第五节　模型的方差分解 ……………………………………… 127
第六节　基准模型的脉冲响应分析 …………………………… 128
第七节　不同金融加速器强度下的脉冲响应分析 …………… 137
第八节　金融加速器强度与政策福利损失分析 ……………… 153
第九节　金融加速器强度与汇率制度选择 …………………… 157
第十节　本章小结 ……………………………………………… 162

第六章　金融加速器、预期消息冲击和货币政策规则 …………… 164
第一节　基本 DSGE 模型的构建 ……………………………… 167
第二节　模型对数线性化的处理 ……………………………… 175
第三节　参数校准和贝叶斯估计 ……………………………… 177
第四节　模型拟合性的检验 …………………………………… 183
第五节　基准模型的脉冲响应分析 …………………………… 191
第六节　不同金融加速器强度下的异质性分析 ……………… 202
第七节　金融加速器强度与货币政策福利损失分析 ………… 213
第八节　本章小结 ……………………………………………… 219

第七章　研究结论和政策建议 ……………………………………… 221
第一节　研究结论 ……………………………………………… 221

第二节　政策建议 …………………………………………… 224
第三节　未来研究展望 ………………………………………… 226

参考文献 ……………………………………………………… 227

第一章 绪论

第一节 现实背景和研究意义

随着20世纪末期亚洲金融危机和2008年国际金融危机的爆发,全球经济开始逐渐出现萎靡症状,银行业倒闭现象频频出现,金融危机浪潮席卷世界各地,由金融因素引发的巨大经济波动,使金融领域问题成为当下的一大研究热点,也使各国开始关注金融中介对宏观经济波动的潜在作用。[1][2] 为寻求合理解释,Bernanke等[3]首次将金融因素纳入实际经济周期(RBC)理论体系中,以此研究金融因素对宏观经济波动的作用,并提出著名的金融加速器机制,一定程度上解释了金融因素对经济波动的潜在影响,信贷机构与企业之间存在信息不对称,造成企业在资金融通时面临外部融资溢价的情况,使外部融资溢价程度与企业净资产直接挂钩,而企业净资产顺周期的特征,又导致信贷市场的金融摩擦放大了宏观经济的波动程度,因此解释了金融因素对实体经济有着巨大的作用。此模型之后被称为BGG模型,并推动了后续学者在新凯恩斯框架下构建含有金融加速器机制的动态随机一般均衡模型的发展,由于该模型能更好地拟合现实宏观经济的波动,因此成为各国学者预测和研究

---

[1] Brunnermeier M. K., Sannikov Y., "A Macroeconomic Model with a Financial Sector", *American Economic Review*, Vol. 104, No. 2, 2014, pp. 379-421.

[2] Borio C., "The Financial Cycle and Macroeconomics: What Have We Learnt?", *Journal of Banking & Finance*, Vol. 45, No. 1, 2014, pp. 182-198.

[3] Bernanke B. S., Gertler M., Gilchrist S., "The Financial Accelerator in a Quantitative Business Cycle Framework", *Handbook of Macroeconomics*, Vol. 1, 1999, pp. 1341-1393.

经济波动的标准范式。①②③④⑤ 这对正处于金融市场逐步向市场化转型的中国而言，有着不言而喻的理论指导作用。党的十九大报告亦强调："深化金融体制改革，增强金融服务实体经济能力，健全金融监管体系，守住不发生系统性金融风险的底线。"这一理念凸显了金融因素对我国现阶段实体经济发展的重要作用，这对推动中国金融市场改革发展的进程，提高金融市场抵御外部风险的能力均起到重要的指导意义，因此借鉴和运用 BGG 模型并结合 DSGE 方法来分析我国宏观经济的波动，是理解当下我国经济运行特征的重要方式。

  在新凯恩斯理论分析框架下，DSGE 模型是分析宏观经济波动趋势的重要工具，并且货币政策和财政政策调控是各国政策当局熨平经济波动的两大主要手段。⑥ 货币政策主要通过调整货币供应量和市场利率水平对企业投资和家庭消费产生影响，从而间接调控宏观产出的变化趋势；财政政策主要依赖政府支出、税收手段、转移支付的方式对经济形势加以控制，而政府支出作为经济体最终产出的组成部分，能够直接影响当期产出水平的变化，成为政府部门干预经济波动走势的重要途径。一方面，我国中央银行一直依赖于公开市场业务、调整法定存款准备金、控制广义货币供应量等数量型工具来干预市场经济走势，但随着我国利率市场化改革进程的逐步推进，由于市场基准利率具有改变市场供需结构的可行性，利率调节的价格型货币政策工具，将成为中央银行日

---

  ① 金祥义：《金融加速器、货币政策财政政策调控和宏观经济波动》，《大连理工大学学报》（社会科学版）2022 年第 5 期。
  ② Christensen I., Dib A., "The Financial Accelerator in an Estimated New Keynesian Model", *Review of Economic Dynamics*, Vol. 11, No. 1, 2008, pp. 155-178.
  ③ Gertler M., Gilchrist S., Natalucci F. M., "External Constraints on Monetary Policy and the Financial Accelerator", *Journal of Money, Credit and Banking*, Vol. 39, No. 2, 2007, pp. 295-330.
  ④ 杜清源、龚六堂：《带"金融加速器"的 RBC 模型》，《金融研究》2005 年第 4 期。
  ⑤ Aoki K., Proudman J., Vlieghe G., "House Prices, Consumption, and Monetary Policy: A Financial Accelerator Approach", *Journal of Financial Intermediation*, Vol. 13, No. 4, 2004, pp. 414-435.
  ⑥ Chung H., Davig T., Leeper E. M., "Monetary and Fiscal Policy Switching", *Journal of Money, Credit and Banking*, Vol. 39, No. 4, 2007, pp. 809-842.

后调控经济发展的主要方式。① 正是由于货币政策对经济调控的有效性，中央银行从2011年以来一直实施稳健的货币政策。2024年1月4—5日在北京召开的中国人民银行工作会议中指出，2024年将继续保持稳健的货币政策，以充分发挥货币政策对市场需求进行逆周期调控的作用，意味着这轮稳健货币政策周期将长达14年之久，这也凸显货币政策在宏观经济调控上发挥着关键的作用。另一方面，中国在2008年第四季度为应对金融危机而推行"四万亿投资计划"的积极财政政策，从2009年开始，财政政策的实施方案从稳健的财政政策向积极的财政政策转变。积极的财政政策主张政府扩大支出，降低税收力度，减少行政费用，秉承扩张性的财政政策理念，从而在较短时间内提高市场需求，稳定经济增长。② 这对正处于"新常态"阶段时期的我国经济而言，能够从市场需求侧的变化来影响供给侧的变化，进而促进市场由需求侧刺激向供给侧改革方向逐步转轨，因此财政政策无疑对稳定我国当今宏观经济走势有着重要的作用。

同时，我国金融市场目前仍是以银行信贷为主的间接融资形式，即金融市场的发展以银行导向型为主③，并且银行市场信贷发展规模和银行垄断程度能够体现一国金融市场当期的发展情况。据此，本书根据世界银行全球金融发展数据库提供的中国金融市场发展数据，绘制出我国银行信贷规模占比和银行垄断程度两大指标的柱状图，进而更为直观地展示近年来我国金融市场发展规模和信贷市场摩擦的变化，具体结果如图1.1所示。

其中，信贷规模占比指标以银行和金融机构提供的信贷规模占GDP的比值来表示，数值越高表示金融市场发展规模越大；银行垄断程度指标以中国五大银行④资产占所有商业银行资产的比重来表示，数

---

① 陈汉鹏、戴金平：《Shibor作为中国基准利率的可行性研究》，《管理世界》2014年第10期。
② 薛涧坡、张网：《积极财政政策：理论发展、政策实践与基本经验》，《财贸经济》2018年第10期。
③ 金祥义、张文菲：《金融结构与出口持续时间》，《国际金融研究》2019年第10期。
④ 中国五大银行指中国银行、中国工商银行、中国农业银行、中国建设银行和交通银行。

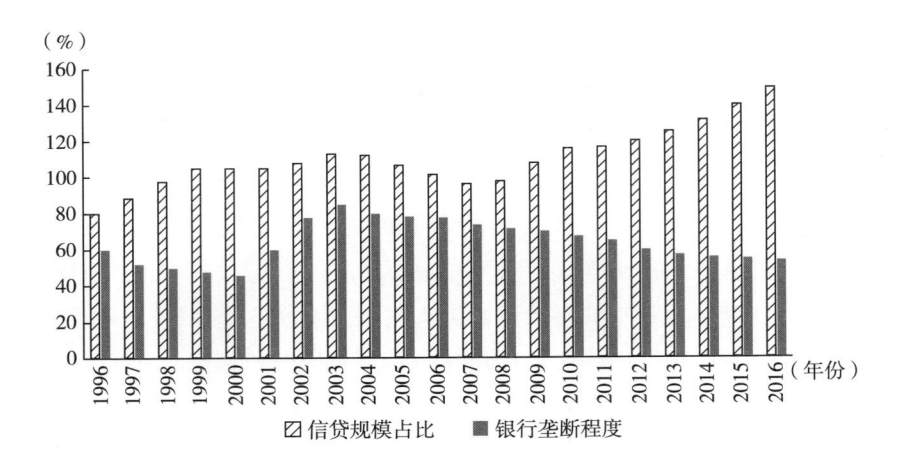

```
(%)
160
140
120
100
 80
 60
 40
 20
  0
    1996 1997 1998 1999 2000 2001 2002 2003 2004 2005 2006 2007 2008 2009 2010 2011 2012 2013 2014 2015 2016 (年份)
          ▨ 信贷规模占比      ■ 银行垄断程度
```

图 1.1　中国金融市场发展变化趋势

值越高表示五大银行市场垄断地位越高，银行市场竞争程度越低，银行业运行效率越低，金融市场摩擦越大。根据图 1.1 数据可以发现，一方面，信贷规模占比指标大致经历三个发展阶段：1996—2004 年为持续发展阶段，2005—2008 年为暂时衰退阶段，2009—2016 年为新一轮的增长阶段。由于 2008 年国际金融危机爆发，我国金融市场发展出现暂时的停滞，之后金融市场发展迎来新一轮增长高潮。整体而言，信贷规模占比指标从 1996 年的 80%增长到 2016 年的 149%，提高了 69 个百分点，整体上呈现出递增的趋势，这意味着我国金融市场发展规模日趋增长，对实体经济的影响已不容忽视。另一方面，银行垄断程度指标从 1996 年至 2016 年大致经历了先下降后增长再下降的三个阶段，而从 2003 年中国银监会正式挂牌和大型国有银行股份制改革后，银行垄断程度指标呈现出逐年递减的势头，但近年来银行业垄断程度整体上仍保持在 50%以上。这意味着中国五大银行依旧占据着整个银行业市场的信贷资源，拥有巨大的垄断地位，其他商业银行未能享有充分的市场竞争环境，进而导致银行业市场竞争效率较低，金融市场摩擦问题显著突出。综上所述，中国金融市场发展至今，已对实体经济产生举足轻重的作用，并且金融市场摩擦问题并未得到有效解决。根据 BGG 模型理论易知，中国庞大的金融市场规模表明，金融因素对中国经济波动有着显著的影响，而较高的金融市场摩擦意味着金融加速器机制存在于我国宏观经济运行之中。

基于此，本书的研究自然会引出一些现实问题，在金融市场结构日益完善，金融部门对实体经济影响越发深远的当下经济环境中，金融因素对宏观经济波动是否具有更强的影响？货币政策和财政政策是否均能熨平金融因素带来的宏观经济波动现象？在货币政策和财政政策中，哪类政策更适合作为主要的宏观调控手段？不同宏观政策对社会福利的整体影响是否存在差异性？对于这些问题的回答，有助于深刻理解当下金融因素对我国宏观经济波动的潜在作用，洞悉货币政策调控和财政政策调控在新时代背景下的具体传导机制，进而探索符合我国现阶段金融市场改革转型的路径和宏观政策调控的手段，最终为我国政策当局应对金融环境变化和宏观经济波动提供有益的理论支持服务。

第二节 研究方法和结构框架

一 基本的研究方法

对于我国宏观政策调控在金融因素作用下的有效性分析，首先需要确定选择的分析范式，目前学术界对宏观政策调控和宏观经济波动分析的方法主要有以下两种：一种是采用向量自回归模型（Vector Autoregressive Model，VAR），即基于 VAR 模型的一系列分析方法；另一种是采用动态随机一般均衡（Dynamic Stochastic General Equilibrium，DSGE）模型，即基于微观理论基础构建整个经济运行的模型，并求解外生冲击下的稳态均衡。

早期对货币政策和财政政策效果的研究主要采用 VAR 的方法。[1][2]

---

[1] Bernanke B. S., Blinder A. S., "The Federal Funds Rate and the Channels of Monetary Transmission", *American Economic Review*, Vol. 82, No. 4, 1992, pp. 901-921.

[2] Kearney C., Monadjemi M., "Fiscal Policy and Current Account Performance: International Evidence on the Twin Deficits", *Journal of Macroeconomics*, Vol. 12, No. 2, 1990, pp. 197-219.

Sims① 首次介绍了简约式 VAR 模型的计量分析架构,并强调用 VAR 模型进行分析的好处在于只要有数据样本,便可以模拟外生变量冲击下各个变量的变动情况,但是,由于 VAR 模型没有坚实的理论模型依据,仅以计量模型来演示外生冲击下经济波动的黑箱过程,认为数据包含了所有经济波动的内在原因,而未通过数理推导来解释相应的机制原理,这使 VAR 模型的研究浮于表面化;同时 VAR 模型模拟的政策效果受数据样本和回归滞后阶数选择的限制,导致仅仅依靠 VAR 模型来研究政策效果将产生较大的缺陷,其政策结论受到学术界广泛的质疑。②③ 由于 VAR 模型的种种缺陷,后来学者开始寻找更具理论基础的分析框架,进而推动了 DSGE 模型的发展,DSGE 模型的研究基础是实际经济周期理论(Real Business Cycle,RBC)。Kydland 和 Prescott④ 结合了新古典经济学派的市场出清、价格完全弹性和完备信息的经济理论假设,并将整个宏观经济变化建立在理性经济人效用最大化的行为决策上,构建了一个包含微观理论基础的宏观波动模型,并提出技术冲击是宏观经济波动的主要原因。由于模型具有较强的微观理论基础,并且能够大致描绘出经济波动的趋势,一度成为当时学者分析宏观经济波动的基础理论框架。然而 RBC 理论由于缺乏内部动态地调整结构,没有考虑货币的作用,简单将经济波动完全归因于技术冲击,并依赖于完美市场竞争的苛刻假设,导致运用 RBC 理论来预测经济波动时存在较大的误差⑤,严重影响了对宏观经济波动的分析运用。出于此,新凯恩斯主义学者针对

---

① Sims C. A., "Macroeconomics and Reality", *Econometrica: Journal of the Econometric Society*, Vol. 48, No. 1, 1980, pp. 1–48.

② Bernanke B. S., Boivin J., Eliasz P., "Measuring the Effects of Monetary Policy: A Factor-augmented Vector Autoregressive (FAVAR) Approach", *The Quarterly Journal of Economics*, Vol. 120, No. 1, 2005, pp. 387–422.

③ Smets F., Wouters R., "An Estimated Dynamic Stochastic General Equilibrium Model of the Euro Area", *Journal of the European Economic Association*, Vol. 1, No. 5, 2003, pp. 1123–1175.

④ Kydland F. E., Prescott E. C., "Time to Build and Aggregate Fluctuations", *Econometrica: Journal of the Econometric Society*, Vol. 50, No. 6, 1982, pp. 1345–1370.

⑤ Lucas R. E., "Methods and Problems in Business Cycle Theory", *Journal of Money, Credit and Banking*, Vol. 12, No. 4, 1980, pp. 696–715.

RBC 理论的缺陷，将价格黏性、垄断竞争和货币因素引入 RBC 理论中，构建了含微观理论基础的 DSGE 模型，大大增强了新模型对宏观经济波动的解释能力和预测拟合效果。同时，随着近年来 DSGE 模型的快速发展，后续学者通过在 DSGE 模型中加入消费偏好、工资黏性、货币规则和市场摩擦冲击等因素，使得该模型对宏观经济波动和走势的预测能力进一步提高，进而成为取代 VAR 模型来预测当下宏观经济波动的一大主流分析方法。

据此，本书选择 DSGE 模型作为基本的研究方法，由于 DSGE 模型更具微观分析的理论基础，且对宏观经济波动的拟合效果更佳，因此构建 DSGE 模型能够更好地分析在金融因素影响日益扩大的环境下，金融加速器机制对我国货币政策和财政政策宏观调控效果的作用特征。具体而言，本书通过构建一个含有家庭、商业银行、企业家、资本生产商、零售商、中央银行、政府部门等在内的多部门的宏观经济 DSGE 模型，融入金融加速器机制，并考虑名义价格黏性、零售商垄断竞争、具有自动稳定器功能的宏观政策方案等建模要素，来检验在金融加速器作用下，货币政策和财政政策对宏观经济调控的效果。

二　全书的结构框架

本书一共分为七章，各章节基本内容安排如下。

第一章为绪论，主要包括三部分的内容。首先，详细介绍了本书研究的主要背景，提出了本书研究的相关核心问题，以及解决上述研究问题能够带来的现实研究意义。其次，本书阐述了宏观经济领域研究现有的主要方法，对比不同方法的优劣以及研究的发展趋势，确定了本书研究采用的具体方法，并对行文的基本内容和结构框架进行详尽的描述。最后，对本书研究的可能创新点和所做的创新工作进行说明，并阐述本书研究过程中所遇到的难点内容。

第二章为相关研究领域的文献综述部分，主要阐述了国内外对该领域的研究发展情况，从金融加速器机理和发展路径、货币政策的宏观政策效果、财政政策的宏观政策效果、货币政策和财政政策的搭配效果四个方面对文献展开梳理，详细地分析与金融加速器理论和宏观政策效果相关的文献发展情况，并在此基础上对文献发展的内容进行归类和总结，以厘清文献发展的具体脉络。

第三章主要介绍了我国货币政策和财政政策的历史发展路径和宏观经济调控的特征，详细介绍了数十年来我国货币政策和财政政策具体实施方案的变化，研究了货币政策和财政政策在宏观经济调控上的几个时间段和政策实施目的，并通过宏观经济波动数据分析了货币政策和财政政策对稳定宏观经济运行的作用，总结了货币政策和财政政策在实施过程中的客观规律和事实特征。

第四章介绍了封闭经济环境下 DSGE 模型的具体构建过程，是本书核心的研究内容之一。首先，该章节阐述了封闭经济环境下金融加速器机制对宏观经济影响的路径和背景，参考 Bernanke 等[1]的建模方式，构建了包含家庭、商业银行、企业家、资本生产商、零售商、中央银行、政府部门在内的具有金融加速器机制的 DSGE 模型，该模型还充分考虑新凯恩斯主义提出的价格黏性和垄断竞争因素，并在模型研究中设定具有自动稳定器功能的财政政策方案和遵循泰勒规则的货币政策方案，以政府部门和中央银行部门作为上述两个政策方案的实施者，进而积极模拟现实经济环境下货币政策和财政政策对宏观经济波动的调控效果。其次，在构建完基础的 DSGE 模型后，根据我国宏观经济波动数据，结合贝叶斯估计的方法对模型参数进行校准，并对贝叶斯估计的原理进行阐述，原因在于中国宏观经济波动具有其自身特色，若以"拿来主义"照搬西方整套的宏观 DSGE 模型的参数值，难免会降低 DSGE 模型对中国本土经济特征的预测能力。因此，采用贝叶斯估计的方法用后验分布的估计值来设定模型参数，能够较好地解决模型拟合效果差、预测精度低的问题，从而更为真实地反映货币政策和财政政策对我国宏观经济的影响。再次，还通过方差分解和脉冲响应分析的方法，来估测货币政策和财政政策在金融加速器作用下的经济调控效果，对比不同宏观政策对经济运行波动的调控能力，并分析金融加速器强度带来的政策调控差异性。最后，推导了福利损失函数的具体形式，分析了货币政策和财政政

---

[1] Bernanke B. S., Gertler M., Gilchrist S., "The Financial Accelerator in a Quantitative Business Cycle Framework", *Handbook of Macroeconomics*, Vol. 1, 1999, pp. 1341–1393.

策实施带来的社会福利损失情况，以此评估不同宏观政策的实施效果和最优的政策选择，并在此基础上检验了在具体宏观政策方案下，不同金融加速器强度对社会福利损失的影响情况。

第五章主要构建了开放经济环境下的 DSGE 模型，并检验在开放经济环境下，金融加速器机制对货币政策和财政政策调控作用的影响，也是本书研究的核心内容部分。该章内容丰富了第四章内容，并对其研究进行扩展。随着经济全球化影响的日益扩展，各国经济之间的联系也越来越紧密，因此用封闭经济环境下的 DSGE 模型来模拟我国宏观经济波动可能导致结果与现实偏离，而考虑开放经济环境，并在模型中融入贸易、汇率、资本配置等因素后，可以更好地预测和模拟真实经济环境下的波动情况。首先，构建了开放经济环境下含有金融加速器机制的 DSGE 模型，扩展了家庭的经济行为和相应的经济约束条件，加入了国外消费品、国外资本品和汇率因素，使理性经济人在效用最大化目标下进行经济决策；在企业家方面，加入了海内外资产配置和汇率因素，使汇率因素通过金融加速器机制来影响企业的决策行为，拓展了封闭经济环境下金融加速器作用于经济波动的渠道；在出口贸易设定上，加入了本国经济体对外贸易的具体行为方程，考虑了贸易行为对经济产出的实际影响。其次，该章采用贝叶斯估计的方法对构建的模型进行参数估计，对比开放经济环境与封闭经济环境下金融加速器强度的差异，并考察金融加速器在开放经济环境下的作用渠道。此外，在构建的 DSGE 模型基础上，通过施加外生政策冲击来模拟宏观经济的波动，并通过方差分解和脉冲响应函数来分析货币政策和财政政策对宏观经济波动的调控作用；同时，在此基础上模拟不同金融加速器强度对不同宏观政策实施效果的差异性，对比货币政策和财政政策对控制经济运行的异质性作用。最后，该章分析了不同汇率制度下货币政策和财政政策冲击对社会福利损失的具体影响，并对比不同金融加速器强度下，货币政策和财政政策带来的社会福利损失大小，最终为最优汇率制度和经济调控政策提出相应的建议。

第六章主要研究了货币政策规则的选择问题，也是本书研究的核心内容之一。货币政策规则的选择大致分为三个派别：第一，以 Friedman

和 Schwartz[1] 为主提出的数量型货币政策规则；第二，以 Taylor[2] 为代表的价格型货币政策规则；第三，近年来刚兴起的混合型货币政策规则。[3] 虽然早期西方国家均以数量型的货币政策规则为主要调控手段，但随着欧美等西方国家金融市场规模的逐步发展，市场化利率对宏观经济的作用日益凸显，而数量型货币政策规则对经济调控的力度却不断下降，因此西方国家开始从数量型货币政策规则向价格型货币政策规则进行转轨。国际金融危机发生后，我国数量型货币政策规则对经济传导的作用开始下降，表现为广义货币供应量 M2 与 GDP 之间的关联越来越低，这意味着数量型为主的货币政策规则对中国宏观经济调控的有效性开始降低[4]，这也为推动我国利率市场化，畅通金融市场中利率的传导效率，促进货币政策规则的改革提出了现实需求。这正是本章研究的出发点。为探寻新时代下货币政策规则的适用性，融入 Lucas[5] 提出的理性预期因素，将预期消息冲击和金融加速器机制加入货币政策规则的研究中，以探寻现阶段适合我国经济发展形势的最优货币政策规则。首先，该章构建了含有预期消息冲击、金融加速器机制的宏观经济 DSGE 模型，并给出了数量型货币政策规则、价格型货币政策规则和混合型货币政策规则这三种不同的货币政策规则形式，以此作为后续货币政策规则有效性分析的基础。其次，通过脉冲响应函数分析了三种货币政策规则对宏观经济调控的差异性，并通过模拟不同金融加速器强度来观察三种货币政策规则有效性的变化。最后，通过福利损失函数分析了不同货币政策规则对整个社会福利损失的影响，并进一步结合不同金融加速器强度对这一作用进行深入分析，最终确定我国现行经济运行下最优的货

---

[1] Friedman M., Schwartz A. J., *A Monetary History of the United States*, 1867-1960, Princeton: Princeton University Press, 1963.

[2] Taylor J. B., *Discretion Versus Policy Rules in Practice*, Carnegie-Rochester Conference Series on Public Policy, North-Holland, 1993, pp. 195-214.

[3] Liu L. G., Zhang W., "A New Keynesian Model for Analysing Monetary Policy in Mainland China", *Journal of Asian Economics*, Vol. 21, No. 6, 2010, pp. 540-551.

[4] 郭豫媚、陈伟泽、陈彦斌：《中国货币政策有效性下降与预期管理研究》，《经济研究》2016 年第 1 期。

[5] Lucas R. E., *Econometric Policy Evaluation: A Critique*, Carnegie-Rochester Conference Series on Public Policy, North-Holland, 1976, pp. 19-46.

币政策规则。

第七章为研究结论和政策建议。对全书核心结论进行了总结，在此基础上提出了货币政策和财政政策实施的相关政策建议，使本书研究发挥实际的理论指导作用。

全书的内容结构框架如图1.2所示。

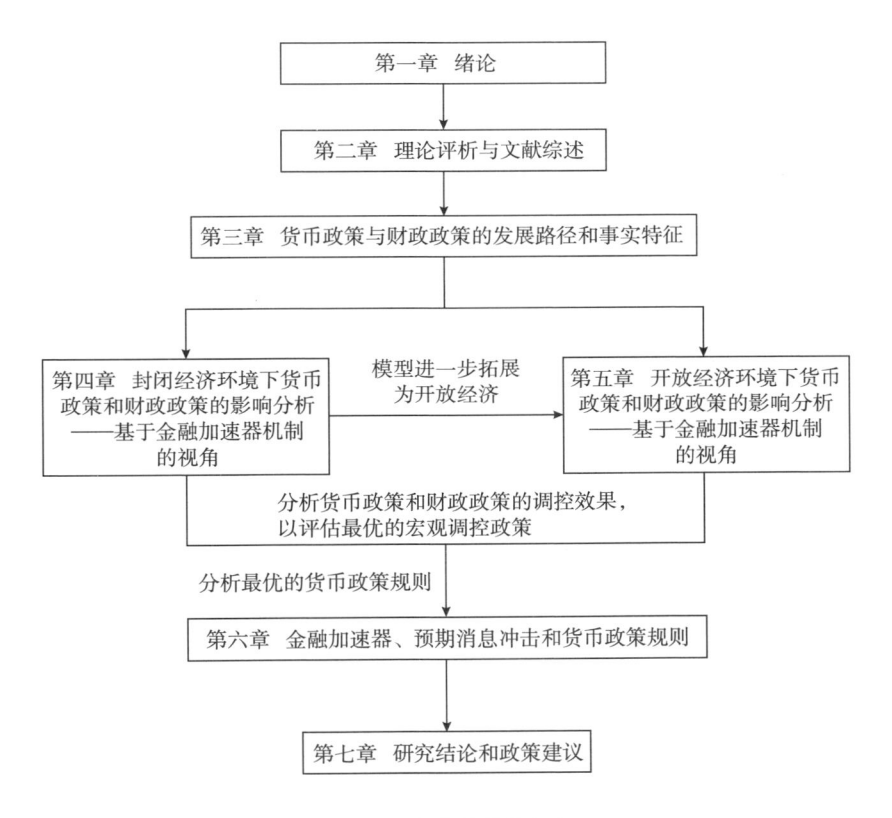

```
第一章 绪论
   ↓
第二章 理论评析与文献综述
   ↓
第三章 货币政策与财政政策的发展路径和事实特征
   ↓
第四章 封闭经济环境下货币   ──模型进一步拓展──>   第五章 开放经济环境下货币
政策和财政政策的影响分析                          政策和财政政策的影响分析
——基于金融加速器机制         为开放经济             ——基于金融加速器机制
的视角                                              的视角
         ↓ 分析货币政策和财政政策的调控效果，
           以评估最优的宏观调控政策
   ↓ 分析最优的货币政策规则
第六章 金融加速器、预期消息冲击和货币政策规则
   ↓
第七章 研究结论和政策建议
```

图 1.2　全书的结构框架

第三节　主要创新点和研究难点

现有探讨金融加速器机制对宏观经济波动的研究大多基于 Bernanke

等①、Christensen 和 Dib②，通过引入金融市场摩擦和信息不对称问题，将金融因素和企业外部融资溢价因素融入整个宏观模型中，使得金融加速器机制得以发挥作用。然而，国内文献利用上述思路构建 DSGE 模型来研究金融加速器对相关经济问题的作用时，往往仅考察金融加速器机制下货币政策的调控作用③④⑤⑥⑦，或模型虽然对货币政策和财政政策的形式进行了设定，但对财政政策的刻画过于简单，仅将财政政策变量的变化视为一阶自回归过程。⑧⑨⑩ 然而，对于现阶段的我国经济而言，金融危机后实施的"四万亿的投资计划"意味着财政政策是抑制经济波动的重要方式，粗略简单地刻画财政政策规则难以正确反映财政政策的经济调控作用，财政政策更多地体现为一种自动稳定器的特征。⑪⑫ 因此，用一阶自回归过程来描述财政政策的变化，可能会错误估算财政政策对未来宏观经济波动的抑制作用，降低模型对我国宏观经济运行趋势的预测精度，甚至可能带来错误的研究结论和引导作用。

---

① Bernanke B. S., Gertler M., Gilchrist S., "The Financial Accelerator in a Quantitative Business Cycle Framework", *Handbook of Macroeconomics*, Vol. 1, 1999, pp. 1341–1393.

② Christensen I., Dib A., "The Financial Accelerator in an Estimated New Keynesian Model", *Review of Economic Dynamics*, Vol. 11, No. 1, 2008, pp. 155–178.

③ 金祥义、张文菲：《金融加速器、预期消息冲击和货币政策规则选择》，《当代财经》2022 年第 3 期。

④ 林东杰、崔小勇、龚六堂：《货币政策、消费品和投资品通货膨胀——基于金融加速器视角》，《金融研究》2019 年第 3 期。

⑤ 韩晓峰、陈师：《银行全球化、金融加速器与国际经济风险传导——基于中、美两国宏观经济数据的实证研究》，《财经科学》2018 年第 4 期。

⑥ 梅冬州、杨友才、龚六堂：《货币升值与贸易顺差：基于金融加速器效应的研究》，《世界经济》2013 年第 4 期。

⑦ 袁申国、陈平、刘兰凤：《汇率制度、金融加速器和经济波动》，《经济研究》2011 年第 1 期。

⑧ 刘一楠、王亮：《内生的杠杆阈值、金融加速器与宏观经济波动——基于动态随机一般均衡模型（DSGE）的分析》，《南方经济》2018 年第 12 期。

⑨ 薛立国等：《财政政策对宏观经济波动的影响研究——基于金融加速器模型的分析》，《国际金融研究》2016 年第 10 期。

⑩ 杨慎可：《金融加速器与财政政策的动态效应》，《中央财经大学学报》2013 年第 12 期。

⑪ 张杰、庞瑞芝、邓忠奇：《财政自动稳定器有效性测定：来自中国的证据》，《世界经济》2018 年第 5 期。

⑫ 王国静、田国强：《政府支出乘数》，《经济研究》2014 年第 4 期。

综上所述，与现有文献相比，本书研究的主要创新点集中在以下几个方面：

第一，在研究视角方面，基于现阶段中国经济的特征，本书构建了含有金融加速器机制的 DSGE 模型，首次系统地考虑了遵循泰勒规则的货币政策和具有自动稳定器特征的财政政策对宏观经济波动的调控作用，以区别于现有文献仅考虑货币政策作用或对财政政策的实施方式过于简单刻画的做法。既然货币政策和财政政策有着重要的宏观调控效果，任何单一割裂两个政策的研究，仅考虑某一政策调控下经济走势的 DSGE 建模分析，或简化宏观政策实施方案的模式，均会造成研究结果偏离现实的可能性，都将无法达到真正的仿真预测效果，而割裂分析或简单刻画是现有文献的一大主要弊端。因此，从这层意义上来讲，本书的研究弥补了以往文献的一大缺陷，从而能够更为真实描绘货币政策和财政政策对熨平我国宏观经济波动的作用，并为评估货币政策和财政政策的政策效果提供现实案例。

第二，在研究模型上，一方面，本书将税率因素加入金融加速器建模结构中，使得政府部门能够通过改变政府支出和调整税率大小等财政手段来影响金融加速器的运行，有别于以往研究忽视政府税收方式对金融加速器运行的可能影响，从而丰富了财政政策通过金融加速器作用于经济波动的具体途径；另一方面，本书在 DSGE 模型中加入汇率因素后，将原有模型拓展至开放经济环境下，同时假定企业持有外国资产标的，即存在国内外资产配置的问题，使汇率因素成为调整企业净资产变化和影响金融加速器传导效应的一大因素，进而使开放经济环境下的 DSGE 模型更为契合现实经济的变化，进一步延伸了本书研究的宽度。

第三，在后续研究货币政策规则选择上，本书首次将金融加速器、预期消息冲击因素相结合，区分货币政策规则中的预期消息冲击和非预期消息冲击，以考察在卢卡斯"理性预期"批判的观点下，不同货币政策规则通过金融加速器机制对宏观经济的调控作用。对于将预期消息冲击、金融加速器和货币政策规则三者结合起来，并考虑理性预期概念，系统研究我国现行宏观经济运行下最优的货币政策规则，本书尚属于国内研究的首例。因此，该方面研究具有较高的创新性，能够为选择适合我国现有宏观经济发展特征的货币政策规则提供有益的借鉴作用。

本书的研究难点，主要可以归纳为以下两方面：

第一，运用DSGE模型来构建和模拟宏观经济波动，无疑需要深刻理解宏观经济波动的基础理论，平衡掌握跨学科的微观理论基础，并结合我国现实经济特征，灵活运用宏观DSGE模型来预测各种政策效果和分析不同宏观政策对经济波动的熨平能力。这方面的理解和掌握不仅需要耗费大量的时间，还需要克服模型构建和推导上的难点。由于DSGE模型涉及大量方程和众多变量，当拓展相关DSGE模型时，需要核算的方程数量还将成倍增加，这使笔者需要面对繁杂的数理运算过程和掌握特定方式下的方程求解方法，而漏算或错算某一方程均会带来整个结果的偏误和宏观模型求解的失败。这成为本书研究首先需要面对的重要难点。

第二，由于DSGE模型结合微观理论基础，具有一般性的动态跨期均衡结果，避免了以往研究对于变量关系设定的刻意性，使其快速成为国内外现有文献研究宏观经济波动的一大主流方式。[1] 但无论在模型构造的复杂程度上，还是在模型经济效果模拟的软件操作上，都需要使用者一步步克服潜在的困难。对于使用者而言，熟悉运用Matlab对DSGE模型构建的操作并非最为困难的地方，最大的难点是当基础模型构建完成后，还需要处理Matlab程序无法顺利运行的错误地方，但由于Matlab中Dynare模块报错系统十分晦涩，一些软件报错提示往往难以精准指出模型构建错误的主要地方，这便需要花费大量时间去核对模型的每个细节，搜索网络资料和相关书籍来熟悉具体的软件错误原因，最终耗费大量时间才能解决遇到的问题。因此，DSGE模型构建的操作过程无疑是问题研究过程中面临的另一大难点所在。

---

[1] Woodford M., "Convergence in Macroeconomics: Elements of the New Synthesis", *American Economic Journal: Macroeconomics*, Vol. 1, No. 1, 2009, pp. 267–279.

第二章　理论评析与文献综述

金融加速器现象作为信贷市场摩擦的产物,广泛存在于各国经济运行中,对实际经济周期的波动有着重要影响,并能影响宏观政策对控制宏观经济波动的效果。[①] 为了厘清金融加速器的具体作用机理,以及货币政策和财政政策在此环境中的宏观调控效果,本章将从金融加速器作用研究、货币政策宏观调控效果、财政政策实践理论、货币政策和财政政策的交互效应这四个方面对相关研究内容进行详细的梳理,以系统归纳与本书主题脉络相关的文献研究。

第一节　金融加速器机制与文献研究

一　金融加速器理论的渊源与发展

对于金融加速器理论的探索和初步研究,较早可以追溯到 Bernanke 和 Gertler[②] 的研究,即 BG 模型。他们开创性地探讨了信贷市场摩擦与代理成本的变化,以及由此导致的宏观经济的波动,打破了传统研究对信贷市场无摩擦的假定,即信贷市场信息具有完备的特征,从而将信息不对称因素融入信贷行为中。由于信贷市场摩擦的存在,贷款方无法得知借款方真实的偿债能力,并且无法时刻监督借款方在获取信贷资金后具体的使用行为,这将导致贷款方面临较高的代理监督成本,使得贷款

[①] 金祥义:《金融加速器、货币政策财政政策调控和宏观经济波动》,《大连理工大学学报》(社会科学版) 2022 年第 5 期。

[②] Bernanke B. S., Gertler M., "Agency Costs, Net Worth, and Business Fluctuations", *American Economic Review*, Vol. 79, No. 1, 1989, pp. 14-31.

方在向借款方提供资金融通服务时，需要将这部分成本叠加于内部融资成本之上，从而造成信贷资金成本存在着"信贷楔子"（Credit Wedge）。"信贷楔子"的大小又与借款方的信用相关，这间接取决于宏观经济周期的变化，因此，当宏观经济发生下行后，"信贷楔子"将有所增大，并能进一步影响借款方的行为和整个宏观经济环境的变化，这一理论也塑造了金融加速器机制的雏形。

此后，Bernanke 等[1]以及 Bernanke 等[2]进一步对金融加速器理论进行完善，在原 BG 模型中加入了金融中介等因素，并基于新凯恩斯主义框架，构建了包含金融加速器机制的完整的宏观 DSGE 模型，这被后续学者称为 BGG 模型，并广泛用于相关的研究领域。BGG 模型的核心思想为，企业与银行之间存在着信息不对称，导致信贷市场存在显著的摩擦。一方面，企业需要资金来进行日常经营生产，这迫使企业从信贷市场进行资金融通。另一方面，银行从家庭处吸收的存款需要对外进行放贷，促使银行在信贷信息不完全的市场中进行目标企业的选择，从而促进了信贷交易的匹配。银行为了弥补企业获取信贷后可能发生的违约成本，需要在原有基准储蓄利率上增加一部分风险补偿利率，即银行对企业信贷资金具有"利率加成"的特征，表现为企业在资金融通时面临一定程度的外部融资溢价。而外部融资溢价程度又与企业的净资产相关，当宏观经济产生不利冲击时，该冲击将通过企业的资产负债表对企业净资产带来消减作用，进而提高了企业面临的外部融资溢价程度，增加了企业的融资成本，降低了企业的投资规模，并通过金融加速器机制进一步放大不利冲击对整个实体经济的影响。因此，BGG 模型较好地描述了在信贷市场摩擦下，金融中介的存在将推动金融加速器机制的发挥，从而影响宏观经济的整体波动，对经济周期变化中的大波动之谜给出了合理的解释。[3]

---

[1] Bernanke B. S., Gertler M., Gilchrist S., "The Financial Accelerator and the Flight to Quality", *Review of Economics and Statistics*, Vol. 78, No. 1, 1996, pp. 1–15.

[2] Bernanke B. S., Gertler M., Gilchrist S., "The Financial Accelerator in a Quantitative Business Cycle Framework", *Handbook of Macroeconomics*, Vol. 1, 1999, pp. 1341–1393.

[3] Bernanke B. S., Gertler M., Gilchrist S., "The Financial Accelerator and the Flight to Quality", *Review of Economics and Statistics*, Vol. 78, No. 1, 1996, pp. 1–15.

二 金融加速器的存在性研究

在 BGG 模型大行其道之后,各国学者对金融加速器的相关研究怀以热忱,并开始出现一批研究金融加速器存在性的文献。Hall[①] 针对英国自 20 世纪 90 年代持续性经济萧条和企业投资增速下行的现象,试图从金融环境的恶化来解释企业投资规模的变动,在借鉴 BGG 模型的基础上,通过构建 DSGE 模型发现,金融因素对英国实体经济的变化有着重要的作用,并且含有金融加速器机制的模型能够较好拟合英国 20 世纪 90 年代投资规模的变化趋势,证明了金融加速器的存在性。Fukunaga[②] 构建了信贷市场信息不充分流动的宏观 DSGE 模型,依据 BGG 模型将金融加速器机制加入模型构建之中,并利用日本 1980 年第一季度至 2001 年第一季度的数据进行参数校准,发现模型较好拟合了日本宏观经济的变化,证明了日本宏观经济波动中存在着金融加速器机制,解释了日本企业投资的大规模波动现象。Vijverberg[③] 利用美国 1972—1991 年制造业的数据,通过构建多方程转换回归模型,检验信贷市场环境对小企业投资行为的影响。该研究发现,企业内部财务状况的变化并不会对企业投资产生放大作用,但外部信贷市场发生负面冲击时,企业资本品投资和存货投资规模均发生了巨大变化,并且信贷市场冲击对企业存货投资的不利作用更大,从而证明了美国企业投资环境中存在着金融加速器机制,即信贷市场能够放大不利外生冲击对企业投资和宏观经济波动的作用。赵振全等[④] 对中国金融加速器存在性的问题进行了研究,利用 1990 年 1 月至 2006 年 5 月的宏观经济数据,并利用门槛向量自回归模型(TVAR)的分析方法,对信贷市场的变化与经济冲击带来的影响进行探讨,结果发现,相比于信贷市场处于信贷宽松的状态时,

---

① Hall S., "Financial Accelerator Effects in UK Business Cycles", *Bank of England. Quarterly Bulletin*, Vol. 42, No. 1, 2002, pp. 91–101.

② Fukunaga I., "Financial Accelerator Effects in Japan's Business Cycles", *BOJ Research and Statistics Department Working Paper Series*, 2002, pp. 2–6.

③ Vijverberg C. P. C., "An Empirical Financial Accelerator Model: Small Firms' Investment and Credit Rationing", *Journal of Macroeconomics*, Vol. 26, No. 1, 2004, pp. 101–129.

④ 赵振全、于震、刘淼:《金融加速器效应在中国存在吗?》,《经济研究》2007 年第 6 期。

当信贷市场处于信贷收紧的状态时，外生经济冲击将造成更大的宏观经济波动，这表明外生经济冲击将通过信贷市场对宏观经济波动产生非对称性影响，意味着金融加速器机制在中国宏观经济运行中是存在的。Papadamou 和 Siriopoulos[1]利用韩国 1995 年 5 月至 2006 年 12 月的月度宏观数据，并采用多元 VAR 模型对外部融资溢价程度与失业率之间的关系进行检验，发现施加外部融资溢价冲击后，韩国失业率水平将立刻上升，并且冲击影响将维持 2—6 个月，从而证明韩国经济环境中存在着明显的金融加速器机制。Cambazoglu 和 Karaalp[2]利用土耳其 2003 年 1 月至 2010 年 8 月的宏观数据来构建 VAR 模型，并分析土耳其经济环境中是否存在金融加速器机制，在施加利率冲击后发现，制造业企业的产出水平发生显著下降，这是由于利率冲击提高了企业的外部融资溢价程度，并通过企业资产负债表效应恶化企业的资产规模，最终实现金融加速器机理的运作。金祥义[3]从货币政策和财政政策的对比视角出发，利用中国宏观样本数据对构建的 DSGE 模型进行校准和估计，证实了金融加速器效应存在于中国经济周期之中，并能对货币政策和财政政策的调控作用产生显著影响。

　　由此可见，大量文献对金融加速器的存在性进行了研究，并发现金融加速器机制普遍存在于各个国家之中，这意味着金融因素对各国宏观经济波动具有重要的影响，当信贷市场的信息不对称程度较高时，信贷市场摩擦将成为宏观经济波动的孵化器，这反映为不同政策冲击对宏观经济变量的调控作用呈现出非对称性，并随着企业面临的外部融资溢价程度的变化而发生改变，进而产生对政策冲击不同程度的放大作用，推动金融加速器机制的实现。这一机制也较好反映了在全球金融危机时

---

[1] Papadamou S., Siriopoulos C., "Corporate Yield Spread and Real Activity in Emerging Asia: Evidence of a Financial Accelerator for Korea", *Journal of Economic Integration*, Vol. 24, No. 2, 2009, pp. 275-293.

[2] Cambazoglu B., Karaalp H. S., "The External Finance Premium and the Financial Accelerator: The Case of Turkey", *International Journal of Economic Sciences and Applied Research*, Vol. 6, No. 1, 2013, pp. 103-121.

[3] 金祥义：《金融加速器、货币政策财政政策调控和宏观经济波动》，《大连理工大学学报》（社会科学版）2022 年第 5 期。

期，金融因素对大部分国家宏观经济的波动产生了推波助澜的作用，表现为宏观冲击下银行金融机构大范围的倒闭，企业投资规模大幅度的下滑，并螺旋式地反作用于社会产出水平，最终导致宏观经济环境长期处于低迷状态。

三 金融加速器对宏观政策经济调控效果的影响

金融加速器对不同宏观政策经济调控效果的影响，是检验金融加速器机制存在性之后的重要研究领域。大量学者探讨了在金融加速器机制下，货币政策冲击、财政政策冲击以及其他外生冲击对产出、投资、消费、通货膨胀等宏观因素的影响，并对金融加速器带来的放大作用展开了丰富的讨论。

（一）国外相关文献研究

Gilchrist 等[1]立足于货币联盟的视角，研究了金融加速器对货币政策宏观调控作用的影响，结果显示，金融加速器放大了货币政策冲击对宏观经济的影响，并且在两个经济体组成的货币联盟中，金融加速器机制加强了货币政策冲击在两个国家内的传导性，从而提高了货币联盟国家对货币政策冲击的趋同性，并且货币联盟的存在放大了货币政策冲击带来的宏观波动现象，这一结果与金融加速器的作用相同。Elekdag 等[2]构建了小型开放的宏观 DSGE 模型，研究了企业持有外币和本币资产时，金融加速器机制对宏观经济波动的作用，发现由于存在信贷市场摩擦，新兴经济体中企业面临的外部融资溢价程度显著异于零，这表明金融加速器机制存在于新兴经济体的经济环境中，同时宏观经济冲击将带来显著的资产负债表效应，降低了企业拥有的净资产，从而发挥金融加速器对宏观经济冲击的放大作用。Gertler 等[3]研究了开放宏观经济中的金融加速器机制，发现汇率制度的变化将影响金融加速器对宏观政策的

---

[1] Gilchrist S., Hairault J. O., Kempf H., "Monetary Policy and the Financial Accelerator in a Monetary Union", *ECB Working Paper*, No. 150, 2002.

[2] Elekdag S., Justiniano A., Tchakarov I., "An Estimated Small Open Economy Model of the Financial Accelerator", *IMF Staff Papers*, Vol. 53, No. 2, 2006, pp. 219-241.

[3] Gertler M., Gilchrist S., Natalucci F. M., "External Constraints on Monetary Policy and the Financial Accelerator", *Journal of Money, Credit and Banking*, Vol. 39, No. 2, 2007, pp. 295-330.

实施作用，固定汇率制度更容易导致经济体发生金融危机，由于固定汇率制度将外生冲击通过货币政策传导至整个宏观环境中，并促使金融加速器发挥对货币政策的放大作用，导致宏观经济产生更大程度的波动，最终造成更大范围的社会福利损失。Christensen 和 Dib[①] 利用 BGG 模型探究了美国 1979 年第三季度到 2004 年第三季度宏观数据的变化，研究发现，包含金融加速器机制的模型比不包含金融加速器机制的模型更能拟合宏观数据的波动，并且金融加速器的存在放大了货币政策冲击对投资和资本价值的影响，但是金融加速器机制却缩小了技术冲击等供给侧冲击对投资的作用；进一步，金融加速器机制还将放大产出和通货膨胀的波动程度，但相比其他宏观变量而言，产出和通货膨胀的变动较小。Dmitriev 和 Hoddenbagh[②] 拓展了基准的 BGG 模型，放松了 BGG 模型中对企业风险中性的假定，考虑企业不同风险偏好带来的影响，并假设银行与企业之间的贷款利率与企业所处的宏观经济环境相关，当宏观经济环境发生变化时，企业可以选择使自己效用最大化的信贷合同，使得信贷利率内生于企业的相关决策，在此假定下对金融加速器机制的作用进行分析，研究发现，金融加速器对货币政策冲击的放大作用发生了明显的削弱，降低了货币政策对宏观经济的调控作用。Hollmayr 和 Kuhl[③] 探究了非常规的量化宽松货币政策下，财政政策与货币政策对宏观经济的交互影响，发现在财政政策主导宏观经济调控时，常规的货币政策和非常规的货币政策对实体经济的调控作用相似，但当银行中介存在时，非常规的货币政策对投资的作用将更大，这是由于金融加速器放大了非常规的货币政策对投资的调控作用。

（二）国内相关文献研究

崔光灿[④]发现，使名义利率下降的货币政策冲击能够提高资产价

---

① Christensen I., Dib A., "The Financial Accelerator in an Estimated New Keynesian Model", *Review of Economic Dynamics*, Vol. 11, No. 1, 2008, pp. 155-178.

② Dmitriev M., Hoddenbagh J., "The Financial Accelerator and the Optimal State-dependent Contract", *Review of Economic Dynamics*, Vol. 24, No. 1, 2017, pp. 43-65.

③ Hollmayr J., Kuhl M., "Monetary-fiscal Interaction and Quantitative Easing", *Economics Letters*, Vol. 174, No. 1, 2019, pp. 200-207.

④ 崔光灿：《资产价格、金融加速器与经济稳定》，《世界经济》2006 年第 11 期。

格，进而增加企业的净资产规模，降低了企业面临的外部融资溢价程度，提高了企业的投资热情，最终促进了产出的增加，这又将通过金融加速器机制放大货币政策冲击带来的影响；同时，相比于不包含金融加速器的模型，在包含金融加速器的模型中，货币政策对宏观经济的调控作用更大。袁申国等①利用我国 1997 年第一季度到 2008 年第二季度的宏观数据，研究了在开放经济环境下，不同汇率制度对金融加速器宏观冲击放大作用的影响，发现含有金融加速器机制的模型更能拟合样本期间内我国宏观经济的波动趋势，并且在固定汇率制度下，金融加速器对货币政策冲击的放大作用更强，对技术冲击等供给侧冲击的放大作用并不显著。梅冬州和龚六堂②在开放宏观经济的研究中得到了类似的结论，一方面，相比于不包含金融加速器的模型，包含金融加速器的模型将放大宏观冲击带来的影响；另一方面，在福利损失分析上，浮动汇率制度下的福利损失水平最低。刘兰凤和袁申国③构建了含有金融加速器机制的宏观 DSGE 模型，并通过参数校准的方法对模型参数进行赋值，研究发现，含有金融加速器机制的模型能够放大货币政策冲击对宏观经济变量的影响，并且对我国经济运行中产出和投资波动的解释力度更强，证明了我国经济环境中存在着金融加速器的现象。杨慎可④针对金融加速器对不同财政政策效果的期限时长展开研究，研究发现，不同类型的财政政策对消费、投资、产出的作用时间存在着异质性，并且金融加速器放大了财政政策对投资的挤出效应，恶化了经济体的产出水平。薛立国等⑤将视角放置于金融加速器对财政政策的作用上，研究了财政政策对宏观经济的调控作用，发现含有金融加速器的模型显著提高了财

---

① 袁申国、陈平、刘兰凤：《汇率制度、金融加速器和经济波动》，《经济研究》2011 年第 1 期。

② 梅冬州、龚六堂：《新兴市场经济国家的汇率制度选择》，《经济研究》2011 年第 11 期。

③ 刘兰凤、袁申国：《中国经济金融加速器效应的 DSGE 模型分析》，《南方经济》2012 年第 8 期。

④ 杨慎可：《金融加速器与财政政策的动态效应》，《中央财经大学学报》2013 年第 12 期。

⑤ 薛立国等：《财政政策对宏观经济波动的影响研究——基于金融加速器模型的分析》，《国际金融研究》2016 年第 10 期。

政政策对宏观经济变量的影响,并且随着金融加速器强度的增加,财政政策带来的宏观调控作用逐渐增强;同时,政府支出对企业净资产具有明显的挤出效应,这意味着政府部门在实施政府支出政策时,需要考虑金融加速器机制的影响,否则会低估政府支出造成的宏观经济的波动程度。刘一楠和王亮[1]将房地产抵押因素纳入DSGE分析框架中,研究了房地产抵押政策对金融加速器机制运行的影响,结果发现,宽松的房地产抵押政策下,货币政策冲击、技术冲击、价格冲击等外生冲击带来的宏观调控作用更强,这意味着房地产价格的变化能够带来金融加速器的作用,宽松的房地产抵押政策,增加了宏观经济环境下的金融加速器强度。林东杰等[2]将生产部门划分为生产消费品和生产投资品的两个企业,并利用我国1999年第一季度到2015年第四季度的宏观数据,对模型进行贝叶斯估计,分析金融加速器机制对两个生产部门的差异性作用,研究显示,由于消费品和投资品的需求结构不同,导致金融摩擦对两个部门的作用有所差异,表现为投资品生产部门面临着更大的金融加速器效应,因此货币政策冲击对投资品部门的产出和通货膨胀的影响更大。

综上可知,在当金融加速器机制存在于一国经济运行中时,无论经济体是否处于开放经济环境下,货币政策或财政政策的宏观调控作用都将被放大,该作用对于不同国家而言具有普遍性和共通性,这也体现了在信贷市场存在金融摩擦的情况下,货币政策和财政政策能够通过改变企业面临的外部融资溢价程度,来影响企业对外的投资决策,并进一步螺旋式地反作用于宏观经济环境,从而发挥金融加速器在不同宏观政策中的放大作用。

---

[1] 刘一楠、王亮:《内生的杠杆阈值、金融加速器与宏观经济波动——基于动态随机一般均衡模型(DSGE)的分析》,《南方经济》2018年第12期。

[2] 林东杰、崔小勇、龚六堂:《货币政策、消费品和投资品通货膨胀——基于金融加速器视角》,《金融研究》2019年第3期。

第二节 货币政策发展和宏观调控效果

一 货币政策理论的探索与回顾

对于货币政策理论的研究，大致沿着货币政策规则的探讨逐步展开，而货币政策规则的发展主要可以分为以下三个阶段：数量型货币政策规则的兴起；价格型货币政策规则的转变；混合型货币政策规则的应用。对于货币政策规则最早的研究，可以追溯至 Friedman[1] 提出的货币数量方程，第一次系统地研究了货币供应量与通货膨胀和产出变化之间的关系，认为中央银行可以通过实施货币政策来对经济体的通货膨胀和产出水平进行调控，并成为当时最为盛行的货币政策理论模型，也奠定了未来数量型货币政策规则的发展。在此基础上，Friedman 和 Schwartz[2] 进一步提出了依据货币数量方程的单一增速的货币供应量规则。直至 20 世纪 80 年代末，数量型货币政策规则才得到进一步发展，McCallum[3] 认为，货币流通速度在不同时期是变化的，因此单一增速的货币政策规则并不能很好地反映现实经济的变化情况，并对此规则进行了完善，提出了以潜在产出目标为调整对象的数量型货币政策规则，这意味着数量型货币政策规则迎来了正式的发展。然而，随着美国、欧洲等西方国家货币流通速度的变化，数量型货币政策规则对宏观经济的作用与日俱减[4]，这也促使了货币政策规则的新一轮演变。鉴于货币供应量作为货币政策中介目标的传导性在逐渐下降，Taylor[5] 提出了以利率水平

---

[1] Friedman M., *A Program for Monetary Stability*, New York: Fordham University Press, 1960.

[2] Friedman M., Schwartz A. J., *A Monetary History of the United States*, 1867-1960, Princeton: Princeton University Press, 1963.

[3] McCallum B. T., *Robustness Properties of a Rule for Monetary Policy*, Carnegie-Rochester Conference Series on Public Policy, North-Holland, 1988, pp. 173-203.

[4] Humphrey T. M., "Fisher and Wicksell on the Quantity Theory", *FRB Richmond Economic Quarterly*, Vol. 83, No. 4, 1997, pp. 71-90.

[5] Taylor J. B., *Discretion Versus Policy Rules in Practice*, Carnegie-Rochester Conference Series on Public Policy, North-Holland, 1993, pp. 195-214.

作为货币政策中介目标的政策规则，即价格型货币政策规则。因为欧美等西方国家的金融市场发展时间较早，在价格型货币政策规则提出前，金融市场已经得到较为完善的发展，这也保证了利率水平能够实时反映市场供需的变化，使得利率中介目标能够充分发挥货币政策传导性的作用，致使价格型货币政策规则一度成为各国采用货币政策对宏观经济进行调控的基本范式。进入 21 世纪后，大多学者开始对混合型货币政策展开了研究。美国货币当局在 21 世纪采用了多轮量化宽松的货币政策，这意味着货币供应量对实体经济的影响依然存在，而现行价格型货币政策规则以利率作为单一的货币政策中介目标，忽视了货币供应量对宏观经济变化的潜在作用，这将错估货币政策带来的具体作用。[1] 因此，大多数学者开始将原有价格型货币政策拓展为包括货币供应量因素在内的货币政策规则，以此作为混合型货币政策规则的基准，对货币政策的调控效果进行讨论[2][3][4]，这也反映了混合型货币政策规则在新时期的研究开端。

二　货币政策对宏观经济的调控作用

一直以来，货币政策承担着控制通货膨胀和稳定产出增长的作用，各国学者对于货币政策宏观经济调控效果的研究，也主要集中在该方面，以此探讨货币政策作用的有效性，并详细分析了货币政策对宏观经济变量影响的主要路径，以及货币政策在熨平宏观经济波动时发挥的重要作用。

（一）国外相关文献研究

Bernanke 和 Blinder[5] 根据美国 1959 年 7 月至 1989 年 12 月的宏观

---

[1] Belongia M. T., Ireland P. N., "Interest Rates and Money in the Measurement of Monetary Policy", *Journal of Business and Economic Statistics*, Vol. 33, No. 2, 2015, pp. 255-269.

[2] Christiano L., Motto R., Rostagno M., "Shocks, Structures or Monetary Policies? The Euro Area and US after 2001", *Journal of Economic Dynamics and Control*, Vol. 32, No. 8, 2008, pp. 2476-2506.

[3] Poilly C., "Does Money Matter for the Identification of Monetary Policy Shocks: A DSGE Perspective", *Journal of Economic Dynamics and Control*, Vol. 34, No. 10, 2010, pp. 2159-2178.

[4] 伍戈、连飞：《中国货币政策转型研究：基于数量与价格混合规则的探索》，《世界经济》2016 年第 3 期。

[5] Bernanke B. S., Blinder A. S., "The Federal Funds Rate and the Channels of Monetary Transmission", *American Economic Review*, Vol. 82, No. 4, 1992, pp. 901-921.

数据，并利于 VAR 模型研究了货币政策对宏观经济波动的传导性，发现将联邦基金利率作为货币政策的中介目标，比货币供应量和政府债券利率对宏观经济变量的预测性更高，能够更好反映货币政策对宏观经济变量的影响；同时，货币政策冲击能够对银行资产端和需求端的宏观因素产生作用，例如能够影响银行对外的信贷规模以及经济体的失业率，这表明货币政策具有明显的宏观调控效果。Christiano 等[1]以资金流量账户的变动作为货币政策冲击的代理变量，并利用 VAR 模型来评估货币政策对不同部门的影响，发现紧缩性货币政策冲击提高了联邦基金利率，并导致国民总收入、就业率、社会零售总额等宏观变量发生永久性的下降，造成商品价格的瞬时下降；同时，紧缩性货币政策冲击对联邦基金利率具有一年的持续提升作用，这与企业销售水平下滑导致现金流量表恶化的现象相关。Bernanke 和 Gertler[2]对货币政策的传导机制展开了分析，认为货币政策对宏观经济的短期调控作用是明显的，并且能够通过企业资产负债表渠道和银行信贷渠道对整个宏观经济产生影响，若忽视这两个渠道的作用，将误解货币政策对宏观经济的具体传导机制。Kishan 和 Opiela[3]根据美国 1980 年第一季度至 1995 年第四季度保险银行的财务报告，分析了货币政策冲击是否能够通过银行信贷渠道和企业资产负债表渠道对实体经济产生影响，即验证这两个渠道的存在性，发现紧缩性货币政策能够显著影响银行的信贷规模，并且银行自身的资产水平将影响银行对外吸收存款和维持贷款增长速度的能力，这意味着小银行在紧缩性货币政策下维持贷款增速的能力更弱，对货币政策的反应更为敏感。Coenen 和 Wieland[4]选取了日本零利率货币政策效果的视角，构建了含有理性预期和名义价格刚性的模型，研究了日本 20 世纪末期

---

[1] Christiano L. J., Eichenbaum M., Evans C., "The Effects of Monetary Policy Shocks: Some Evidence from the Flow of Funds", *NBER Working Paper*, No. w4699, 1994.

[2] Bernanke B. S., Gertler M., "Inside the Black Box: The Credit Channel of Monetary Policy Transmission", *Journal of Economic Perspectives*, Vol. 9, No. 4, 1995, pp. 27–48.

[3] Kishan R. P., Opiela T. P., "Bank Size, Bank Capital, and the Bank Lending Channel", *Journal of Money, Credit, and Banking*, Vol. 32, No. 1, 2000, pp. 121–141.

[4] Coenen G., Wieland V., "The Zero-interest-rate Bound and the Role of the Exchange Rate for Monetary Policy in Japan", *Journal of Monetary Economics*, Vol. 50, No. 5, 2003, pp. 1071–1101.

开始的零利率政策对宏观经济波动的影响,量化结果表明,日本零利率界限的货币政策冲击难以稳定产出和通货膨胀水平,虽然引发的损失并不是很大,但会造成宏观经济受到需求侧价格的持续冲击,为了避免零利率界限引发货币政策陷入"流动性陷阱",日本政府可以通过设定汇率贬值路径,来改善货币政策对宏观经济的调控作用。Primiceri[1] 利用时变 VAR 模型对美国货币政策的效果进行研究,发现货币政策效果在过去四十年期间一直存在变化,通货膨胀和失业率对利率的反应程度在逐步增强,但近年来货币政策对通货膨胀和失业率的作用不及其他外生政策冲击带来的影响。Rabanal[2] 在假定名义价格和实际价格刚性的前提下,通过构建宏观 DSGE 模型并采用贝叶斯估计的方法,研究紧缩性货币政策对通货膨胀的影响,研究发现,紧缩性的货币政策冲击提高了劳动力成本,进而带来成本推动型通货膨胀,这表明紧缩性货币政策冲击在需求侧产生的作用大于供给侧的作用,即需求侧因素带来的通货膨胀增长超过供给侧因素形成的通货紧缩,从而使紧缩性货币政策冲击在整体上对通货膨胀存在拉动的作用。Kwapil 和 Scharler[3] 认为,货币政策冲击对宏观经济的调控作用,取决于货币政策中利率的传递程度,若长期内货币政策冲击对市场上基准利率的传递不充分,将导致遵守泰勒规则的货币政策难以使宏观经济变量达到稳态水平,从而降低了货币政策对实体经济的影响能力,这一结果部分归因于银行导向型的金融体系易于产生利率传递不完全的现象。Gali[4] 基于货币政策调控与资产泡沫的视角,通过构建宏观 DSGE 模型,对传统货币政策逆周期调控的方式进行检验,发现逆周期干预型的货币政策面临着两难问题:一方面,当

---

[1] Primiceri G. E., "Time Varying Structural Vector Autoregressions and Monetary Policy", *The Review of Economic Studies*, Vol. 72, No. 3, 2005, pp. 821-852.

[2] Rabanal P., "Does Inflation Increase after a Monetary Policy Tightening? Answers Based on an Estimated DSGE Model", *Journal of Economic Dynamics and Control*, Vol. 31, No. 3, 2007, pp. 906-937.

[3] Kwapil C., Scharler J., "Interest Rate Pass-through, Monetary Policy Rules and Macroeconomic Stability", *Journal of International Money and Finance*, Vol. 29, No. 2, 2010, pp. 236-251.

[4] Gali J., "Monetary Policy and Rational Asset Price Bubbles", *American Economic Review*, Vol. 104, No. 3, 2014, pp. 721-752.

资产价格上升引发更大的资产泡沫时，货币当局应当提高基准利率水平来减少资产泡沫的堆积，但是会造成经济产出的波动和衰退。另一方面，货币当局若通过降低基准利率来稳定产出波动，则会进一步加剧资产泡沫的堆积，导致潜在危机的滋生，这也表明"逆风调控"的货币政策存在着权衡问题。Ottonello 和 Winberry[①]构建了包含异质性企业的宏观 DSGE 模型，并研究货币政策对不同性质企业投资行为的影响，发现低违约风险企业的投资规模对货币政策冲击反应更剧烈，由于在金融市场存在摩擦的情况下，高违约风险企业面临更大的边际融资成本，本身投资规模较低，使货币政策冲击带来的影响更小。Auclert[②]检验了货币政策冲击对消费的主要影响渠道，发现货币政策主要通过影响消费者之间收入和财富的再分配，对消费水平产生影响，包括货币政策对实际收入的异质性影响和对通货膨胀引起的债务债权结构变化的影响，这些渠道均能放大货币政策对消费的调控作用。

（二）国内相关文献研究

高铁梅和王金明[③]利用状态空间模型对我国货币政策效果进行估计，以改善以往线性回归方法只反映货币政策历史效果的弊端，结果发现，宽松的货币政策能够提高整个经济体的消费和投资水平，表明近年来虽然存贷款利率经过多次下调，但货币政策并不存在"流动性陷阱"的问题。赵昕东等[④]根据我国 1991—2000 年的季度数据，利用 VAR 模型对不同货币政策冲击带来的产出变化进行模拟和检验，研究发现，货币供应量冲击能够带来产出一定范围的增长，贷款冲击将显著提高现有的产出水平，而利率冲击将导致产出持续性的缩减，从而表明货币政策在我国有着明显的宏观调控作用。谢平[⑤]对货币政策目标和货币政策工

---

① Ottonello P., Winberry T., "Financial Heterogeneity and the Investment Channel of Monetary Policy", *NBER Working Paper*, No. w24221, 2018.

② Auclert A., "Monetary Policy and the Redistribution Channel", *American Economic Review*, Vol. 109, No. 6, 2019, pp. 2333-2367.

③ 高铁梅、王金明：《我国货币政策传导机制的动态分析》，《金融研究》2001 年第 3 期。

④ 赵昕东、陈飞、高铁梅：《我国货币政策工具变量效应的实证分析》，《金融研究》2002 年第 10 期。

⑤ 谢平：《中国货币政策分析：1998—2002》，《金融研究》2004 年第 8 期。

具选择进行了分析,并利用 VAR 模型和向量误差修正模型对货币政策效果进行检验,发现 1998—2002 年,货币供应量与产出在长期内不存在相关关系,表明长期内货币具有中性的特征,但货币供应量对物价水平在短期和长期内均有影响;同时,利率与产出、投资、消费等变量不存在明显的相关性,这意味着当期将货币供应量作为货币政策中介目标具有一定的合理性。戴金平和金永军[1]基于货币政策非对称性的视角,研究了货币政策对不同行业产出的异质性作用,通过构建理论模型发现,当行业为劳动密集型时,货币政策随着行业内资本密集程度的增加而带来更大的作用,并利用协整模型、自回归分布滞后模型和 VAR 模型对上述推论进行检验,发现货币政策对不同行业产出水平的作用的确存在异质性,验证了货币政策对不同行业有着差异化的作用。张成思[2]强调了货币政策对通货膨胀惯性的影响,利用时间序列的分析方法,对我国 1980—2007 年通货膨胀的惯性变化特征予以检验,发现即使我国经济处于低通货膨胀的时期,通货膨胀的惯性依旧存在,这意味着货币当局在实施货币政策时,需要充分考虑货币政策作用的滞后性,至少提前一年对未来通货膨胀的变化进行控制。王君斌[3]对货币政策冲击、通货膨胀和产出变动之间的关系进行检验,首先通过 SVAR 模型总结了货币政策冲击和技术冲击对产出、通货膨胀作用的客观规律,然后在此基础上构建了具有名义价格刚性的宏观 DSGE 模型,并以货币供应量作为货币政策的中介目标,发现货币政策冲击能够带来产出和通货膨胀的增长,并呈现出驼峰式的变化。鄢莉莉[4]立足于金融中介效率的视角,通过构建宏观 DSGE 模型,探讨了不同货币政策规则对宏观经济的调控作用,发现当金融中介效率提高后,两种货币政策规则对主要宏观变量的影响程度均发生下降,但是数量型货币政策规则带来的福利损失水平高于价格型货币政策规则下的作用,表明我国货币政策规则变革的必要

---

[1] 戴金平、金永军:《货币政策的行业非对称效应》,《世界经济》2006 年第 7 期。
[2] 张成思:《中国通胀惯性特征与货币政策启示》,《经济研究》2008 年第 2 期。
[3] 王君斌:《通货膨胀惯性、产出波动与货币政策冲击:基于刚性价格模型的通货膨胀和产出的动态分析》,《世界经济》2010 年第 3 期。
[4] 鄢莉莉:《金融中介效率对货币政策效果的影响——基于动态随机一般均衡模型的研究》,《国际金融研究》2012 年第 6 期。

性。康立和龚六堂①对金融摩擦下国际经济危机的传导机制展开了研究，通过构建开放经济环境下包含异质性生产部门的宏观 DSGE 模型，分析了国际经济危机如何通过影响贸易部门的出口，对国内非贸易部门产生影响，研究显示，异质性生产部门的存在促进了国外危机向国内的蔓延。国外危机给贸易部门带来了负向的需求冲击，导致贸易部门的产出水平下降，降低了银行对贸易部门信贷资本回报率的预期，导致银行贷款坏账水平的提高，减少了银行下期对非贸易部门的信贷规模，进而使得贸易和非贸易部门资本的价值发生缩水，最终引发国内危机。郭豫媚等②发现，我国近年来货币政策的宏观调控效果呈现出下降的趋势，货币当局需要加强对货币政策预期管理的工作，当引入预期管理因素后，货币政策实施后产生的福利损失水平将下降 40%。许志伟和刘建丰③在新凯恩斯理论框架下，考虑了不确定性冲击对货币政策有效性的影响，发现不确定性冲击是造成产出波动的重要原因，并且在不确定性冲击下，价格型货币政策规则比数量型货币政策规则更能减小宏观经济的波动。

概而论之，无论在封闭经济环境下还是在开放经济环境下，货币政策都是影响宏观经济平稳运行的重要方式，能够带来稳定物价、拉动产出的作用，这也体现了货币政策对产出和通货膨胀进行调控的传统职能。此外，货币政策能够通过影响银行信贷渠道和企业资产负债表渠道对银行信贷行为和企业投资行为产生影响，而且能够通过影响家庭收入和财富的再分配，改变家庭的跨期消费决策，进而使社会平均的消费水平发生变化，并进一步对经济产出、物价水平等其他宏观经济变量产生作用。

---

① 康立、龚六堂：《金融摩擦、银行净资产与国际经济危机传导——基于多部门 DSGE 模型分析》，《经济研究》2014 年第 5 期。
② 郭豫媚、陈伟泽、陈彦斌：《中国货币政策有效性下降与预期管理研究》，《经济研究》2016 年第 1 期。
③ 许志伟、刘建丰：《收入不确定性、资产配置与货币政策选择》，《经济研究》2019 年第 5 期。

第三节 财政政策发展和宏观调控效果

一 财政政策理论的探索与回顾

伴随着西方资本市场从自由资本主义向垄断资本主义转变，财政政策理论逐步经过了财政政策非干预理论、凯恩斯财政政策理论和多样性财政政策理论三个阶段的发展。不同阶段由于经济发展水平的不同，学者对政府如何实施财政政策有着不同的观点，这也促进了财政政策理论在不同时期的发展和升华。

在20世纪30年代之前，财政政策非干预理论一直在西方各国起着主导作用。Ricardo[①] 指出，运用赋税等财政政策对宏观经济进行调控，实际上是对经济资源的一种浪费。原因在于，赋税是非生产性过程，政府施加的赋税不是对生产过程产生阻碍，就是降低经济体的需求，因此赋税只能带来经济的破坏；而市场作为资源配置的最优方式，能够对资源进行高效率的分配，任何政府干预市场的行为，终将导致市场资源配置效率的下降，因此提倡低税负或无税负的财政政策，并需要保证政府财政收支的平衡。这一理论在经济学成为一门独立学科之前，一直对西方国家政府的行为起到指导作用，强调政府不干预和无作为的财政政策方式，力图最大限度发挥市场对经济运行的支配作用。

但在20世纪30年代后，西方国家迎来了全球性的资本主义危机，导致市场支配资源的自由资本主义发展受到了前所未有的质疑，这促进了政府干预市场运行理论的蓬勃发展。Keynes[②] 提出了有效需求理论，认为由于经济运行存在着边际消费递减、边际投资收益递减和流动性偏好的三大规律，因此经济体总是存在着有效需求不足的现象，政府部门应该主动采取财政政策干预经济的运行，扩大政府的支持，打破财政收支平衡的理念，从而从需求侧拉动经济的增长。有效需求理论的提出，

---

① Ricardo D., *Principles of Political Economy and Taxation*, London: George Bell and Sons, 1891.

② Keynes J. M., *The Theory of Employment Interest and Money*, London: Macmillan, 1960.

奠定了凯恩斯主义在西方国家中的经济学统领地位，此后，各国政府开始了漫长的财政政策干预市场发展的行动。

在 20 世纪 70 年代以后，西方国家由于长时间实施扩张性财政政策，导致全球各经济体大规模出现"经济滞胀"的现象，表现为扩张性的财政政策不仅无法促进产出的增长，反而导致通货膨胀水平的上升，这使得以凯恩斯学派为首的积极财政政策理论遭到了广泛质疑。由此，新的理论学派开始出现，纷纷提出适用于当时经济发展的财政政策方式，促使了以弗里德曼为首的货币主义、以蒙代尔与拉弗为代表的供给学派和以卢卡斯等为代表的理性预期学派的崛起，但每个学派的理论均无法完全预测经济的运行，使得各学派之间开始出现争鸣和融合，以敦促新凯恩斯主义和新货币主义等学派的诞生和发展，以此标志着多样性财政政策理论的正式发展。

二 财政政策对宏观经济的调控作用

虽然不同学派对财政政策的理论有所差异，但一个共识是适当的财政政策能够帮助政府部门稳定经济的增长，减少宏观经济的波动，起到有效的宏观经济调控作用，其中政府支出和税收调整等代表性的财政政策手段，能够改变宏观经济变量的运行路径，拉动市场需求，促进宏观经济朝着更高效率的方向进行发展[1]，因此洞悉财政政策对宏观经济的具体影响路径和作用效果，成为大多数学者热衷的研究领域。

（一）国外相关文献研究

Easterly 和 Rebelo[2] 研究了财政政策变量与经济发展程度之间的关系，发现税收结构与一国经济发展水平存在明显的相关性，发展落后的国家往往具有较高的税率水平；政府支出是影响经济增长的重要因素，政府部门加强对公共品的支出将带来持续性的经济增长，这表明财政政

---

[1] Bhattarai K., Trzeciakiewicz D., "Macroeconomic Impacts of Fiscal Policy Shocks in the UK: A DSGE Analysis", *Economic Modelling*, Vol. 61, 2017, pp. 321-338.

[2] Easterly W., Rebelo S., "Fiscal Policy and Economic Growth", *Journal of Monetary Economics*, Vol. 32, No. 3, 1993, pp. 417-458.

策对宏观经济变化具有明显的作用。Kim[1]构建了包含税收、人力资本在内的内生经济增长模型,根据美国和东亚国家的相关研究,对模型参数进行赋值,比较税率变化对不同国家经济增长的差异化作用,结果发现,不同国家税率的差异大概可以解释30%经济增长速度的差异,这表明作为财政政策的税收手段,能够对经济产出水平带来重大的影响。Van等[2]利用欧盟各国1981—2001年的季度数据,通过构建结构VAR模型,探究了财政政策对宏观经济的传导机制,发现政府支出对欧盟整体的经济增长具有显著的促进作用,并且财政政策冲击对欧盟各国的作用存在着异质性,即财政政策在欧盟各国内部的传递效果有着明显的不同,这表明财政政策一方面能够促进宏观经济的增长,另一方面在不同区域内的作用具有异质性。Beetsma等[3]在开放宏观的视角下,检验了财政政策冲击对欧盟各国之间出口贸易的作用,首先通过构建面板VAR模型,检验了政府支出冲击对本国GDP水平的影响;其次构建贸易引力模型,检验本国GDP增加与外国出口贸易增量之间的关系,研究发现,使GDP增加1%水平的财政政策冲击,能够促进邻国出口贸易增加2.3%,这一作用与缩减0.6%净税率带来的效果相同。Auerbach[4]指出,美国需要在经济衰退时期采取不同的财政政策计划,以刺激正处于下行中的经济,随着美国边际税率消减带来的经济推动作用在不断下降,传统的税收财政政策难以起到复苏经济的作用,而投资性的政府支出可以有效拉动需求的增长,因此新的财政政策计划能够对美国走出经

---

[1] Kim S. J., "Growth Effect of Taxes in an Endogenous Growth Model: To What Extent do Taxes Affect Economic Growth?", *Journal of Economic Dynamics and Control*, Vol. 23, No. 1, 1998, pp. 125-158.

[2] Van A. B., Garretsen H., Gobbin N., "Monetary and Fiscal Policy Transmission in the Euro-area: Evidence from a Structural VAR Analysis", *Journal of Economics and Business*, Vol. 55, No. 5, 2003, pp. 609-638.

[3] Beetsma R., Giuliodori M., Klaassen F., "Trade Spill-overs of Fiscal Policy in the European Union: A Panel Analysis", *Economic Policy*, Vol. 21, No. 48, 2006, pp. 640-687.

[4] Auerbach A. J., "Implementing the New Fiscal Policy Activism", *American Economic Review*, Vol. 99, No. 2, 2009, pp. 543-549.

济萧条起到关键的作用。Fernandez-Villaverde[1] 考察了在金融摩擦存在的情况下，财政政策冲击对美国宏观经济变化的影响，通过将参数校准至当下美国经济运行状态，发现不同财政政策冲击对宏观经济的调控作用不同，相比于税收减免，政府支出在短期内对产出增加的作用更大。Furceri 和 Sousa[2] 通过对 145 个国家政府支出与私人消费、私人投资数据的分析，发现政府支出对私人部门存在着显著的挤出效应，扩张性的财政政策将导致私人消费和私人投资的缩减。Stahler 和 Thomas[3] 在考虑两个国家组成的货币联盟经济中，投资性财政政策支出、购买性财政政策支出、公共部门薪金支出对社会产出和失业率的影响，通过构建宏观 DSGE 模型，并根据欧盟 1999 年至 2008 年的宏观数据，采取贝叶斯估计的方法对相关参数进行估算，发现紧缩性的财政政策将显著降低产出水平并提高失业率，其中投资性财政政策支出的缩减将带来最严峻的负面效应，短期通过财政支出对产出带来直接的消减作用，长期通过影响私人部门投资对产出产生不利影响，而公共部门薪金支出的缩减由于不直接影响私人部门投资和需求侧因素，因此将造成最小的产出和失业率损失。McKay 和 Reis[4] 在新凯恩斯理论框架下，构建了含有自动稳定器特征的财政政策，并对参数进行调整以模拟美国经济的运行，研究显示，税率结构的缩减和变化并不能很好降低宏观经济的波动，但可以带来产出和福利水平的增加；对政府转移支出的增加可以有效降低宏观经济周期的波动，这意味着美国财政政策应加大对社会福利保障的支出，从而减少宏观经济的波动幅度。Shobande 和 Shodipe[5] 利用美国、英国、

---

[1] Fernandez-Villaverde J., "Fiscal Policy in a Model with Financial Frictions", *American Economic Review*, Vol. 100, No. 2, 2010, pp. 35–40.

[2] Furceri D., Sousa R. M., "The Impact of Government Spending on the Private Sector: Crowding-out Versus Crowding-in Effects", *Kyklos*, Vol. 64, No. 4, 2011, pp. 516–533.

[3] Stahler N., Thomas C., "FiMod—A DSGE Model for Fiscal Policy Simulations", *Economic Modelling*, Vol. 29, No. 2, 2012, pp. 239–261.

[4] McKay A., Reis R., "The Role of Automatic Stabilizers in the US Business Cycle", *Econometrica*, Vol. 84, No. 1, 2016, pp. 141–194.

[5] Shobande O. A., Shodipe O. T., "New Keynesian Liquidity Trap and Conventional Fiscal Stance: An Estimated DSGE Model", *Economics and Business*, Vol. 33, No. 1, 2019, pp. 152–169.

日本 1970—2018 年的年度宏观数据，构建宏观 DSGE 模型，探究在零利率下限情境下财政政策对宏观经济的调控作用，发现当经济体处于"流动性陷阱"时，货币政策对熨平宏观经济波动的能力显著下降，此时扩张性财政政策能够吸收名义利率变化带来的持续冲击，并且能够稳定经济的增长。

（二）国内相关文献研究

刘溶沧和马拴友[①]通过建构 OLS 的回归模型对我国 1984—1999 年财政政策的宏观调控效果进行检验，发现国债融资、财政赤字与利率和私人投资之间不存在明显的关系，即扩张性的财政政策不会影响利率水平，也不存在私人投资的挤出效应，并且国债和财政赤字的资金若用于公共投资，将显著提高经济的增长水平。刘金全和梁冰[②]对我国财政政策与宏观经济波动的关系进行检验，结合相关性和 VAR 模型的分析方法，发现财政政策对宏观经济波动起着自动稳定器的作用，扩张性财政政策对消费、通货膨胀的作用并不明显，但是长期内能够促进产出规模的增长。洪源和罗宏斌[③]首先依据货币数量方程与政府财政收支方程推导了财政赤字与通货膨胀之间的关系，指出只有财政赤字货币化的情况下，财政政策才会对通货膨胀产生影响，然后利用我国 1982—1993 年的财政赤字、货币供应量、通货膨胀等宏观数据，分析了财政赤字与通货膨胀之间的数理关系，发现财政赤字对通货膨胀的作用甚微，这表明当期我国财政赤字规模适宜，不会诱发大范围的通货膨胀现象。崔治文等[④]研究了我国税率结构对宏观经济增长的作用，在计算出不同税种的税率基础上，通过结构 VAR 模型探讨了有效税率冲击与经济产出之间的关系，结果发现：劳动所得税税率对资本增长率和经济增长率的长期

---

① 刘溶沧、马拴友：《赤字、国债与经济增长关系的实证分析——兼评积极财政政策是否有挤出效应》，《经济研究》2001 年第 2 期。

② 刘金全、梁冰：《我国财政政策作用机制与经济周期波动的相依性检验》，《财贸经济》2005 年第 10 期。

③ 洪源、罗宏斌：《财政赤字的通货膨胀风险——理论诠释与中国的实证分析》，《财经研究》2007 年第 4 期。

④ 崔治文、王蓓、管芹芹：《我国有效税率结构的经济增长效应——基于 SVAR 模型的实证研究》，《南方经济》2011 年第 2 期。

效应为正;资本所得税税率对资本增长率和经济增长率的长期、短期效应均为负,从而表明财政政策措施能够有效影响投资和产出的变化。王文甫和王子成[1]将视角放在开放经济环境下,构建了包含财政政策措施的新开放宏观 DSGE 模型,以此分析政府支出冲击和劳动所得税冲击对产出和净出口的影响,研究发现,政府支出冲击能够提高产出和净出口的水平,对净出口具有明显的挤入效应,而劳动所得税冲击将抑制产出和净出口的增长,财政政策这一作用与我国政府支出的正外部性和家庭消费习惯的持续性具有一定的关系。朱军[2]依据开放经济环境下的宏观 DSGE 模型,分析了以政府支出为主的不同财政政策规则对经济产出的影响,研究表明,在开放宏观经济中,政府支出带来的乘数效应较弱,"惯性支出"的财政政策规则与"钉住产出"的财政政策规则具有相似的产出促进效应,并且为了进一步提高资源的可利用性,政府部门在开放经济环境下应采取"平衡预算"的财政政策规则。晁江锋等[3]将研究视角放在罕见灾难冲击与政府财政行为上,构建了简单的家庭、厂商、政府三部门宏观 DSGE 模型,模拟罕见灾难冲击下政府财政行为对宏观经济波动的影响,发现:当政府支出行为能够影响家庭效用时,罕见灾难冲击导致产出下降的幅度更低;当政府对受灾厂商补助的力度更大时,罕见灾难冲击对产出的消减作用更小。这表明财政政策能够发挥抵御重大外部经济冲击的重要作用,进而降低宏观经济的波动幅度。张开和龚六堂[4]把行业投入产出结构纳入开放宏观 DSGE 模型的分析之中,将生产商和零售商部门分为可贸易部门和非贸易部门,发现:加入投入产出结构后,政府支出具有更大的乘数;在固定汇率制度下,扩张性的财政政策对消费和投资的基础效应更低,并且政府支出的乘数效应更

---

[1] 王文甫、王子成:《积极财政政策与净出口:挤入还是挤出?——基于中国的经验与解释》,《管理世界》2012 年第 10 期。

[2] 朱军:《开放经济中的财政政策规则——基于中国宏观经济数据的 DSGE 模型》,《财经研究》2013 年第 3 期。

[3] 晁江锋等:《罕见灾难冲击与财政政策效应研究——基于中国经济的实证检验》,《当代财经》2015 年第 1 期。

[4] 张开、龚六堂:《开放经济下的财政支出乘数研究——基于包含投入产出结构 DSGE 模型的分析》,《管理世界》2018 年第 6 期。

强。王燕武和吴华坤①指出，存货投资下降是影响我国经济周期波动的重要动因，因此在新凯恩斯理论框架下，将存货纳入生产函数中，在此基础上分析政府支出冲击对宏观经济变量的影响，研究发现，政府支出能够促进产出和消费的增长，但对企业投资存在显著的挤出效应，并且在考虑存货因素后，政府支出具有更大的乘数效应。

综上分析，财政政策作为重要的宏观政策方式，能有效熨平宏观经济的波动，政府部门可以通过政府支出和税率调整等财政手段，对宏观经济进行逆周期调控。一方面，政府支出能够直接影响经济产出水平，短期内拉动市场需求，从而解决有效需求不足的问题，进一步推动供给侧物资的生产，但对家庭消费和企业投资存在着一定的挤出效应。另一方面，税率结构的调整可以降低家庭和企业的纳税负担，提高家庭实际收入水平和企业实际资本报酬，进而提高家庭消费水平和企业的投资热情，保障产出水平的稳步增长。因此，积极的财政政策对宏观经济具有较强的调控作用，尤其对处于"流动性陷阱"的经济体而言，积极的财政政策将发挥无可替代的作用。

第四节 货币政策和财政政策的配合效应

事实上，货币政策和财政政策并不是孤立的两个宏观政策，它们能交互影响整个宏观经济的变化，有时组合使用货币政策和财政政策能够起到更优的调控效果，例如扩张性的财政政策搭配紧缩性的货币政策使用，可以起到降低通货膨胀和稳定产出增长的政策效果，这比单一宏观政策的效果更优，因此对于货币政策和财政政策的组合作用的研究，也是与本书内容相关的一批分支文献。

---

① 王燕武、吴华坤：《企业存货调整与中国财政政策的效力发挥》，《管理世界》2019 年第 1 期。

一　国外相关文献研究

Dixit 和 Lambertini① 在货币联盟的假定下，研究了货币政策和财政政策之间最优方案的博弈过程，当政府部门对产出目标和通货膨胀目标的设定与货币当局的设定不同时，纳什均衡的结果显示，财政政策和货币政策实施后实际产出和实际通货膨胀均偏离最优值，整个社会产出下降；同时，若其中一个部门能够起到统领作用，则财政政策和货币政策实施后，整个社会产出水平将得到进一步的改善，这意味着不同宏观政策实施过程中需要明确主次成分。Muscatelli 等② 构建了包含财政政策和货币政策在内的简单三部门的宏观 DSGE 模型，并根据美国 1970 年第一季度至 2001 年第二季度的宏观数据，对模型参数进行校准，以研究货币政策与财政政策搭配使用的效果，研究发现，不同外生冲击下，货币政策和财政政策的搭配方案并不总是互补的，在通货膨胀冲击下，货币政策和财政政策应采取替代的方案，并且当货币政策和财政政策目标不同时，逆周期的财政政策将导致整个社会福利的恶化。货币政策和财政政策之间的协调性还将影响整个社会的福利水平，Hallett 等③ 发现合作的货币政策和财政政策比非合作的货币政策和财政政策的效果更优，并且强合作的货币政策和财政政策能够带来更高程度的福利改善，即使两个政策制定者的政策目标是不同的。Adam 和 Billi④ 在标准的价格黏性、垄断竞争的新凯恩斯理论框架下，研究财政政策与货币政策对福利损失的交互影响，发现当政策制定者无法遵守未来政策实施的规则时，将导致经济通货膨胀水平上升，使得货币政策和财政政策的搭配实施带

---

① Dixit A., Lambertini L., "Monetary-fiscal Policy Interactions and Commitment Versus Discretion in a Monetary Union", *European Economic Review*, Vol. 45, No. 4, 2001, pp. 977-987.

② Muscatelli V. A., Tirelli P., Trecroci C., "Fiscal and Monetary Policy Interactions: Empirical Evidence and Optimal Policy Using a Structural New-Keynesian Model", *Journal of Macroeconomics*, Vol. 26, No. 2, 2004, pp. 257-280.

③ Hallett A. H., Libich J., Stehlík P., "Welfare Improving Coordination of Fiscal and Monetary Policy", *AUCO Czech Economic Review*, Vol. 5, No. 1, 2011, pp. 7-26.

④ Adam K., Billi R. M., "Distortionary Fiscal Policy and Monetary Policy Goals", *Economics Letters*, Vol. 122, No. 1, 2014, pp. 1-6.

来更大程度的福利损失。Bianchi 和 Ilut[①] 对美国第二次世界大战后经济运行中货币政策和财政政策的配合效果展开了研究，发现20世纪60年代至70年代，财政政策当局对调控美国宏观经济变化起着统领作用，而以稳定通货膨胀为目标的货币政策，需要配合财政政策实施，否则将导致更大规模的通货膨胀现象；同时，研究也表明，若美国宏观经济当时由货币当局进行统领，并配以支持的财政政策，则大规模的通货膨胀将不会发生，但政府债务水平将稳居不下，这表明不同宏观政策搭配规则的转换将对经济运行轨迹带来重要的影响。Bianchi 和 Melosi[②] 对美国货币政策和财政政策之间的协调效果进行反事实研究，发现若财政政策当局对降低债务规模的意愿有所减弱，则钉住通货膨胀目标的货币政策将导致更为严重的经济衰退，因为财政政策当局的意愿下降后，美国债务失衡规模将进一步扩大，大规模的债务水平使经济体面临通货膨胀的压力，此时货币当局将采用紧缩的货币政策以压制通货膨胀的增长，这将进一步提高债务压力，导致更深程度的通胀预期，由此引起螺旋式的债务型通货紧缩现象，进一步恶化产出和福利水平。

二 国内相关文献研究

李义超和周英章[③] 探讨了货币政策和财政政策混合使用对我国宏观经济发展的影响，结果显示，由于金融市场发展不完善，货币政策无法对供需结构进行有效调整，导致货币政策效果并不显著，并且存在依附于财政政策的现象，而财政政策能够有效优化经济中的供需结构，使得财政政策能够发挥更大的调控作用。任碧云[④] 指出，在国际金融危机爆发时期，我国采取积极的财政政策和适度宽松的货币政策相结合的搭配政策方式，由于我国出台了四万亿元大规模的财政刺激计划，若配以扩

[①] Bianchi F., Ilut C., "Monetary/Fiscal Policy Mix and Agents' Beliefs", *Review of Economic Dynamics*, Vol. 26, 2017, pp. 113-139.

[②] Bianchi F., Melosi L., "The Dire Effects of the Lack of Monetary and Fiscal Coordination", *Journal of Monetary Economics*, Vol. 104, No. 1, 2019, pp. 1-22.

[③] 李义超、周英章：《我国货币政策和财政政策的效用比较研究》，《数量经济技术经济研究》2002年第3期。

[④] 任碧云：《中国货币政策与财政政策的协调配合的技术路径》，《中国经济问题》2009年第3期。

张性的货币政策，极易造成通货膨胀的过度增长，导致恶性的经济后果。张志栋和靳玉英[1]采用马尔科夫机制转换 VAR 模型，或称之为 MS-VAR 模型，对货币政策和财政政策稳定物价的能力进行研究，发现在 1980—1997 年，货币政策在稳定物价上具有统领作用，在此之后，财政政策统筹稳定物价的功能；同时，在不同宏观政策主导物价稳定的功能时，互补的货币政策和财政政策总是最优的政策搭配方案。贾俊雪等[2]采取同样的思路，利用我国 1992—2011 年的宏观季度数据，检验了货币政策和财政政策对资产价格稳定的作用，研究显示，1998 年之前，财政政策对稳定资产价格起到主导的作用；1998 年之后，财政政策和货币政策均能对资产价格的稳定发挥着关键的作用，这意味着现阶段只有配合使用财政政策和货币政策，才能更大程度地压制房地产价格的快速增长。牟俊霖和王阳[3]将 118 个宏观经济变量纳入要素扩展 VAR 模型的分析框架中，以研究货币政策和财政政策对城镇就业水平的宏观调控作用，研究表明，货币政策整体上对城镇就业具有微弱甚至负面的影响，财政政策能够显著提高城镇就业水平，因此政策当局若以稳定增长和巩固就业作为双目标，单一的货币政策难以实现双目标，而组合的货币政策和财政政策方案能够带来提高经济增速和稳固就业水平的效果。周波和侯帅圻[4]构建了新凯恩斯主义理论框架下的宏观 DSGE 模型，并基于 2000 年第一季度至 2014 年第四季度的宏观数据，对模型参数进行了校准和估计，以探讨货币政策和财政政策对稳定产出和通货膨胀的交互作用，通过对产出和通货膨胀方差边界的分析，发现在逐渐改变货币政策规则对产出和通货膨胀反应系数的情况下，具有自动稳定器特征的财政政策能够较大幅度降低通货膨胀和产出波动，并且政府支出比税率

---

[1] 张志栋、靳玉英：《我国财政政策和货币政策相互作用的实证研究——基于政策在价格决定中的作用》，《金融研究》2011 年第 6 期。

[2] 贾俊雪、秦聪、张静：《财政政策、货币政策与资产价格稳定》，《世界经济》2014 年第 12 期。

[3] 牟俊霖、王阳：《财政政策、货币政策的就业效应研究——基于要素扩展的向量自回归模型的估计》，《宏观经济研究》2017 年第 3 期。

[4] 周波、侯帅圻：《中国财政货币政策稳定通胀和产出吗？——基于 DSGE 模型的研究》，《财经问题研究》2019 年第 1 期。

调整具有更鲜明的波动抑制作用，这表明货币政策和财政政策的搭配使用能够带来更大的福利提升作用。

总而言之，不同时期的经济特征要求配以不同形式的宏观搭配政策，单一的货币政策或财政政策可能难以发挥最优的宏观调控作用，尤其对于遭遇"流动性陷阱"的经济体而言，协调使用宏观政策至关重要，这在以往研究中表现为适当的宏观政策组合方式能够降低福利的损失水平，提高产出和稳定通货膨胀，对宏观经济发展具有帕累托改进的作用。同时，我国经济正处于经济新常态发展的阶段，搭配使用货币政策和财政政策能够降低宏观经济波动，整体上提高货币政策和财政政策对宏观经济的调控作用，解决仅使用货币政策难以推动市场经济结构转型的问题，进而促进供给侧改革方案的落实，实现经济稳中有进的发展势头。

第三章 货币政策和财政政策的发展路径和事实特征

货币政策和财政政策作为我国宏观政策的重要组成部分,承担着控制经济平稳运行、促进充分就业、稳定物价水平等宏观调控职责,也是货币当局和政府部门实施政策手段和实现政策目标的必要方式。本章内容将从我国历年来货币政策和财政政策的发展路径和政策实施过程中体现的客观事实这两个方面进行分析,以总结政策当局利用货币政策和财政政策调控宏观经济运行的特征规律,剖析不同宏观政策实施过程中的路径变化方式和具体的调控方案,以期深入理解货币政策和财政政策对宏观经济发展的事实影响。

第一节 我国货币政策和财政政策的历史发展评析

在货币政策实施方面,根据央行历年发行的《货币政策执行报告》,我国货币政策的执行方式和取向偏好可以归类为从紧的货币政策、适度从紧的货币政策、稳健的货币政策、适度宽松的货币政策和宽松的货币政策。其中稳健的货币政策使用频率最高,由于稳健的货币政策可以体现为稳健从紧、稳健中性和稳健从宽,因此稳健的货币政策具有较强的相机选择性质,货币当局能够根据具体宏观经济形势采取逆周期的货币政策调控方案,进而造成宏观经济波动在不同时期体现出不同的发展状况。在财政政策实施方面,根据历年政府工作报告的内容,我国财政政策实施方案选择上大致存在从紧的财政政策、稳健的财政政策和积极的财政政策三类情况。但历年财政政策实施方案变化较为单一，同时积极的财政政策具有最高的实施频率，由于积极的财政政策以扩大财政支出力度为导向，这也表明政府部门一直采用积极的财政政策来提高社会的有效需求，并通过配合历年货币政策的调控方案来实施适宜的财政政策，进而维持经济稳定增长，优化产业结构，稳定物价水平，加大财政政策对改善宏观经济环境的效力。具体而言，近数十年来我国货币政策和财政政策的执行情况大致经历了以下几个阶段：

首先，1998—2003年的第一时间阶段。在1998年亚洲金融危机爆发后，为了应对潜在的金融危机扩散和宏观经济下行趋势，央行在这一阶段实施了稳健的货币政策，该稳健货币政策更偏向于稳健从宽，目标在于刺激经济活力，提高消费需求，稳定经济增长，防范我国进一步爆发金融危机的隐患。政府部门则采用积极的财政政策，加大政府支出力度，扩大财政赤字预期，以配合该阶段货币政策的目标，提高经济增长潜力，降低外部经济环境带来的不利冲击。

其次，2004—2007年的第二时间阶段。该时间阶段为国际金融危机爆发的前期，我国经历固定资产投资规模高速增长、信贷服务扩张、物价水平上涨和国际收支大额顺差等经济状况。为了降低投资需求过热、物价上涨的现象，并促进汇率制度进行有序的改革，央行在该阶段分别实施了稳健的货币政策和适度从紧的货币政策。但事实上，稳健的货币政策更偏向于稳健从紧的货币政策，央行通过多次上调法定存款准备金率和基准存贷款利率，减少当时经济发展中的过度投资行为，降低宏观经济通货膨胀的压力，维持平稳的经济增长趋势。政府部门在该阶段实施了稳健的财政政策，原因有两个方面：一方面，为了配合货币政策来应对固定资产投资过热和信贷快速膨胀的问题；另一方面，稳健的财政政策有利于政府部门推动"三农"工作建设，扩大市场就业，解决区域性经济发展不平衡的问题，进而推动社会公共文化事业的稳定发展。

再次，2008—2010年的第三时间阶段。该阶段正处于国际金融危机爆发时期，我国在防止金融危机爆发过程中，央行实施了适度从宽的货币政策，向经济体注入大量流动性，多次下调法定存款准备金率和基准存贷款利率。因此，该阶段的货币政策与以往相比更为宽松，有助于我国经济在全球经济下行势头中保持稳定增速，并拉动国内需求的增长。政府部门在该时期扩大了财政政策的积极性，采用积极的财政政策来干预宏观经济的运行，一个重要表现是政府部门推出了"四万亿投资计划"，扩大中长期政府国债发行规模，从而能够与适度从宽的货币政策相协调，拉动金融危机时期的内需，稳定原有经济增长的轨迹。

然后，2011—2012年的第四时间阶段。央行转变货币政策风向，改用稳健的货币政策，实际上该阶段的货币政策更偏向为稳健从紧。由于在国际金融危机时期央行向经济体注入了大量的货币，2011—2012年形成了较为明显的通货膨胀预期。为了进一步稳定物价，央行多次实施加息和提高法定存款准备金率的手段，这也奠定了该时间段央行货币政策执行的基准方向。但政府部门依旧保持积极的财政政策取向，在财政政策实施过程中加力提效，体现为国债规模的扩大，财政赤字的小幅增加，进而促进经济结构的转型，扩大对外贸易的开放程度，增强社会公共服务和民生保障项目的支出力度，以降低稳健从紧的货币政策对经济发展带来的不利冲击。

最后，2013年至今的第五时间阶段。央行整体的货币政策执行取向一直保持稳健的货币政策，但从实施情况来看偏向于稳健从宽和稳健中性。由于在该阶段全球经济增长疲惫，欧盟债务危机问题突出，全球经济体纷纷涌现加息浪潮。我国宏观经济发展开始减速，经济发展转换为新常态模式，同时经济发展过程中伴随着金融泡沫滋生的现象。因此，央行为了保持经济增长活力并严控金融系统风险，在该阶段实施了稳健从宽和稳健中性的货币政策，以推动宏观经济向高质量平稳发展阶段进行转轨。政府部门则保持积极的财政政策实施方案，通过采取多轮降税减费手段，增加财政赤字和地方性转移支付规模，并配合货币政策的实施方向，来推动整个产业结构的转型，实现供给侧改革发展，扩大国内消费和投资需求，进一步促进特殊时期宏观经济的长期发展。

第二节 货币政策和财政政策的调控规律和客观事实

在宏观经济运行中,货币政策和财政政策一般采用逆经济周期调控的方式,即在经济发展处于萧条阶段时,采用扩张的货币政策和财政政策方案,而在经济发展过热时,采取收缩的货币政策和财政政策方案,从而有效降低宏观经济的波动,推动经济长期稳定发展。同时,宏观政策的主要目标一般为稳定产出和控制通货膨胀。为了进一步探究我国货币政策和财政政策调控方式是否遵循逆经济周期调控的规律,本节对国内生产总值(GDP)数据和消费者价格指数(CPI)同比数据进行处理,获得 1998 年第一季度至 2019 年第二季度的总产出和通货膨胀的波动数据①,以反映这两大宏观政策目标的变化情况,并绘制出上述两大数据指标的波动趋势图,具体如图 3.1 所示。

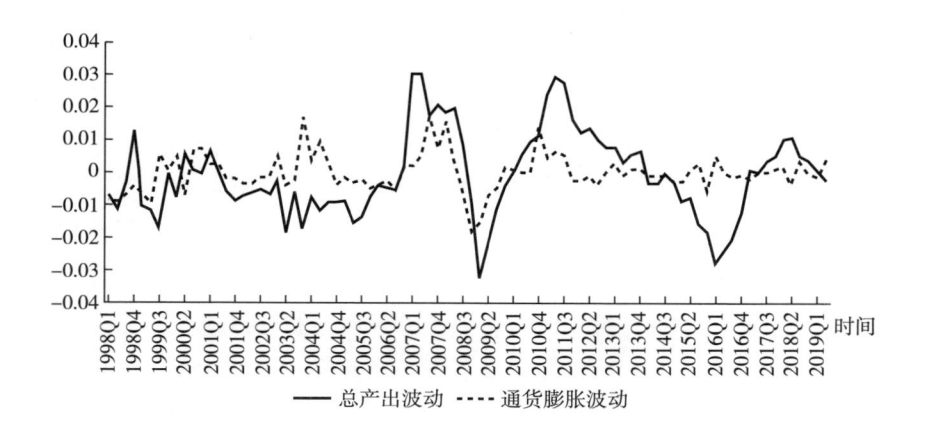

图 3.1 总产出和通货膨胀的波动趋势

根据图 3.1 中总产出和通货膨胀的波动趋势,可以发现以下几点

---

① 具体的数据来源和数据处理方法详见第四章参数校准和贝叶斯估计部分。

结论。

首先，总产出和通货膨胀大体上具有相似的波动路径。这表明当前我国总产出波动和通货膨胀波动具有一定的同步性，当宏观经济处于发展阶段时，市场需求扩大，物价水平上涨，进而造成通货膨胀的现象，反之，则带来通货紧缩的经济运行状况。

其次，总产出波动、通货膨胀波动和各期宏观政策调控方案较为契合。例如1998年期间，亚洲金融危机使得经济增长放缓，导致总产出和通货膨胀呈现负向波动；1998年以后，政策当局实施的稳健的货币政策和积极的财政政策推动了经济的复苏，直至2008年前，总产出大体表现出震荡增长的波动趋势，并伴随着缓和的通货膨胀现象，这也显现出货币政策和财政政策逆周期调控的效果；2008年国际金融危机加剧了总产出的负向波动，但此后适度从宽的货币政策和积极的财政政策拉动了内需，扩大了经济增长，使得总产出和通货膨胀呈现出正向波动。因此，我国货币政策、财政政策具有逆经济周期调控和协调配合使用的客观事实特征。

最后，相比于通货膨胀的波动，总产出的波动幅度更大，但两者波动幅度均能控制在-4%—4%的范围之内。这表明逆周期货币政策和财政政策的调控手段，能够有效熨平宏观经济波动，降低外生宏观冲击带来的总产出和通货膨胀的波动。因此，逆周期的货币政策和财政政策调控整体上有利于宏观经济的稳定运行。

综上，在宏观经济运行上，我国货币政策和财政政策存在明显的逆经济周期调控现象，能够解决经济增长过热或不足的问题。这意味着不同宏观政策能够有效干预经济的变化周期，也反映了政策当局协调使用货币政策和财政政策的客观事实。

此外，为了进一步描绘金融加速器机制存在性的客观事实，以及货币政策和财政政策的调控规律，并回答金融市场摩擦的存在是否不利于经济发展这一问题，需要从宏观数据中观测经济变化的事实特征。具体而言，本书需要检验金融摩擦的存在是否不利于经济的增长，并观察此时货币政策和财政政策对宏观经济的调控特征。一方面，在金融市场摩擦指标选取上，本书参考 Gilchrist 和 Zakrajsek[①] 的做法，将固收类短债信用利差指标作为金融市场摩擦的替代变量。由于信用利差可以衡量企业面临的外部融资溢价程度，当信用利差越大时，企业进行融资时面临的溢价水平越高，相应金融市场的摩擦程度也就越大。信用利差数据来源于光大固收信用利差数据库。另一方面，在货币政策和财政政策变量选取上，本书分别将广义货币供应量和财政预算支出作为货币政策和财政政策的实施变量，并观测上述变量与产出水平的变化关系。

首先，产出与信用利差的波动关系。分析图 3.2 可以发现，产出与信用利差数据大致呈现出相反的波动趋势，即信用利差代表的融资溢价程度具有逆周期的特征。上述结果意味着，随着企业融资信用利差的增大，金融市场摩擦的程度逐渐升高，此时产出水平随之下降。这暗喻着金融摩擦的存在将导致产出发生不利的波动，并且随着摩擦程度的增加，产出波动幅度将被放大。这也体现了金融加速器机制在我国经济运行环境中是显著的，初步证明了在模拟宏观经济波动时，构建含有金融加速器的 DSGE 模型是必要的，论证了金融加速器机制存在的客观性。

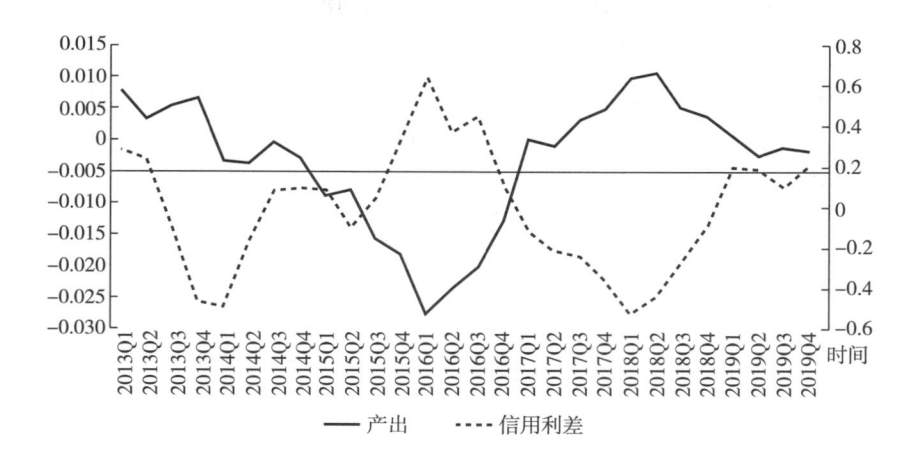

图 3.2　产出与信用利差波动趋势（信用利差为右轴）

[①] Gilchrist S., Zakrajsek E., "Credit Spreads and Business Cycle Fluctuations", *American Economic Review*, Vol. 102, No. 4, 2012, pp. 1692-1720.

其次，产出与广义货币供应量的波动关系。根据图 3.3 的结果可以得知，广义货币供应量表现出与产出相反的波动趋势。这也与经济学理论相符，因为中央银行通过货币政策对宏观经济进行调控时，往往表现出"逆风操作"的特征。[①] 因此，当经济承压，产出水平下滑时，中央银行将提高广义货币供应量的规模，进而刺激经济的增长；当经济增长过热，中央银行将下调广义货币供应量的规模，抑制产出的过热增长。

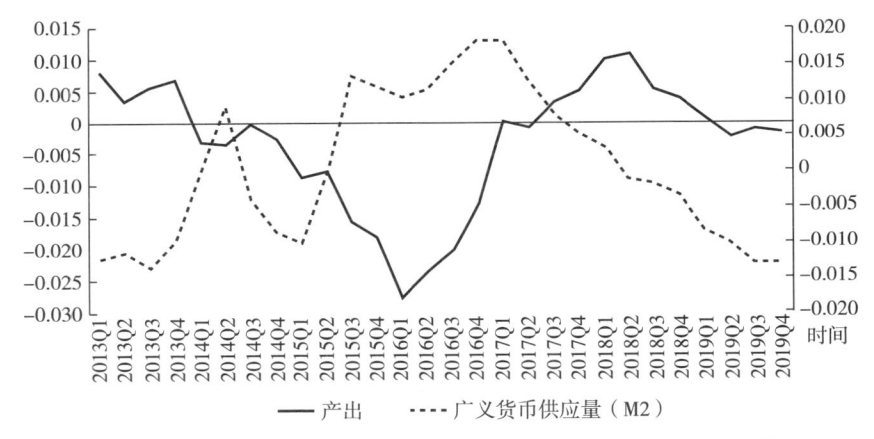

图 3.3　产出与广义货币供应量波动趋势（广义货币供应量为右轴）

最后，产出与财政预算支出的波动关系。分析图 3.4 的结果可知，财政预算支出与产出的波动趋势关系与广义货币供应量的类似，即财政预算支出大致呈现出与产出相反的波动趋势。这表明，政府部门在实施财政政策时，也偏向于采用"逆风操作"的方式，进而保证产出波动处于合理的区域之内，提高财政政策对宏观经济的调控效果。

综上可知，宏观数据的事实特征表明，我国宏观经济运行中存在较为明显的金融加速器现象，同时货币政策和财政政策对宏观经济波动具有较强的调控效果。因此，构建包含金融加速器机制的 DSGE 模型，由此分析货币政策和财政政策对宏观经济的调控作用是具有现实意义的。

---

① 刘斌：《我国 DSGE 模型的开发及在货币政策分析中的应用》，《金融研究》2008 年第 10 期。

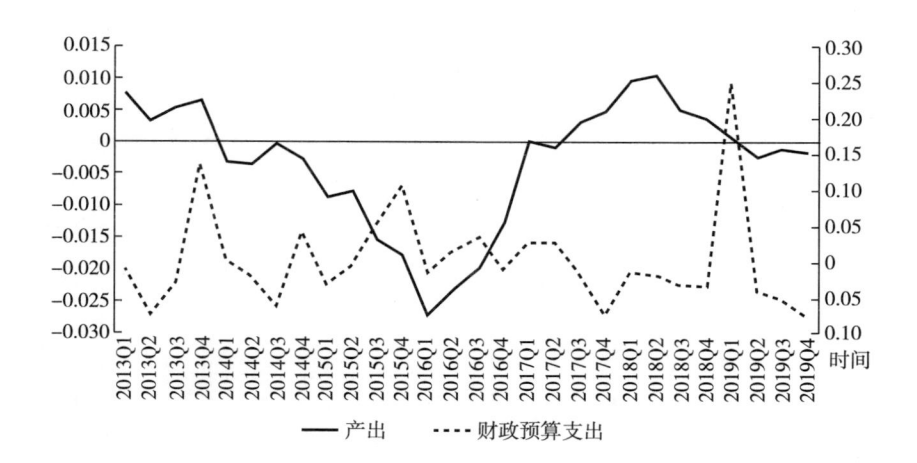

图 3.4　产出与财政预算支出波动趋势（财政预算支出为右轴）

第四章 封闭经济环境下货币政策和财政政策的影响分析

——基于金融加速器机制的视角

追究国际金融危机爆发的根由,主要在于各国政策当局忽视了金融部门发展对实体经济的重要作用,并且对市场上金融衍生品监管力度的不足,风险投资数量的急剧增加,以及过度宽松的错误货币政策的运用,均成为后续金融危机滋生的助推器。[1] 国际金融危机蔓延和经济大萧条扩散带给我们一个启示:当下我国金融市场改革正浩荡进行,金融市场改革不同环节上的试错,会带来潜在金融风险的堆积,而如何有效防范金融泡沫破裂导致的金融市场风险,转变经济"脱实向虚"的发展趋势,是推动我国经济稳增长、保质量过程中需要重点关注的方向。为了有效守住金融风险不发生的底线,需要我们厘清金融因素对宏观经济波动产生作用的具体机制和理论路径,理解货币政策和财政政策对调控经济运行的具体效果。这也是本章刻画金融加速器机制下,不同宏观政策对实体经济影响的本意所在。

据此,本章以金融加速器理论为基础,构建了一个含有家庭、商业银行、企业家、资本生产商、零售商、中央银行、政府部门在内的七部门的宏观经济 DSGE 模型,以系统研究货币政策和财政政策在金融加速器机制作用下,如何对各部门决策和实体经济产生影响。具体而言,家庭在跨期效应最大化的目标下,通过提供劳动供给来获取必要收入,以满足自身对消费的需求,同时家庭将剩余货币在储蓄和购买政府债券上

---

[1] Taylor J. B., "The Financial Crisis and the Policy Responses: An Empirical Analysis of What Went Wrong", *NBER Working Paper*, No. w14631, 2009.

进行分配；银行通过吸收家庭的存款，向企业家提供生产投资所需的资金，由于存在信贷市场摩擦，银行与企业家之间的信息并不对称，企业家面临更高的外部融资成本，推动金融加速器机制的运行；企业家每期期初通过向资本生产商购买资本品和雇佣家庭劳动力进行经营生产，将生产的中间品以批发价出售给零售商，并在期末将折旧的资本品回售给资本生产商以获取残余价值；资本生产商通过购入企业家手中的折旧资本品，进行进一步加工后生产出新的资本品，再以市场价格将资本品出售给企业家。此外，根据 Bernanke 等①以及 Calvo② 的模型设定，通过引入垄断竞争的零售商来描绘黏性价格现象，零售商向企业家购买中间品后，将中间品加工成最终品，并以加成价格在市场上进行出售；中央银行和政府部门通过制订货币政策和财政政策方案，并实施政策手段来影响其他部门的经济决策，最终干预整个宏观经济的运行变化。

第一节　基本 DSGE 模型的构建

一　家庭

假设经济体中存在众多生存无限期的同质家庭，每个家庭通过选择消费、提供劳动、储蓄资金、购买政府债券等方式进行经济决策，并在既定的约束条件下最大化跨期效用，即一个代表性家庭面临如下的目标函数：

$$\max E_0 \sum_{t=0}^{\infty} \beta^t \left(\frac{C_t^{1-\sigma}}{1-\sigma} - \kappa \frac{L_t^{1+\varphi}}{1+\varphi} \right) \tag{4.1}$$

其中，β 表示家庭的贴现因子；C_t 表示家庭 t 期的消费；L_t 表示 t 期的劳动供给；φ 表示劳动供给弹性的倒数；σ 表示家庭风险规避系数；κ 衡量了家庭劳动供给偏好。同时家庭受到以下等式的约束：

---

① Bernanke B. S., Gertler M., Gilchrist S., "The Financial Accelerator in a Quantitative Business Cycle Framework", *Handbook of Macroeconomics*, Vol. 1, 1999, pp. 1341-1393.

② Calvo G. A., "Staggered Prices in a Utility-maximizing Framework", *Journal of Monetary Economics*, Vol. 12, No. 3, 1983, pp. 383-398.

$$C_t + D_t + B_t = (1-\tau_{l,t})w_t L_t + \frac{R_{t-1}D_{t-1}}{\pi_t} + \frac{R_{b,t-1}B_{t-1}}{\pi_t} + H_t + Tr_t \quad (4.2)$$

其中，D_t 表示家庭 t 期的储蓄，R_t 为相应的储蓄利率；B_t 表示家庭 t 期购买的政府债券，$R_{b,t}$ 为相应的债券收益利率；τ_l 表示劳动所得税的税率；w_t 表示 t 期实际工资；H_t 表示 t 期来自商业银行和零售商的所得利润[1]；Tr_t 表示政府 t 期对家庭的转移支付；$\pi_t = P_t/P_{t-1}$ 表示 t 期的通货膨胀。

此时，建立家庭决策的拉格朗日方程，对消费、劳动供给、储蓄、政府债券分别进行一阶求导，可以得到以下最优决策方程组：

$$C_t^{-\sigma} = \lambda_t \quad (4.3)$$

$$(1-\tau_t)w_t\lambda_t = \kappa L_t^{\varphi} \quad (4.4)$$

$$\lambda_t = E_0 \beta \lambda_{t+1} \frac{R_t}{\pi_{t+1}} \quad (4.5)$$

$$\lambda_t = E_0 \beta \lambda_{t+1} \frac{R_{b,t}}{\pi_{t+1}} \quad (4.6)$$

其中，λ_t 表示家庭 t 期的拉格朗日约束因子；将 λ_t 代入式（4.4）、式（4.5）、式（4.6）可得：

$$(1-\tau_t)w_t C_t^{-\sigma} = \kappa L_t^{\varphi} \quad (4.7)$$

$$\left(\frac{C_{t+1}}{C_t}\right)^{\sigma} = E_0 \beta \frac{R_t}{\pi_{t+1}} \quad (4.8)$$

$$\left(\frac{C_{t+1}}{C_t}\right)^{\sigma} = E_0 \beta \frac{R_{b,t}}{\pi_{t+1}} \quad (4.9)$$

二 商业银行

Bernanke 等[2]在新凯恩斯理论框架下，将金融加速器机制引入到实际经济周期理论分析中，构建了金融因素对实体经济影响的分析范式，后续学者称为 BGG 模型。该模型的关键所在是假设了不完全信息的信

---

[1] 根据现有 RBC 理论文献的一般假设，商业银行和零售商的经营利润最后都返还给家庭。

[2] Bernanke B. S., Gertler M., Gilchrist S., "The Financial Accelerator in a Quantitative Business Cycle Framework", *Handbook of Macroeconomics*, Vol. 1, 1999, pp. 1341–1393.

贷市场，使得银行对企业的信贷存在风险溢价。本书参考 Bernanke 等①的方法，将金融加速器机制引入到模型分析中。具体而言，假设经济体中存在无穷多的商业银行，它们作为资金信贷的金融中介部门，以无风险利率 R_t 从家庭手中吸收存款，并将所得资金以更高的预期风险利率 F_{t+1} 贷给企业家，以此获得信贷利差。同时，银行借贷给企业的资金等于企业当期经营的资金缺口，由于企业当期需要决定用于生产的资本 K_{t+1}，并且资本价格为 Q_t，而企业自有净资产为 N_t，因此企业经营所需的资金缺口为 $Q_t K_{t+1} - N_t$，即银行信贷资金 Cr_t 存在以下关系式：

$$Cr_t = D_t = Q_t K_{t+1} - N_t \tag{4.10}$$

此时，企业支付超过无风险利率部分的差值，即外部融资溢价，以函数 $f(\cdot)$ 来表示，则银行预期风险利率与企业外部融资溢价存在以下关系式：

$$E_t F_{t+1} = \frac{f(\cdot) R_t}{\pi_{t+1}} \tag{4.11}$$

银行向企业收取的利率与企业的资产结构相关，具体地，$f(\cdot)$ 可以表示成企业资产净值和资产总价值的函数，即：

$$f(\cdot) = f\left(\frac{N_{t+1}}{Q_t K_{t+1}}\right) \tag{4.12}$$

其中，N_{t+1} 表示 $t+1$ 期企业的资产净值；K_{t+1} 为企业对应的持有的资本，Q_t 为资产的价格，两者乘积表示资产总价值。并且，假定企业的总资产由净资产和外部融资构成，因此资产净值 N_{t+1} 不大于对应的资产总价值 $Q_t K_{t+1}$。同时，函数 $f(\cdot)$ 为单调递减函数，即 $f'(\cdot) < 0$。该经济学含义表明，当企业资产净值在资产总值中的占比越小，即企业总资产中外部融资部分的比重越多时，由于存在信贷市场的信息不完全，银行无法确保企业当前资产净值足以偿还未来信贷资金，因此在相同信贷规模下，银行将向企业收取更高的利息，这意味着企业面临的外部融资溢价更高，即 $f(\cdot)$ 更大。此外，根据 BGG 模型可假定 $f(1) = 1$，

---

① Bernanke B. S., Gertler M., Gilchrist S., "The Financial Accelerator in a Quantitative Business Cycle Framework", *Handbook of Macroeconomics*, Vol. 1, 1999, pp. 1341–1393.

这表明企业不进行外部融资,即完全依赖内部融资时,对应的外部风险溢价程度为1。同时,根据式(4.11)可知,银行此时向企业收取的预期风险利率 F_{t+1} 等于无风险利率 R_t。进一步地,本书参考 Cespedes 等[①]对 $f(\cdot)$ 的设定,令 $f(x)=x^u(u\geq 0)$,且当 $u=0$ 时,$f(x)=1$,此时金融加速器关闭,表示不存在金融加速器机制。其中,u 表示金融加速器效应的大小,u 越大表示金融加速器的强度越大。

外部融资溢价的存在,使得 BGG 模型中金融加速器的机制得以运行。考虑以下一种情形:当经济环境发生不利冲击时,企业的盈利水平下降,这在企业的资产负债表上反映为更低的资产净值,根据外部融资溢价函数可知,企业面临更大的预期风险利率,更高程度的外部融资溢价 $f(\cdot)$,也表现为更高的外部融资成本。因此,企业将减少投资,这将进一步降低整个经济的产出和消费,使得经济进入螺旋式的衰退之中,这也体现了"小冲击,大波动"的金融加速器原理。

三 企业家

经济环境中存在大量同质企业家,他们通过获取银行信贷来支撑日常经营生产活动,雇用劳动力和购买资本品,投入资本进行中间品生产,并以批发价格将中间品出售给零售商。此时企业家面临如下的生产函数:

$$Y_{i,t}=A_t K_t^{\alpha} L_t^{1-\alpha} \tag{4.13}$$

其中,$Y_{i,t}$ 表示企业家 t 期的中间品产出;α 表示资本产出弹性;K_t 和 L_t 表示对应的资本和劳动力投入;A_t 表示 t 期的技术冲击,服从一阶自回归过程,即 AR(1) 的随机过程。此刻,企业家对应的税后实际资本边际收益 R_{rk} 为:

$$R_{rk,t}=(1-\tau_{k,t})R_{k,t}=(1-\tau_{k,t})\frac{\alpha Y_{i,t}}{K_t} \tag{4.14}$$

其中,τ_k 表示企业家缴纳的资本所得税;R_k 表示税前资本边际收益。对于企业家而言,拥有单位资本带来的总收益主要源于以下两方

[①] Cespedes L. F., Chang R., Velasco A., "Balance Sheets and Exchange Rate Policy", *American Economic Review*, Vol. 94, No. 4, 2004, pp. 1183-1193.

面：一方面，企业家可以将资本投入生产，并将中间品出售给零售商来获取经营收益，这部分收益与税后资本的边际收益和批发加成价格有关；另一方面，企业在期末将折旧的资本品回售给资本生产商，获取资本折旧后的剩余价值，这部分收益与资本价格的变化相关。因此，考虑资本所得税后，企业家的预期资本收益率 $F_{k,t+1}$ 可以表示为以下等式：

$$E_t F_{k,t+1} = E_t \left(\frac{R_{rk,t+1}/X_{t+1} + (1-\delta)Q_{t+1}}{Q_t} \right) = E_t \left(\frac{(1-\tau_{k,t})\alpha Y_{i,t+1}}{Q_t K_{t+1} X_{t+1}} + \frac{(1-\delta)Q_{t+1}}{Q_t} \right) \quad (4.15)$$

其中，$F_{k,t+1}$ 表示企业 $t+1$ 期的预期资本收益率；$R_{rk,t+1}$ 表示企业生产环节上对应的税后实际资本边际收益；X_{t+1} 表示企业家向零售商出售产品时批发价格的加成大小；δ 表示资本折旧率。此时，理性企业家进行生产活动的前提是预期的资本收益大于银行收取的预期风险利率，而在稳态环境下，预期的资本收益应与预期风险利率相等，即满足资本的预期边际收益与预期边际成本相等的原则，此时以下等式成立：

$$E_t F_{k,t+1} = E_t F_{t+1} \quad (4.16)$$

此外，市场上企业家存在进入和退出行为，能够存活至下期的概率为 ω，并假定企业家资产净值的动态变化与企业家的存活率 ω 相关。同时，企业家当期的资产净值为潜在资本收益与银行信贷成本的差值，因此在市场进入和退出的作用下，企业家下一期的资产净值与当期的资产净值存在如下动态关系：

$$N_{t+1} = \omega \left[F_{k,t} Q_{t-1} K_t - F_t (Q_{t-1} K_t - N_t) \right]$$

$$= \omega \left[F_{k,t} Q_{t-1} K_t - f \left(\frac{N_t}{Q_{t-1} K_t} \right) \frac{R_{t-1}}{\pi_t} (Q_{t-1} K_t - N_t) \right] \quad (4.17)$$

四 资本生产商

对于资本生产商的设定，本书参考 Christensen 和 Dib[1]、Greenwood 等[2]的做法，引入具有二次型资本调整成本和投资边际效率冲击的生产

---

[1] Christensen I., Dib A., "The Financial Accelerator in an Estimated New Keynesian Model", *Review of Economic Dynamics*, Vol. 11, No. 1, 2008, pp. 155−178.

[2] Greenwood J., Hercowitz Z., Huffman G. W., "Investment, Capacity Utilization, and the Real Business Cycle", *American Economic Review*, Vol. 78, No. 3, 1988, pp. 402−417.

商模型。具体而言,资本生产商以单位价格从企业家手中购入折旧资本品 I_t,在投资边际效率冲击 Z_t 的作用下,将折旧资本品加工成新资本品 $Z_t I_t$,并以 Q_t 的价格在市场上向企业家出售。其中,投资边际效率冲击 Z_t 服从 AR(1) 的过程。此时,资本品生产商面临如下的利润最大化目标:

$$\max\left[Q_t Z_t I_t - I_t - \frac{\chi}{2}\left(\frac{I_t}{K_t} - \delta\right)^2 K_t\right] \tag{4.18}$$

其中,χ 表示资本调整成本系数。同时,资本生产商具有以下的资本累积演化过程:

$$K_{t+1} = Z_t I_t + (1-\delta) K_t \tag{4.19}$$

将式(4.18)对原始资本品 I_t 求一阶导数可得:

$$Q_t Z_t - 1 - \chi\left(\frac{I_t}{K_t} - \delta\right) = 0 \tag{4.20}$$

上式即为资本价值的决定方程。

五 零售商

参考 Bernanke 等[1]的方式,通过在模型中加入零售商部门,向经济体中引入价格黏性。假设存在 $m \in [0, 1]$ 区间上的垄断零售商,在市场上以统一的批发价格向企业家购买中间产品 $Y_{i,t}$,对其再加工后生产出最终产品,且其生产函数服从以下 CES 的形式:

$$Y_t = \left[\int_0^1 Y_{i,t}(m)^{\frac{\sigma_i-1}{\sigma_i}} dm\right]^{\frac{\sigma_i}{\sigma_i-1}} \tag{4.21}$$

其中,Y_t 表示最终产品;σ_i 表示中间产品的替代弹性。对应的价格指数为:

$$P_t = \left[\int_0^1 P_t(m)^{1-\sigma_i} dm\right]^{\frac{1}{1-\sigma_i}} \tag{4.22}$$

此时零售商面临的需求曲线为:

$$Y_{i,t}(m) = \left[\frac{P_t(m)}{P_t}\right]^{-\sigma_i} Y_t \tag{4.23}$$

---

[1] Bernanke B. S., Gertler M., Gilchrist S., "The Financial Accelerator in a Quantitative Business Cycle Framework", *Handbook of Macroeconomics*, Vol. 1, 1999, pp. 1341-1393.

同时假定零售商根据 Calvo[①] 的方式对价格进行调整，每个零售商对其价格进行修改的概率为 $1-\theta$，那么零售商将面临如下的最优化问题：

$$\max E_0 \sum_{k=0}^{\infty} \theta^k \beta^k \frac{u_{t+k}}{u_t} \left[\frac{P_t(m)}{P_{t+k}} - \frac{1}{X_{t+k}} \right] Y_{i,t+k}(m) \qquad (4.24)$$

式中，$E_0 \beta^k (u_{t+k}/u_t)$ 表示效用贴现因子，此时零售商最优的定价策略为：

$$P_t^*(m) = \frac{\sigma_i}{\sigma_i - 1} \frac{E_0 \sum_{k=0}^{\infty} \theta^k \beta^k u_{t+k} \frac{Y_{i,t+k}}{X_{t+k}} (P_{t+k})^{\sigma}}{E_0 \sum_{k=0}^{\infty} \theta^k \beta^k u_{t+k} Y_{i,t+k} (P_{t+k})^{\sigma-1}} \qquad (4.25)$$

对应价格水平的演化方程为：

$$P_t^{1-\sigma_i} = (1-\theta)(P_t^*)^{1-\sigma_i} + \theta P_{t-1}^{1-\sigma_i} \qquad (4.26)$$

根据上述关系式，并将相关变量对数线性化后可得新凯恩斯—菲利普斯曲线（NKPC）：

$$\hat{\pi}_t = E_0 \beta \hat{\pi}_{t+1} - \frac{(1-\theta)(1-\beta\theta)}{\theta} \hat{x}_t + \varepsilon_{p,t} \qquad (4.27)$$

其中，$\hat{\pi}_t$ 表示通货膨胀与其稳态值的偏离；$\hat{x}_t$ 表示价格加成与其稳态值的偏离；$\varepsilon_{p,t}$ 表示随机的价格冲击，服从 $N(0, \sigma_p)$ 的分布。

六　中央银行

中央银行通过调整货币政策来影响其他部门的决策行为，更为一般地，假设中央银行以利率为货币政策的中介目标，并且货币政策遵循以下形式的泰勒规则：

$$\hat{r}_t = \rho_r \hat{r}_{t-1} + (1-\rho_r)(\nu_\pi \hat{\pi}_t + \nu_y \hat{y}_t) + \varepsilon_{r,t} \qquad (4.28)$$

其中，$\hat{r}_t$ 和 $\hat{y}_t$ 分别表示利率、实际产出与其稳态的偏离程度；ρ_r 表示中央银行货币政策对利率的平滑调整系数；ν_π 和 ν_y 分别表示利率对通货膨胀和产出的反应系数；$\varepsilon_{r,t}$ 表示随机的利率冲击，服从 $N(0, \sigma_r)$ 的分布。

[①] Calvo G. A., "Staggered Prices in a Utility-maximizing Framework", *Journal of Monetary Economics*, Vol. 12, No. 3, 1983, pp. 383-398.

七 政府部门

政府通过发行政府债券和征收劳动所得税、资本所得税来获取必要的财政收入，同时政府将所得资金用于政府支出、偿还债券利息和对家庭的一次性转移支付，因此政府面临如下的约束条件：

$$G_t + \frac{R_{b,t-1}B_{t-1}}{\pi_t} + Tr_t = \tau_{l,t}w_tN_t + \tau_{k,t}R_{k,t}K_t + B_t \tag{4.29}$$

其中，G_t 表示政府 t 期的政府支出行为。Leeper 等[①]强调，财政政策变量应该具有内在的"自动稳定器"特征，能够根据产出缺口和政府债务规模的变化对财政变量进行反馈调整，从而能够更为真实地反映财政变量的变化规律，并且这种财政政策的"自动稳定器"特征符合中国财政政策的变化特征。[②][③] 因此，本书参考上述文献的做法，构建如下具有"自动稳定器"特征的对数线性化形式的财政政策规则：

$$\hat{\tau}_{l,t} = \rho_{\tau l}\hat{\tau}_{l,t-1} + (1-\rho_{\tau l})(\varphi_{\tau l}\hat{y}_t + \gamma_{\tau l}\hat{b}_{t-1}) + \varepsilon_{\tau l,t} \tag{4.30}$$

$$\hat{\tau}_{k,t} = \rho_{\tau k}\hat{\tau}_{l,t-1} + (1-\rho_{\tau k})(\varphi_{\tau k}\hat{y}_t + \gamma_{\tau k}\hat{b}_{t-1}) + \varepsilon_{\tau k,t} \tag{4.31}$$

$$\hat{g}_t = \rho_g\hat{g}_{t-1} - (1-\rho_g)(\varphi_y\hat{y}_t + \gamma_g\hat{b}_{t-1}) + \varepsilon_{g,t} \tag{4.32}$$

$$\hat{tr}_t = \rho_{tr}\hat{tr}_{t-1} - (1-\rho_{tr})(\varphi_{tr}\hat{y}_t + \gamma_{tr}\hat{b}_{t-1}) \tag{4.33}$$

其中，带"^"的小写字母表示相应宏观变量与其稳态的偏离程度；$\varepsilon_{i,t}(i=\tau l、\tau k、g)$ 代表三种主要的财政政策冲击变量，分别表示劳动所得税冲击、资本所得税冲击和政府支出冲击，各变量服从 $N(0, \sigma_i)$ 的分布。此外，$\rho_i(i=\tau l、\tau k、g、tr)$ 表示相应财政政策变量的平滑调整系数；$\varphi_i(i=\tau l、\tau k、g、tr)$ 表示相应财政变量对产出缺口的反应系数，$\gamma_i(i=\tau l、\tau k、g、tr)$ 表示相应财政变量对政府债券的反应系数。

八 市场出清条件

在整个宏观均衡环境下，劳动力市场和信贷市场达到资源配置最优的均衡状态；产品市场在满足以下条件后达到均衡：

[①] Leeper E. M., Plante M., Traum N., "Dynamics of Fiscal Financing in the United States", *Journal of Econometrics*, Vol. 156, No. 2, 2010, pp. 304–321.

[②] 张杰、庞瑞芝、邓忠奇：《财政自动稳定器有效性测定：来自中国的证据》，《世界经济》2018 年第 5 期。

[③] 王国静、田国强：《政府支出乘数》，《经济研究》2014 年第 4 期。

$$Y_t = C_t + I_t + G_t \tag{4.34}$$

第二节 模型对数线性化的处理

由于 DSGE 模型中众多方程具有指数形式的表达式，若直接联立方程并对方程组进行求解，很可能无法得出所有方程的稳态解。据此，本书参考 Uhlig 等[1]对方程进行对数线性化求解的方法，将原有方程组转换为对数线性化的结果。下文中带"^"的小写字母表示对应变量与稳态的偏离值，字母不带时间角标 t 的表示相应变量的稳态值。根据上述思路，可以把原有变量写成如下的对数线性化关系式：

$$\hat{x}_t = \log(X_t) - \log(X) \tag{4.35}$$

据此，将原文相关的等式逐一进行对数线性化处理。具体地，对消费的欧拉方程进行对数线性化处理可得：

$$\sigma(\hat{c}_{t+1} - \hat{c}_t) = \hat{r}_t - \hat{\pi}_{t+1} \tag{4.36}$$

对家庭最优的劳动供给方程进行对数线性化处理可得：

$$\varphi \hat{l}_t + \sigma \hat{c}_t = \hat{w}_t - \frac{\tau_l}{1-\tau_l}\hat{\tau}_{l,t} \tag{4.37}$$

根据式（4.8）和式（4.9）可知，稳态时储蓄利率和债券收益率相等，因此债券收益率的线性化动态方程为：

$$\hat{r}_{b,t} = \hat{r}_t \tag{4.38}$$

将企业的生产函数进行对数线性化后可得：

$$\hat{y}_t = \hat{a}_t + \alpha \hat{k}_t + (1-a)\hat{l}_t \tag{4.39}$$

对应边际资本收益率和边际劳动报酬的对数线性化结果为：

$$\hat{r}_{k,t} = \hat{y}_t - \hat{k}_t \tag{4.40}$$

$$\hat{w}_t = \hat{y}_t - \hat{l}_t \tag{4.41}$$

考虑资本所得税因素后，企业预期资本收益率的对数线性化结果可

---

[1] Uhlig H., Marimon A., Scott A., "A Toolkit for Analyzing Nonlinear Dynamic Stochastic Models Easily", *Computational Methods for the Study of Dynamic Economies*, Vol. 97, No. 2, 1999, pp. 30-61.

表示成：

$$\hat{f}_{t+1} = \frac{\alpha Y(1-\tau_k)}{KXF}\hat{y}_{t+1} - \frac{\alpha Y\tau_k}{KXF}\hat{\tau}_{k,t} + \frac{(1-\delta)Q}{F}(\hat{q}_{t+1}+\hat{x}_{t+1}+\hat{k}_{t+1}) - \hat{k}_{t+1} - \hat{x}_{t+1} - \hat{q}_t$$
(4.42)

而外部融资溢价函数又可以表示为如下的线性代数式：

$$\hat{f}_{t+1} = u(\hat{n}_{t+1} - \hat{q}_t - \hat{k}_{t+1}) + \hat{r}_t - \hat{\pi}_{t+1} \tag{4.43}$$

同时，对企业净资产的动态演化方程进行对数线性化可得：

$$\hat{n}_{t+1} = \hat{f}_t + \hat{n}_t \tag{4.44}$$

根据式（4.19），可以将资本生产商的资本累积过程表示成以下对数线性化过程：

$$\hat{k}_{t+1} = \delta(\hat{z}_t + \hat{i}_t) + (1-\delta)\hat{k}_t \tag{4.45}$$

此时，资本生产商的资本价值决定方程的对数线性化形式为：

$$\hat{q}_t + \hat{z}_t = \chi\delta(\hat{i}_t - \hat{k}_t) \tag{4.46}$$

新凯恩斯—菲利普斯曲线（NKPC）具有与文中相同的线性化形式：

$$\hat{\pi}_t = E_0\beta\hat{\pi}_{t+1} - \frac{(1-\theta)(1-\beta\theta)}{\theta}\hat{x}_t + \varepsilon_{p,t} \tag{4.47}$$

中央银行实施的货币政策以泰勒规则为依据，其对数线性化形式为：

$$\hat{r}_t = \rho_r\hat{r}_{t-1} + (1-\rho_r)(\nu_\pi\hat{\pi}_t + \nu_y\hat{y}_t) + \varepsilon_{r,t} \tag{4.48}$$

政府部门面临的预算约束可以表示为以下对数线性化等式：

$$\frac{G\pi}{Y}(\hat{\pi}_t+\hat{g}_t) + \frac{R_bB}{Y}(\hat{r}_{b,t}+\hat{b}_{t-1}) + \frac{Tr\pi}{Y}(\hat{\pi}_t+\hat{ir}_t) = \frac{\tau_kR_kK\pi}{Y}(\hat{\pi}_t+\hat{\tau}_{k,t}+\hat{r}_{k,t}+\hat{k}_t) +$$

$$\frac{\tau_lLw\pi}{Y}(\hat{\pi}_t+\hat{\tau}_{l,t}+\hat{w}_t+\hat{l}_t) + \frac{B}{Y}(\hat{\pi}_t+\hat{b}_t) \tag{4.49}$$

政府部门对应的财政政策调控手段具有以下的对数线性化过程：

$$\hat{\tau}_{l,t} = \rho_{\tau l}\hat{\tau}_{l,t-1} + (1-\rho_{\tau l})(\varphi_{\tau l}\hat{y}_t + \gamma_{\tau l}\hat{b}_{t-1}) + \varepsilon_{\tau l,t} \tag{4.50}$$

$$\hat{\tau}_{k,t} = \rho_{\tau k}\hat{\tau}_{l,t-1} + (1-\rho_{\tau k})(\varphi_{\tau k}\hat{y}_t + \gamma_{\tau k}\hat{b}_{t-1}) + \varepsilon_{\tau k,t} \tag{4.51}$$

$$\hat{g}_t = \rho_g\hat{g}_{t-1} - (1-\rho_g)(\varphi_y\hat{y}_t + \gamma_g\hat{b}_{t-1}) + \varepsilon_{g,t} \tag{4.52}$$

$$\hat{ir}_t = \rho_{tr}\hat{ir}_{t-1} - (1-\rho_{tr})(\varphi_{tr}\hat{y}_t + \gamma_{tr}\hat{b}_{t-1}) \tag{4.53}$$

技术冲击和投资边际效率冲击的动态对数线性化形式可表示为：

$$\hat{a}_t = \rho_a \hat{a}_{t-1} + \varepsilon_{a,t} \tag{4.54}$$

$$\hat{z}_t = \rho_z \hat{z}_{t-1} + \varepsilon_{z,t} \tag{4.55}$$

最后，市场出清条件具有如下的对数线性化表达式：

$$\hat{y}_t = \frac{C}{Y}\hat{c}_t + \frac{I}{Y}\hat{i}_t + \frac{G}{Y}\hat{g}_t \tag{4.56}$$

上述 21 个方程对应 21 个内生变量和 7 个外生冲击变量，在给定所有结构参数和相关变量的稳态数值后，就能求得上述 DSGE 模型的竞争性均衡解，以及在外生冲击下各内生变量的动态变化过程。具体参数校准过程详见下一节的内容。

第三节 参数校准和贝叶斯估计

一 参数估计的说明

参数的估计是模型进行数值模拟的基础，本书的参数按其性质可以分为两类，对于这两类不同的参数需要用不同的方法进行估计。第一类参数与内生变量的稳态值相关，参数的变化会引起变量稳态值的变动，这类参数往往采用校准的方法，可以通过利用宏观数据的矩函数进行校准，而对于宏观数据难以获取的参数集，一般做法是借鉴前人的研究，可以根据以往文献的结果对参数的大小进行赋值[1]；第二类参数主要是刻画内生变量之间数值关系的结构性参数，例如模型中各类政策规则的反应系数和外生冲击变量的自回归系数等，由于没有直接的宏观数据进行估算，对于这类参数一般采用贝叶斯估计的方法进行处理。

二 参数的校准

在参数校准方面，贴现因子、资本折旧率、资本产出弹性等参数的校准数值，在国内文献中已比较统一。具体而言，对于家庭贴现因子的校准，虽然不同学者的结果存在一定差异，但相关校准值均处于一定的

---

[1] Herbst E. P., Schorfheide F., *Bayesian Estimation of DSGE Models*, London: Princeton University Press, 2015.

区间之内，例如金春雨等①对家庭贴现因子的校准值为 0.980，仝冰②将其校准为 0.993，陈汉鹏和戴金平③则为 0.994，袁申国等④对贴现因子校准为 0.992，可见家庭贴现因子的范围在 0.99 左右，且大多数文献取值高于 0.99。本书根据上述文献的赋值区间，将家庭贴现因子 β 校准为 0.992。在劳动供给弹性的倒数这一参数赋值上，根据 Christiano 等⑤的研究，对劳动供给弹性的倒数 φ 赋值为 1。对于家庭风险规避系数的校准，高然等⑥、王国静和田国强⑦、Fernandez-Villaverde⑧、Iacoviello⑨均将其视为 1，这表明效用函数中消费变量应表示成对数形式，据此本书也将家庭风险规避系数设定为 1。对于资本折旧率，大多数文献将年度资本折旧率定为 10%⑩⑪⑫⑬，即季度资本折旧率为 2.5%，因此本书对资本折旧率 δ 赋值为 0.025。考虑到国内学者对于资本产出弹性的取值普遍高于国外文献的常用数值 0.33，例如仝冰⑭的校准值为 0.43，

---

① 金春雨、张龙、贾鹏飞：《货币政策规则、政策空间与政策效果》，《经济研究》2018 年第 7 期。

② 仝冰：《混频数据、投资冲击与中国宏观经济波动》，《经济研究》2017 年第 6 期。

③ 陈汉鹏、戴金平：《Shibor 作为中国基准利率的可行性研究》，《管理世界》2014 年第 10 期。

④ 袁申国、陈平、刘兰凤：《汇率制度、金融加速器和经济波动》，《经济研究》2011 年第 1 期。

⑤ Christiano L. J., Motto R., Rostagno M., "Risk Shocks", *American Economic Review*, Vol. 104, No. 1, 2014, pp. 27-65.

⑥ 高然等：《信贷约束、影子银行与货币政策传导》，《经济研究》2018 年第 12 期。

⑦ 王国静、田国强：《政府支出乘数》，《经济研究》2014 年第 4 期。

⑧ Fernandez-Villaverde J., "Fiscal Policy in a Model with Financial Frictions", *American Economic Review*, Vol. 100, No. 2, 2010, pp. 35-40.

⑨ Iacoviello M., "House Prices, Borrowing Constraints, and Monetary Policy in the Business Cycle", *American Economic Review*, Vol. 95, No. 3, 2005, pp. 739-764.

⑩ 金祥义、张文菲：《个人所得税扭曲下的货币政策调控研究——基于类拉弗曲线的视角》，《中南财经政法大学学报》2021 年第 1 期。

⑪ 王国静、田国强：《政府支出乘数》，《经济研究》2014 年第 4 期。

⑫ 康立、龚六堂：《金融摩擦、银行净资产与国际经济危机传导——基于多部门 DSGE 模型分析》，《经济研究》2014 年第 5 期。

⑬ Gertler M., Karadi P., "A Model of Unconventional Monetary Policy", *Journal of Monetary Economics*, Vol. 58, No. 1, 2011, pp. 17-34.

⑭ 仝冰：《混频数据、投资冲击与中国宏观经济波动》，《经济研究》2017 年第 6 期。

赵扶扬等①的赋值为 0.5，邓红亮和陈乐一②的校准值为 0.55，根据上述取值的大致范围，本书对资本产出弹性 α 赋值为 0.45。对于劳动所得税税率和资本所得税税率的稳态值 τ_l 和 τ_k，由于我国税率统计数据的不完整和缺失，因此无法通过宏观数据的均值进行直接校准，本书根据金祥义③的估计结果，将劳动所得税税率和资本所得税税率分别校准为 0.089 和 0.282。对于消费占产出比重的稳态值，本书采用宏观数据的数据矩进行校准，将样本期间内消费品零售总额与 GDP 比值的均值作为参数校准值，最终校准为 0.3651。对于投资占产出比重的稳态值，以宏观数据中固定资产投资与 GDP 的比值的均值 0.4436 进行校准。政府支出与产出的比值的稳态值通过倒挤法校准为 0.1913。通过计算中央财务债务余额与 GDP 占比数据的平均值，将政府债券占产出的稳态值校准为 0.1615。根据相同的方法，将政府转移支付与产出的长期稳态值校准为 0.093。综上，对于参数的校准，本书通过宏观数据的数据矩和现有文献的估计结果，对相关参数变量进行校准，后续其他变量的数值将通过贝叶斯估计方法进行估计，这部分参数的估计将在后续内容中进行详细介绍。

三　贝叶斯估计的基本原理

贝叶斯估计是数理统计中测算参数数值的一种常用方法。贝叶斯估计强调用待估参数来拟合实际的宏观数据，这与以往通过实际宏观数据的数据矩来校准参数数值的做法存在显著的差异。由于以往的经济理论使我们对经济模型的一些参数具有一定的了解，即了解参数的先验分布信息，但并不清楚参数具体的取值大小。此时结合历年宏观数据的变化，并通过改变参数的数值来拟合真实宏观数据的趋势，从而实现估计参数向模型真实参数不断逼近，最终达到通过参数先验分布来推算参数后验分布的目的。总而言之，贝叶斯估计在测算模型参数时具有以下两

---

① 赵扶扬、王忏、龚六堂：《土地财政与中国经济波动》，《经济研究》2017 年第 12 期。
② 邓红亮、陈乐一：《劳动生产率冲击、工资粘性与中国实际经济周期》，《中国工业经济》2019 年第 1 期。
③ 金祥义：《金融加速器、货币政策财政政策调控和宏观经济波动》，《大连理工大学学报》（社会科学版）2022 年第 5 期。

方面的特点。

第一,贝叶斯估计在小样本数据的参数估计上具有较高的精确性和可信性。现有 DSGE 模型研究中,所用宏观经济数据的频率一般为季度,这意味着研究样本的数量一般较小,同时极大似然估计方法在小样本的情况下难以准确测算出参数的具体数值,导致模型参数与实际参数之间产生偏差,而贝叶斯估计方法对小样本数据估计的精确性大,在设定参数先验分布的基础上,通过调整参数数值来不断与真实经济数据进行拟合,直至模型参数逼近实际经济参数,这极大提高了数据的利用程度,使数据样本容量较小时也能得到正确的参数估计值。并且,这一估计方法还能解决部分模型由于设定偏差导致的参数错误估计的问题。[①] 由于不同研究对宏观经济模型设定存在差异,因此模型中的一些方程可能并不准确,但贝叶斯估计能从提高模型整体的拟合性出发,大大降低部分模型方程设定偏误对参数估计结果的影响。

第二,进行贝叶斯估计时,一般需要通过马尔科夫链和蒙特卡洛模拟(Markov Chain Monte Carlo,MCMC)的方法进行样本抽样。MCMC方法主要解决在不知道参数后验分布的情况下,通过结合实验者对参数先验分布的经验以及真实数据中含有的参数信息,构建一条或多条马尔科夫计算链,对抽样样本进行多次模拟核算,直到马尔科夫计算链趋于平稳,并通过蒙特卡洛积分计算出达到平稳时抽样样本的具体分布函数,将其作为待估参数最终的后验分布。MCMC 的计算方法是贝叶斯估计发挥其小样本范围下参数估计准确性的基础,通过重复的抽样计算,大大提高低频宏观经济数据的利用程度,使待估模型的参数逐渐向真实经济参数的数值逼近。

一般而言,贝叶斯估计遵循以下几个步骤过程。首先,确定待估参数 θ 的先验分布 $\pi(\theta)$,一般可以从均匀分布、正态分布、贝塔分布(Beta Distribution)、伽玛分布(Gamma Distribution)、逆伽玛分布(Inverse Gamma Distribution)中选择适宜的先验分布函数,而具体分布函

[①] An S., Schorfheide F., "Bayesian Analysis of DSGE Models", *Econometric Reviews*, Vol. 26, No. 2, 2007, pp. 113–172.

数的选择可以参考以往研究的历史经验。其次，在确定参数先验分布后，构建给定参数下变量 x 的似然函数 $p(x|\theta)$，并且似然函数一般具有以下的代数形式：

$$p(x|\theta) = L(x_1, x_2, x_3, \cdots, x_n; \theta) = \prod_{i=1}^{\infty} p(x_i|\theta) \qquad (4.57)$$

最后，通过 MCMC 的方法计算出参数具体的后验分布 $\pi(\theta|x)$，在计算参数后验分布前，还需要计算变量 x 具体的边缘概率密度 $m(x)$，其函数表达形式为：

$$m(x) = \int p(x|\theta)\pi(\theta)d\theta \qquad (4.58)$$

上式意味着，通过将样本范围内所有参数进行积分计算，以求解出变量 x 具体的边缘概率密度函数。在此基础上，参数后验分布 $\pi(\theta|x)$ 的函数形式可以表示成：

$$\pi(\theta|x) = \frac{p(x|\theta)\pi(\theta)}{m(x)} = \frac{p(x|\theta)\pi(\theta)}{\int p(x|\theta)\pi(\theta)d\theta} \qquad (4.59)$$

通过上述步骤便能计算出参数的具体后验分布形式，以及最优的参数数值。

四 参数的贝叶斯估计

本书根据上述贝叶斯估计的方法，对参数校准后剩余的参数进行估计。在进行贝叶斯估计之前，本书需要选择具体的宏观经济数据样本，由于本书构建模型中含有七个外生冲击变量，而进行贝叶斯估计的条件是观测变量数目不超过外生冲击变量的数目，为了最大程度利用模型中贝叶斯估计结果对宏观数据的拟合性，本书选择产出、消费、投资、政府支出、劳动供给、通货膨胀和利率水平这七个变量。其中，产出用以支出法核算的国内生产总值（GDP）数据来表示；消费用社会商品零售总额的数据予以表示；投资以全社会固定资产投资总额的数据来表示；政府支出以政府支出总额数据表示；劳动供给以社会就业人数的数据来表示；通货膨胀以消费者价格指数（CPI）同比增长率来表示；利率水平以银行间同业拆借 7 天加权平均利率来表示。本书用于参数校准和估计的数据均为季度频率，样本期间为 1992 年第一季度至 2019 年第二季度，相关宏观数据来源于中经网以及 Chang 等①整理的中国宏观数据库，他们根据中国国家统计局、财政部、中国人民银行、中国经济信息中心公布的数据对各类宏观经济指标进行整理，相关数据已被广泛用于研究中国各类宏观经济问题。[2][3][4]

在利用样本数据进行贝叶斯估计前，需要对数据进行初步处理。首先，本书将 GDP 数据除以 GDP 平减指数、全社会固定资产投资总额除以固定资产投资价格指数，得到实际产出和实际投资的数据。其次，本书以 1992 年第一季度的 CPI 为基期，将除产出和投资以外的其他名义变量转换为实际变量。最后，本书利用 X-12 的方法对所有数据进行季节性调整，并对上述结果取对数值，然后通过 HP 滤波的方法来剔除长期趋势，最终得到用于贝叶斯估计的宏观时间序列数据。进一步地，为了检验处理后宏观经济数据样本的平稳性，本书利用单位根检验的方法来检测相应的宏观经济变量。常用的单位根检验的方法主要包括 ADF 单位根检验、PP 单位根检验、ERS 单位根检验和 KPSS 单位根检验，其中，ADF、PP、ERS 单位根检验方法的原假设是时间序列含有单位根，KPSS 的原假设是时间序列不含有单位根。本书通过多种单位根检验方法对原宏观时间序列数据的平稳性进行检验，具体结果如表 4.1 所示。

表 4.1　　　　　　　　　变量的单位根检验

变量	ADF 检验	PP 检验	ERS 检验	KPSS 检验
产出	-5.2204***	-5.4634***	16.1968***	0.0585
消费	-4.1674***	-4.2849***	3.8969***	0.0349
投资	-4.9982***	-6.9150***	10.1334***	0.0463
政府支出	-5.1430***	-5.4465***	3.6216***	0.0329

---

① Chang C., Chen K., Waggoner D. F., "Trends and Cycles in China's Macroeconomy", *NBER Macroeconomics Annual*, Vol. 30, No. 1, 2016, pp. 1-84.
② 邓红亮、陈乐一：《劳动生产率冲击、工资粘性与中国实际经济周期》，《中国工业经济》2019 年第 1 期。
③ 赵扶扬、王忏、龚六堂：《土地财政与中国经济波动》，《经济研究》2017 年第 12 期。
④ 王频、侯成琪：《预期冲击、房价波动与经济波动》，《经济研究》2017 年第 4 期。

续表

变量	ADF 检验	PP 检验	ERS 检验	KPSS 检验
劳动供给	-3.6472***	-3.4954***	6.1205***	0.0553
通货膨胀	-6.1158***	-6.1796***	5.1145***	0.0303
利率水平	-3.2335***	-3.5697***	5.2923***	0.0406

注：***、**、* 分别表示 1%、5% 和 10% 的显著性水平。

根据表 4.1 的结果可以发现，一方面，所有变量的 ADF、PP、ERS 单位根检验结果均在 1% 的水平下显著拒绝原假设，这表明经处理后的宏观时间序列数据并不含有单位根；另一方面，所有宏观变量的 KPSS 单位根检验结果均不显著，这表明所有结果无法拒绝 10% 水平下的显著性检验，意味着 KPSS 的原假设成立，即所有宏观变量不含有单位根。综上，通过各种常用的单位根检验方法，对样本数据进行检验，结果显示所有经处理后的宏观经济数据均不含有单位根，这证明了后续用于贝叶斯估计的宏观经济变量是平稳的。

此外，在进行贝叶斯估计时，需要对待估参数的先验分布进行设定。对于外生冲击变量的自回归系数，由于取值位于 0 和 1 之间，因此一般设定自回归系数服从贝塔分布；对于外生冲击变量的标准差，其取值为正实数，因此采用逆伽玛分布表示待估参数的分布形式；对于其他参数的分布形式，需要参考国内外现有文献的设定，再对其均值和标准差进行设置。具体而言，参考袁申国等[①]、Christensen 和 Dib[②] 的设定，将金融加速器参数 u 设定为均值是 0.042 的贝塔分布，设定企业存活概率 ω 的均值为 0.9728，并服从贝塔分布，将资本调整成本系数 χ 设定为均值为 1 的伽玛分布；根据 Smets 和 Wouters[③] 的做法，设定零售商价

---

① 袁申国、陈平、刘兰凤：《汇率制度、金融加速器和经济波动》，《经济研究》2011 年第 1 期。

② Christensen I., Dib A., "The Financial Accelerator in an Estimated New Keynesian Model", *Review of Economic Dynamics*, Vol. 11, No. 1, 2008, pp. 155-178.

③ Smets F., Wouters R., "Shocks and Frictions in US Business Cycles: A Bayesian DSGE Approach", *American Economic Review*, Vol. 97, No. 3, 2007, pp. 586-606.

格调整概率 θ 服从均值为 0.5 的贝塔分布；参考康立和龚六堂[①]，对价格加成率 X 设定为均值为 5 的伽玛分布；参考侯成琪和龚六堂[②]的做法，令产出缺口反应系数和通货膨胀反应系数分别服从均值为 0.15 和 2 的伽玛分布；在财政政策反应系数设定方面，参考 Leeper 等[③]的做法，令所有反应系数均服从均值为 0.4 的伽玛分布。最后，根据仝冰[④]的做法，使所有外生冲击变量的自回归系数服从均值为 0.5 的贝塔分布，外生冲击变量的标准差遵从均值为 0.1 的逆伽玛分布。

根据上述设定，本书对所有剩余的待估参数进行贝叶斯估计。同时，为了进一步检验我国宏观经济运行环境中是否存在金融加速器机制，本书分别对存在金融加速器机制的模型（FA model）和不存在金融加速器机制的模型（NoFA model）进行贝叶斯估计，从贝叶斯估计结果考虑哪种模型更加拟合我国实际的经济环境，具体参数估计结果如表 4.2 所示。

表 4.2　　　　　　　　　参数的贝叶斯估计

参数	描述	先验分布	先验均值	FA 模型		NoFA 模型	
				后验均值	90%置信区间	后验均值	90%置信区间
u	金融加速器强度	贝塔分布	0.042	0.0453	0.0414　0.0482	—	—　—
ω	企业生存概率	贝塔分布	0.9728	0.8992	0.8964　0.9020	0.9062	0.9051　0.9077
θ	价格调整概率	贝塔分布	0.5	0.6853	0.6829　0.6884	0.6996	0.6963　0.7024
χ	资本调整成本	伽玛分布	1	1.4126	1.3147　1.4741	1.7002	1.6922　1.7073
X	价格加成率	伽玛分布	5	4.8399	4.8078　4.8642	4.8125	4.8099　4.8149
v_π	利率通胀反应系数	贝塔分布	2	5.6320	5.3638　5.8583	2.1058	2.0991　2.1130

---

① 康立、龚六堂：《金融摩擦、银行净资产与国际经济危机传导——基于多部门 DSGE 模型分析》，《经济研究》2014 年第 5 期。

② 侯成琪、龚六堂：《食品价格、核心通货膨胀与货币政策目标》，《经济研究》2013 年第 11 期。

③ Leeper E. M., Plante M., Traum N., "Dynamics of Fiscal Financing in the United States", *Journal of Econometrics*, Vol. 156, No. 2, 2010, pp. 304-321.

④ 仝冰：《混频数据、投资冲击与中国宏观经济波动》，《经济研究》2017 年第 6 期。

续表

参数	描述	先验分布	先验均值	FA 模型		NoFA 模型	
				后验均值	90%置信区间	后验均值	90%置信区间
v_y	利率产出反应系数	贝塔分布	0.15	0.2290	0.1894 0.2722	0.0876	0.0871 0.0879
ρ_r	利率平滑系数	贝塔分布	0.5	0.6142	0.6067 0.6291	0.6385	0.6295 0.6471
ρ_a	技术冲击系数	贝塔分布	0.5	0.7581	0.7375 0.7796	0.6934	0.6872 0.6994
ρ_z	投资效率冲击系数	贝塔分布	0.5	0.8348	0.8166 0.8518	0.8986	0.8898 0.9076
ρ_k	资本所得税平滑系数	贝塔分布	0.5	0.5190	0.4820 0.5713	0.5554	0.5527 0.5577
ρ_l	劳动所得税平滑系数	贝塔分布	0.5	0.2964	0.1817 0.4151	0.4493	0.4448 0.4548
ρ_g	政府支出冲击系数	贝塔分布	0.5	0.3530	0.2901 0.4041	0.5633	0.5585 0.5677
γ_k	资本税债券反应系数	伽玛分布	0.4	0.2477	0.2049 0.2814	0.2224	0.2202 0.2243
γ_l	劳动税债券反应系数	伽玛分布	0.4	0.3645	0.2796 0.4363	0.0115	0.0062 0.0156
γ_g	政府支出债券反应系数	伽玛分布	0.4	0.0238	0.0142 0.0363	0.3250	0.3240 0.3264
γ_{tr}	支付转移债券反应系数	伽玛分布	0.4	0.2756	0.2291 0.3199	0.2370	0.2341 0.2396
φ_k	资本税产出反应系数	伽玛分布	0.4	0.7359	0.6926 0.7993	0.8711	0.8647 0.8771
φ_l	劳动税产出反应系数	伽玛分布	0.4	0.0676	0.0194 0.1215	0.5421	0.5357 0.5494
φ_g	政府支出产出反应系数	伽玛分布	0.4	0.0416	0.0192 0.0605	0.0337	0.0332 0.0340
φ_{tr}	支付转移产出反应系数	伽玛分布	0.4	0.1032	0.0582 0.1676	0.0777	0.0754 0.0798
σ_a	技术冲击的标准差	逆伽玛分布	0.1	0.0134	0.0122 0.0145	0.0157	0.0155 0.0159
σ_z	投资效率冲击的标准差	逆伽玛分布	0.1	0.0199	0.0172 0.0230	0.0231	0.0227 0.0236
σ_p	价格冲击的标准差	逆伽玛分布	0.1	0.1282	0.1211 0.1349	0.1184	0.1049 0.1385

续表

参数	描述	先验分布	先验均值	FA 模型 后验均值	FA 模型 90%置信区间		NoFA 模型 后验均值	NoFA 模型 90%置信区间	
σ_r	利率冲击的标准差	逆伽玛分布	0.1	0.1093	0.0926	0.1264	0.1341	0.1138	0.1527
σ_k	资本所得税的标准差	逆伽玛分布	0.1	0.1371	0.1177	0.1567	0.1857	0.1842	0.1867
σ_l	劳动所得税的标准差	逆伽玛分布	0.1	0.0527	0.0255	0.0827	0.0887	0.0436	0.1294
σ_g	政府支出的标准差	逆伽玛分布	0.1	0.1078	0.0968	0.1202	0.1057	0.1049	0.1065
最大似然函数值				−1126.1655			−1168.0372		

根据表 4.2 的结果可以得知以下结论。首先，含有金融加速器机制的宏观模型的最大似然函数值为-1126.1655，对应的不含有金融加速器机制的宏观模型的最大似然函数值为-1168.0372，此时可以通过计算似然比统计值来检验哪个模型更契合宏观经济数据的波动。设 ML_{FA} 为含有金融加速器机制下的模型最大似然函数值，ML_{NoFA} 为不含金融加速器机制下的模型最大似然函数值，则似然比统计量为 $-2(ML_{FA}-ML_{NoFA})$，且服从自由度为 1 的卡方分布，同时似然比检验的原假设是 NoFA 模型更有效。易知本书结果的似然比统计值为 83.7434，大于卡方分布在 1%水平下的临界值 6.64，即显著拒绝 NoFA 模型更有效的原假设。因此，似然比统计值的结果显示 FA 模型对宏观数据的拟合程度更高，从而证明了在我国宏观经济运行环境中，的确存在着金融加速器机制。其次，FA 模型中金融加速器强度的后验均值为 0.0453，略高于 Christensen 和 Dib[1] 的估计值，但略低于 Bernanke 等[2]的估计值 0.05，这表明金融加速器对中国宏观经济的影响与上述研究较为相似。再次，与 NoFA

---

[1] Christensen I., Dib A., "The Financial Accelerator in an Estimated New Keynesian Model", *Review of Economic Dynamics*, Vol.11, No.1, 2008, pp.155−178.

[2] Bernanke B.S., Gertler M., Gilchrist S., "The Financial Accelerator in a Quantitative Business Cycle Framework", *Handbook of Macroeconomics*, Vol.1, 1999, pp.1341−1393.

模型相比，在 FA 模型中企业生存概率的后验均值更低，这表明金融加速器机制放大了宏观经济的波动，使得企业面临更大的不利冲击，导致在 FA 模型下每期企业生存的概率更低。最后，在货币政策反应系数方面，利率通胀反应系数和利率产出反应系数在 FA 模型中更大，这表明货币政策在金融加速器环境中能够引起更大的利率变化，进而导致企业投资规模更大幅度的波动，并进一步引发产出螺旋式的变化；在财政政策反应系数方面，与 NoFA 模型相比，FA 模型中大部分财政政策的产出反应系数和债券反应系数更大，这表明在金融加速器环境下，自动稳定器性质的财政政策对宏观经济波动的反应程度更大，各类财政政策的实施将引发更大的产出和投资波动，也再次证明了金融加速器机制将带来"小冲击，大波动"的宏观经济波动特征。综上，FA 模型比 NoFA 模型更能反映实际经济的变化情况，因此，下文分析将基于含有金融加速器机制的 DSGE 模型，从而更好地分析当下经济运行的客观规律。

第四节　模型拟合性的检验

虽然初步证明了含有金融加速器机制的宏观模型更符合我国现行经济波动的特征，但是为了进一步证明该 DSGE 模型对经济运行规律的拟合性，本节从多变量 MCMC 收敛性诊断和拟合能力分析两方面进行检验，以系统评估模型进行参数贝叶斯估计后，本书构建的宏观 DSGE 模型对刻画宏观经济波动的有效程度，从而为下文模拟宏观经济波动的仿真实验提供理论保障，确保研究所得的结论具有较高的可信度和真实性。

一　模型的多变量 MCMC 收敛性诊断

多变量 MCMC 收敛性诊断是用于检验参数贝叶斯估计结果联合收敛性的一种方法，该收敛性诊断并不强调单一参数估计结果的收敛性，而是对所有估计参数的联合收敛程度进行评估，以检验参数贝叶斯估计结果的有效程度。多变量 MCMC 收敛性诊断主要通过检验模拟数据序

第四章　封闭经济环境下货币政策和财政政策的影响分析 | 71

列一阶矩（期望值）、二阶矩（方差）和三阶矩（偏度）的收敛性，若两条马尔科夫计算链中模拟数据的一阶矩、二阶矩和三阶矩最终能够趋于同一平稳值，则表明模型参数估计的结果与实际数据的拟合性较高。据此，本书选择了两条马尔科夫计算链，对抽样数据进行 10000 次蒙特卡洛模拟，汇报了相应贝叶斯估计后的多变量 MCMC 收敛性诊断结果，具体情况如图 4.1 所示。

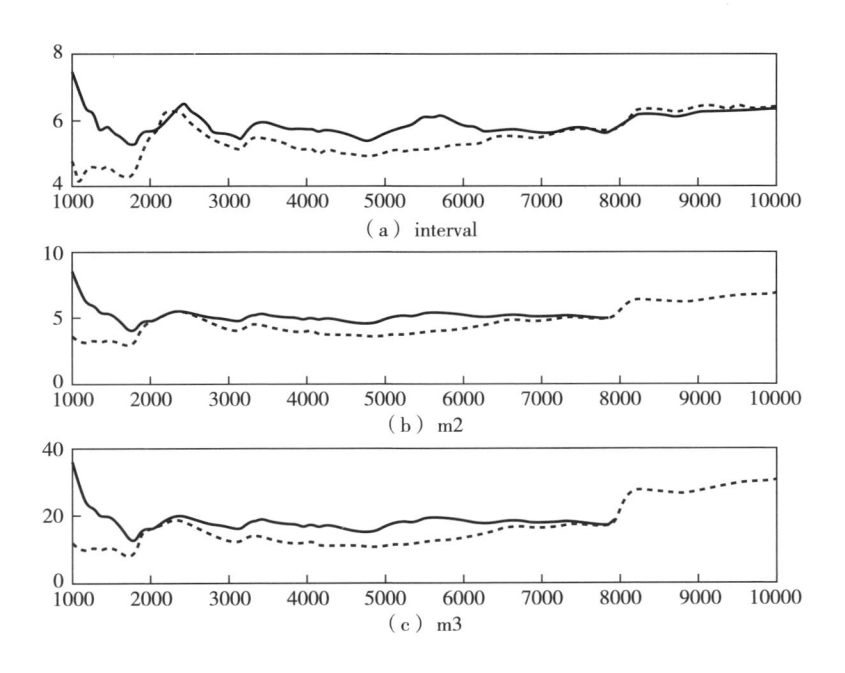

图 4.1　多变量 MCMC 收敛性诊断结果

其中，interval 表示模拟数据序列的一阶矩（期望值），m2 表示模拟数据序列的二阶矩（方差），m3 表示模拟数据序列的三阶矩（偏度）；虚线（Y 轴起始位置较低）和实线（Y 轴起始位置较高）为两条不同的马尔科夫计算链，分别表示模拟序列的平均规模因子和混合规模因子；图中横轴表示蒙特卡洛模拟次数，纵轴表示数据规模因子大小。根据图 4.1 的结果可以得知，随着蒙特卡洛模拟次数的增加，两条马尔科夫计算链的模拟数据一阶矩、二阶矩和三阶矩的数据规模因子逐渐趋于同一水平。进一步观察可知,在蒙特卡洛模拟次数接近 8000 次时,两条马尔科夫计算链的一阶矩、二阶矩和三阶矩开始趋同,并且这一趋势一直保持到第 10000 次蒙特卡洛模拟,即直至数据模拟结束,这表明抽样模拟数据最终趋于同一平稳值。因此,多变量 MCMC 收敛性诊断结果意味着本书参数贝叶斯估计的结果适宜,相应的宏观 DSGE 模型对经济数据的走势具有较强的拟合性。

二 模型的拟合能力分析

拟合能力分析是检验模型对现实宏观数据拟合程度的一种方法。Nimark[①] 指出,模型拟合能力分析可以通过对比模型提前一期预测数据和实际样本观测宏观数据的走势,从而检验模型拟合能力和预测精度的强弱。本书选取的观测变量为产出、消费、投资、政府支出、劳动供给、通货膨胀和利率水平,若这七个变量的提前一期预测值与实际值的变化基本一致,则表明本书 DSGE 模型的拟合能力较强。据此,本书对比了模型提前一期预测值与实际值的差异,具体结果如图 4.2 所示。

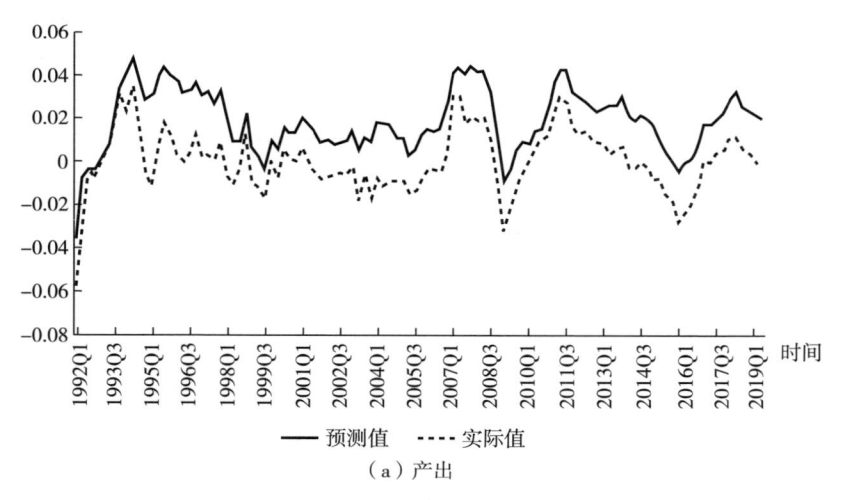

（a）产出

图 4.2　提前一期预期值与实际值的差异

---

① Nimark K. P., "A Structural Model of Australia as a Small Open Economy", *Australian Economic Review*, Vol. 42, No. 1, 2009, pp. 24-41.

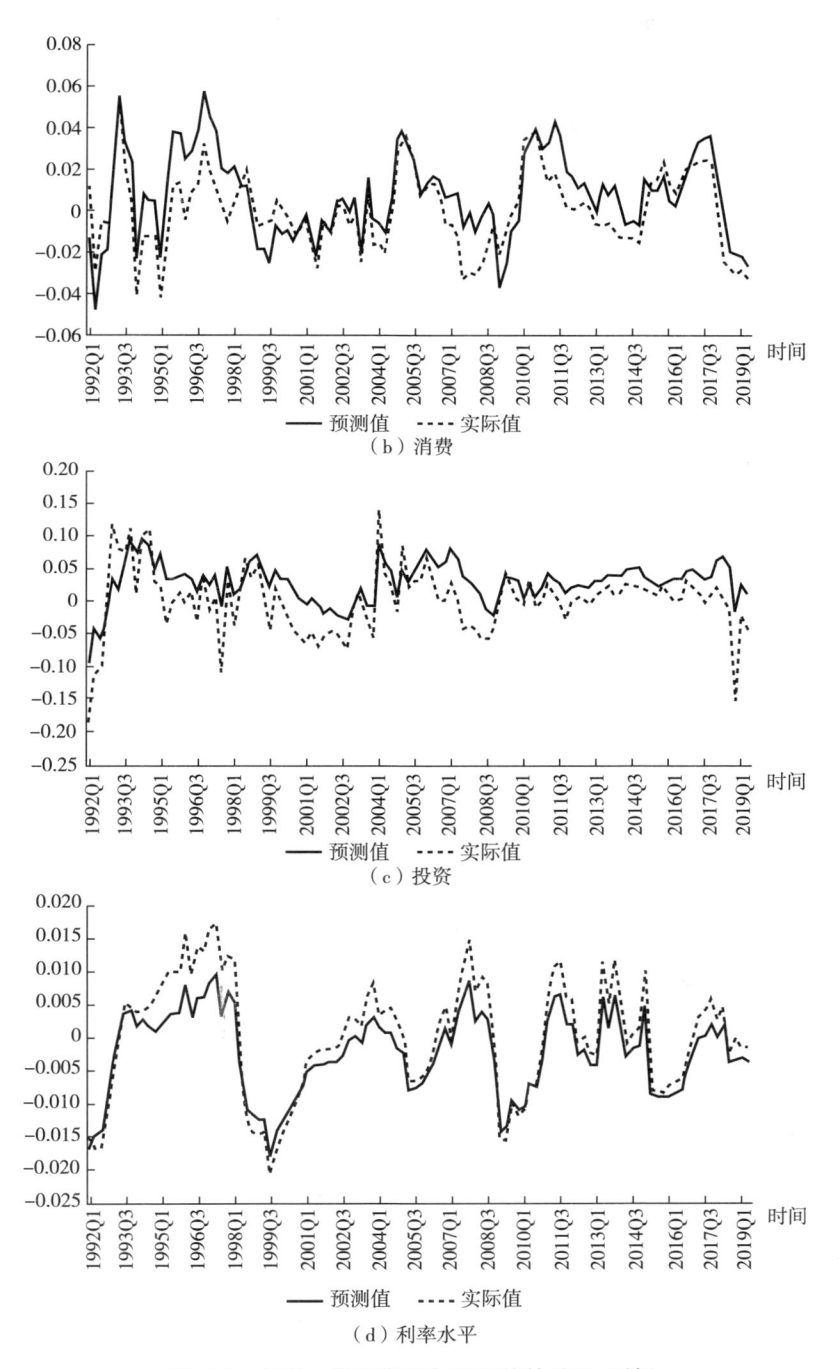

第四章 封闭经济环境下货币政策和财政政策的影响分析 | 73

(b) 消费

(c) 投资

(d) 利率水平

图 4.2 提前一期预期值与实际值的差异（续）

(e）通货膨胀

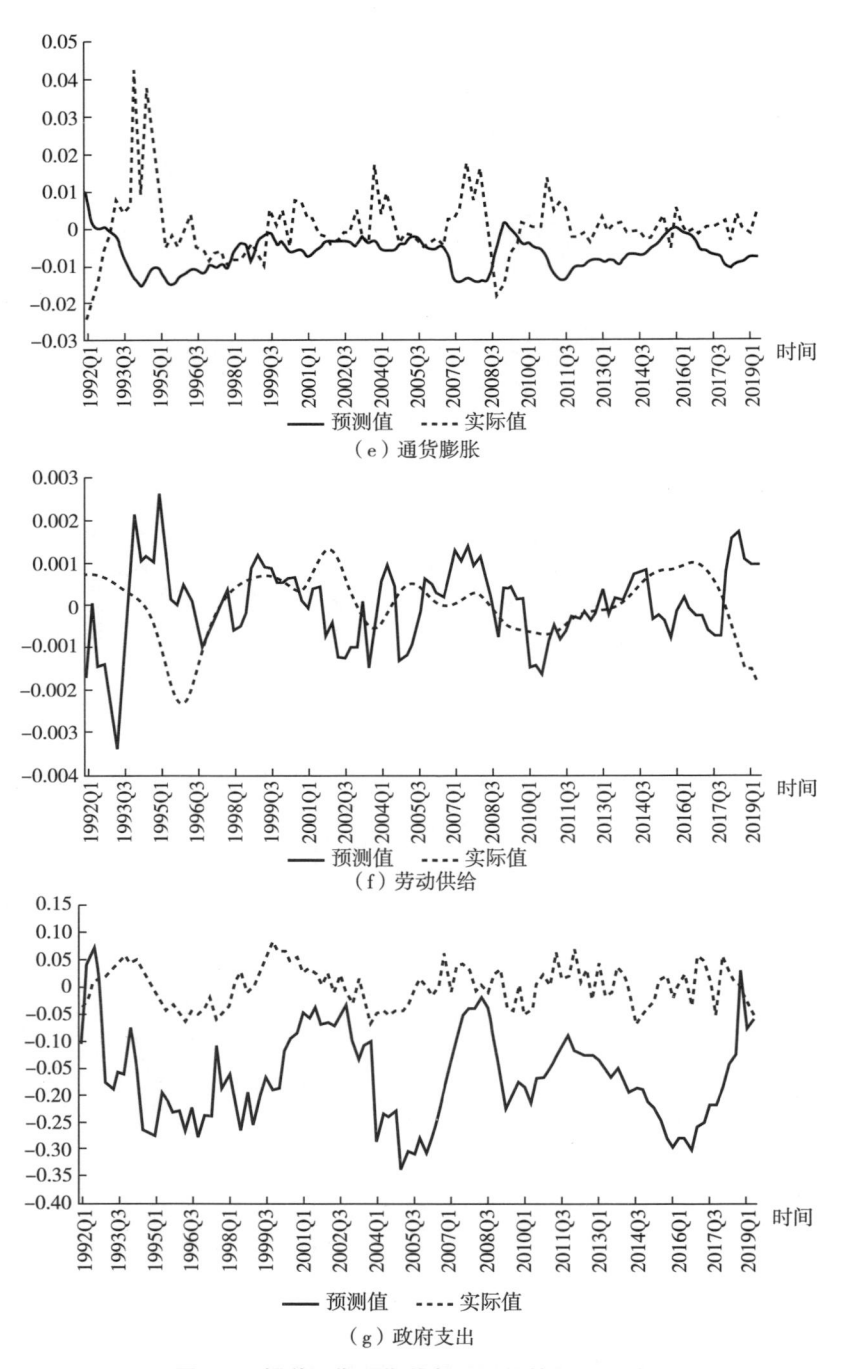

(f）劳动供给

(g）政府支出

图 4.2　提前一期预期值与实际值的差异（续）

图4.2的结果显示，一方面，产出、消费、投资、利率水平这四个变量的提前一期预测值与实际值之间的走势基本相同，这意味着本书模拟能够完美预测这些变量的经济波动情况。另一方面，通货膨胀、劳动供给、政府支出这三个变量的提前一期预测值与实际值之间虽然存在差异，但其大致刻画了实际宏观变量的波动趋势，即本书模型能够较好地反映这些宏观数据的变化情况。综上，本书宏观DSGE模型对观测变量的提前一期预测值整体上能够较好地反映宏观数据实际值的波动趋势，这表明本书模型具有较高的预测精度和拟合能力，对宏观经济变量的波动具有较强的解释能力。

第五节 模型的方差分解

对参数进行校准和贝叶斯估计后，本章模型实证分析前的设定工作基本完成，此后就能根据模型设定进行外生冲击下各宏观变量的脉冲响应分析。为了进一步分析不同外生冲击对主要宏观经济变量波动的贡献程度，以评价不同宏观政策对经济调控的作用大小，因此本章在进行正式的脉冲响应分析前，先对宏观DSGE模型的冲击效果进行方差分解分析，具体结果如表4.3所示。

根据表4.3的结果可以得出以下几点结论。首先，从整体上看，货币政策冲击和政府支出冲击是所有相关变量波动的主要动因，基本上能够解释所有宏观变量60%以上的波动，例如货币政策冲击和政府支出冲击能够累计解释70.56%的产出波动、69.64%的消费波动、62.70%的投资波动和76.96%的政府支出波动，而其他外生冲击对宏观经济变量波动的解释力度并不大，这意味着货币政策和财政政策对我国现行经济运行具有显著的调控作用，是我国两大基本的宏观经济调控手段。其次，在财政政策冲击方面。通过观察政府支出冲击、劳动所得税冲击和资本所得税冲击这三大财政政策冲击可以发现，政府支出冲击对相关宏观变量的解释力度最大，劳动所得税冲击的解释力度次之，资本所得税冲击的解释力度最小，这与张杰等①的发现类似，即政府支出作为财政政策的核心手段，相比其他财政政策方式，对稳定经济运行、调控经济走势的作用更大。最后，通过对比货币政策和财政政策两大手段可以发现，相比于货币政策冲击，包含政府支出冲击、资本所得税冲击、劳动所得税冲击这三种方式的财政政策总冲击对所有相关变量的解释力度更大，意味着财政政策对宏观经济调控的作用更为突出。因为我国经济正处于"新稳态"的时期，间接作用于经济运行的货币政策对经济调控的作用正在不断减弱②③，而财政政策能够直接作用于经济产出，对短时间内拉动经济增长，稳定经济增速的作用更为明显，这也从侧面反映了在宏观经济调控中，财政政策手段具有不可忽视的作用。

表 4.3　　　　　　　　不同外生冲击下的方差分解结果

变量	货币政策冲击	劳动所得税冲击	资本所得税冲击	政府支出冲击	价格冲击	投资效率冲击	技术冲击
产出	34.01	19.55	8.22	36.55	0.19	0.10	1.38
消费	33.74	19.99	9.37	35.90	0.27	0.32	0.41
投资	17.81	23.88	11.89	44.89	0.11	0.12	1.30
劳动供给	17.45	24.7	12.57	43.89	0.11	0.12	1.16
利率	34.03	19.82	6.50	38.66	0.27	0.40	0.32
通货膨胀	15.91	22.34	4.45	47.14	5.91	1.48	2.77
政府支出	42.92	12.56	9.43	34.04	0.32	0.48	0.25
资本价值	29.12	20.34	13.73	31.90	0.29	0.37	4.25
净资产	33.79	19.96	8.59	36.64	0.27	0.31	0.44

---

① 张杰、庞瑞芝、邓忠奇：《财政自动稳定器有效性测定：来自中国的证据》，《世界经济》2018 年第 5 期。

② 郭豫媚、陈伟泽、陈彦斌：《中国货币政策有效性下降与预期管理研究》，《经济研究》2016 年第 1 期。

③ 蒋海、储著贞：《总供给效应、适应性学习预期与货币政策有效性》，《金融研究》2014 年第 5 期。

第六节　基准模型的脉冲响应分析

脉冲响应分析是评估宏观政策作用的一种直观方式，在给定外生冲击变量后，通过观察相应的脉冲响应分析图，便能分析外生冲击对不同宏观经济变量的作用大小，以及宏观经济变量偏离稳态的具体路径。进一步地，脉冲响应分析图还能为提取经济运行背后的客观规律提供线索和思路，不同脉冲响应分析图的变化趋势代表了不同经济变量的运动规律，其深层的经济学含义是外生冲击变量根据宏观 DSGE 模型的结构对不同宏观经济变量产生影响，致使宏观经济变量产生波动和偏移。据此，下文将通过脉冲响应分析对货币政策和财政政策的影响效果和经济调控能力进行分析，以提取在金融加速器机制下，不同宏观政策对控制经济运行的客观作用。

一　货币政策的基准脉冲响应结果

图 4.3 是在一单位正向标准差大小的货币政策冲击下，相关宏观经济变量的脉冲响应分析图。根据结果分析可知，整体上，紧缩的货币政策会使产出、消费、投资、劳动供给等宏观变量发生下滑，并随着时间推移逐渐趋于稳态水平，这也体现了紧缩的货币政策对抑制经济过热增长的作用。具体而言，在一单位正向标准差大小的货币政策冲击下，产出立刻减少 0.652%，并在第 2 期开始逐渐收敛于稳态水平；在紧缩性货币政策的作用下，当期消费下降 0.062%，第 2 期仍保持较高的收缩水平，并缓慢向稳态值逐步逼近；投资当期偏离稳态水平并直接下降 1.363%，从第 2 期开始快速收敛于稳态水平；劳动供给、通货膨胀、资本价值、净资产等变量均在当期发生不同程度的下滑，并从下一期开始向其稳态水平逐渐收敛；正向的货币政策冲击直接提高了当期的利率水平，使利率增加 0.028%，并从第 2 期开始向稳态水平逐渐趋近。

通过观察货币政策冲击对宏观经济变量影响程度，可以总结出货币政策调控宏观经济运行的主要路径。首先，一单位正向标准差大小的货币政策冲击直接提高了基准的利率水平，利率水平的提高增加了企业的

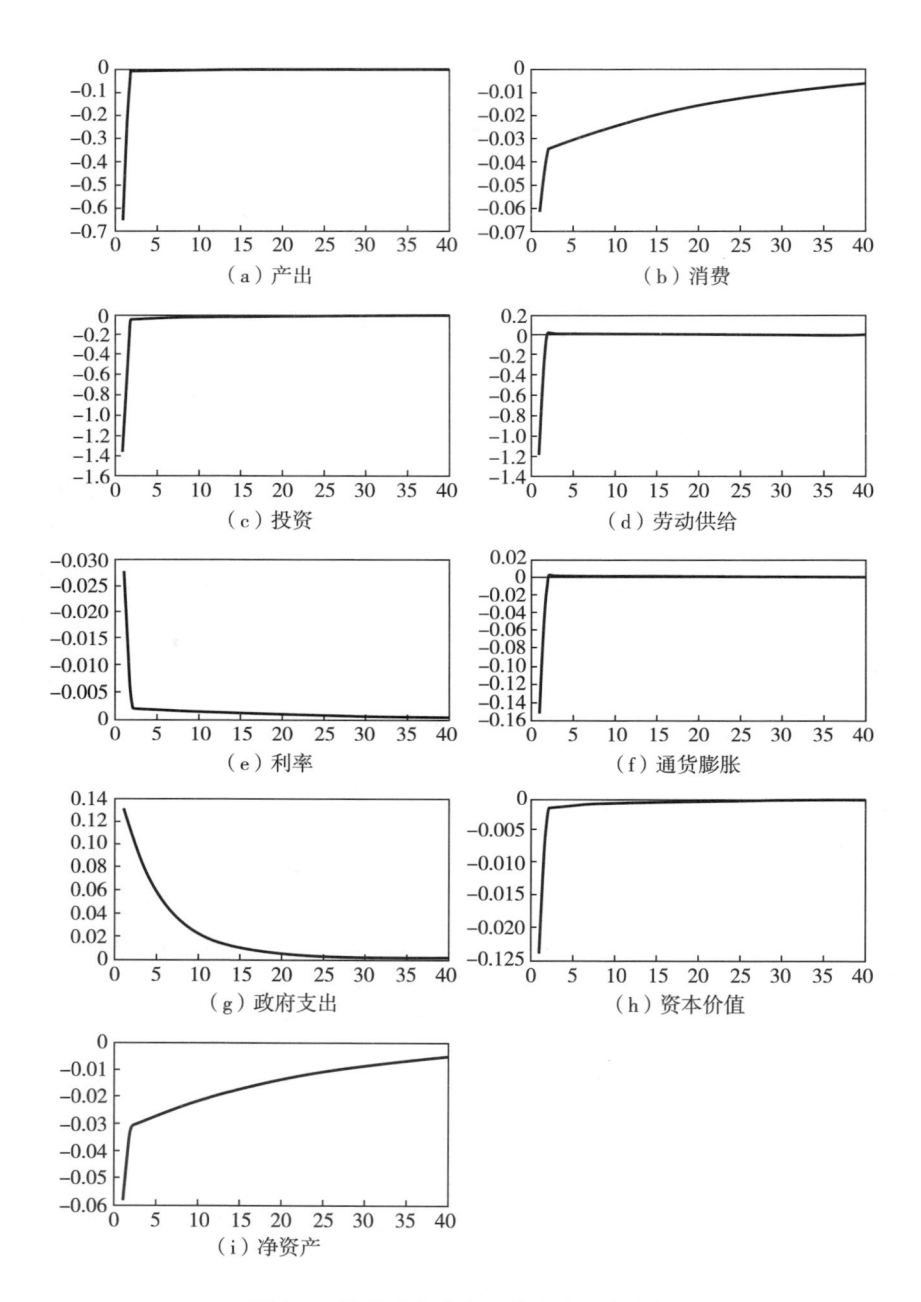

图 4.3 货币政策冲击下的脉冲响应分析

融资成本，降低了企业的投资力度；同时，基准利率水平的上升通过增加家庭的储蓄来影响家庭的跨期消费决策，最终降低了当期社会平均的消费水平；消费的下降造成企业在生产端面临的最优产出目标发生变化，降低了企业最优的生产水平，导致整体产出发生缩减；企业目标产出水平的下滑，降低了企业对劳动力要素的需求，同时根据企业生产函数可知，劳动的边际产出与劳动力水平负相关，当劳动力下降后，劳动的边际产出上升，相应劳动的边际成本下降，劳动边际成本的减少，降低了企业整体的边际成本，提高了企业的定价加成能力，根据新凯恩斯—菲利普斯曲线（NKPC）可知，通货膨胀水平将有所下降，这表明通货膨胀的来源主要为成本推动型。其次，由于社会产出水平出现下降，政府部门根据具有自动稳定器功能的财政政策规则，将增加相应的政府支出水平，从而自动稳定经济的萧条状态。最后，基准利率水平的上升，抑制了企业投资的热情，根据资本价值决定方程可知，最优的资本价值发生下降，导致企业的净资产发生缩水，由于存在信贷市场的信息不对称，此时企业将面临更高程度的外部融资溢价，即银行对企业信贷的"利率加成"程度更大，这将通过金融加速器机制进一步恶化社会的产出水平。

二 财政政策中资本所得税冲击的基准脉冲响应结果

图 4.4 是在一单位正向标准差大小的资本所得税冲击下，相关宏观经济变量的脉冲响应分析图。根据结果分析可知，在资本所得税冲击下，产出、消费、投资、劳动供给等宏观变量均发生明显的下降，这意味着紧缩的财政政策将对整个宏观经济发展产生消极的作用，抑制经济过热发展。具体而言，政府部门提高一单位标准差大小的资本所得税后，产出当期直接下降 0.003%，并在第 2 期后逐渐趋向稳态水平；在资本所得税冲击下，消费当期减少 0.006%，投资当期缩减 0.011%，劳动供给当期减少 0.005%，利率水平、通货膨胀、资本价值、净资产等变量当期均发生不同比例的缩减，在第 2 期开始逐渐趋于新的稳态水平，并伴随着过度超调的现象，这与王文甫和王子成[①]发现的财政政策调控具有一定程度的超调作用相一致。

---

① 王文甫、王子成：《积极财政政策与净出口：挤入还是挤出？——基于中国的经验与解释》，《管理世界》2012 年第 10 期。

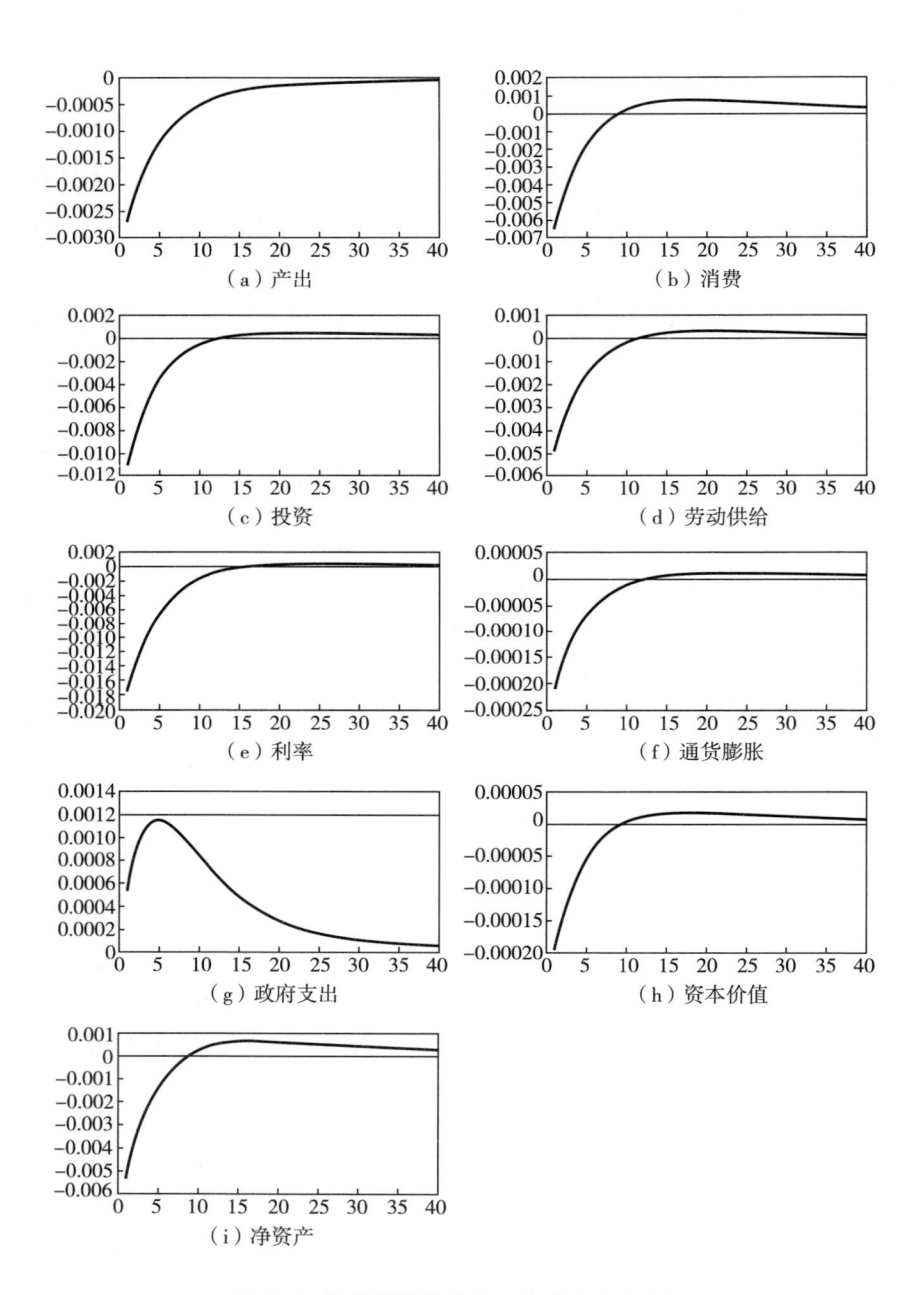

图 4.4 资本所得税冲击下的脉冲响应分析

资本所得税调整作为政府财政政策的一种常用手段，对控制宏观经济运行趋势有着重要作用，通过分析脉冲响应结果不难发现，资本所得税对宏观经济的作用具有以下调控路径。首先，资本所得税的提高降低了企业的资本利得，减少了企业现有的净资产水平。根据企业外部融资溢价等式可知，随着企业净资产的下降，企业面临更高的外部融资成本，因此企业将减少投资；根据资本价值决定方程可知，这将进一步导致资本价值发生下降，并推动金融加速器机制的运行，扩大资本所得税冲击带来的影响。其次，资本所得税的增加将减少家庭的当期消费，即资本所得税体现了基本税收政策对消费的挤出效应①，从而降低整个经济的平均消费水平；消费的下降从需求端降低了整个社会的最优产出水平，使得企业减少生产，降低劳动和资本要素的投入，进一步降低了劳动供给的水平；由于要素投入水平与要素边际产出能力存在负相关的关系，因此劳动和资本投入的减少，增加了企业劳动和资本的边际产出能力，而边际产出与边际成本负相关，意味着企业面临更低的边际成本，因此企业定价加成的能力更高，根据新凯恩斯—菲利普斯曲线（NK-PC）易知，社会通货膨胀水平将下降；由于中央银行采取泰勒规则的货币政策，因此通货膨胀的下降使利率水平发生缩减，这反而刺激企业的投资水平，因此企业整体投资水平取决于资本所得税上升和利率下降两股力的综合作用。最后，政府部门增加资本所得税后，将导致产出水平发生下滑，而政府支出遵循经济自动稳定器的调控方式，因此政府部门对外的支出水平将上升。

三　财政政策中劳动所得税冲击的基准脉冲响应结果

政府部门增加一单位正向标准差大小的劳动所得税后，相关宏观经济变量的脉冲响应变化如图 4.5 所示。与资本所得税冲击的作用类似，正向的劳动所得税冲击将对产出、消费、投资、劳动供给等宏观经济变量带来负面的影响，这意味着劳动所得税与资本所得税均能作为遏制经济过快增长的一种财政手段，也凸显了税收政策内在的一致性。具体而言，在紧缩性劳动所得税冲击下，产出当期直接减少 0.032%，并从第

---

① 严成樑、龚六堂：《税收政策对经济增长影响的定量评价》，《世界经济》2012 年第 4 期。

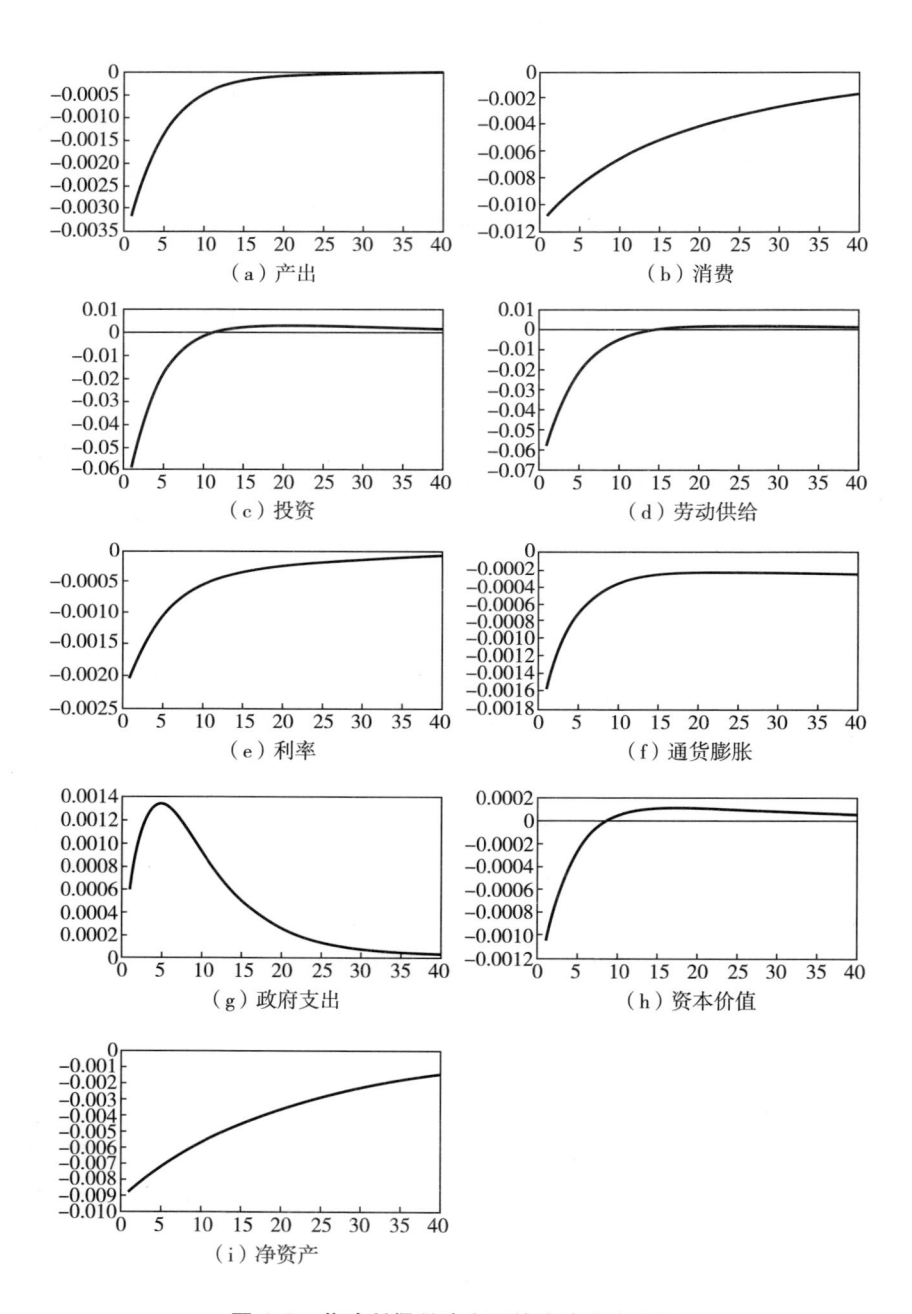

图 4.5 劳动所得税冲击下的脉冲响应分析

2 期开始逐渐趋向于新的稳态水平；家庭在劳动所得税的冲击下，当期消费降低了 0.011%，当期劳动供给缩减了 0.057%；投资方面，正向的劳动所得税税率冲击对投资产生了显著的负面影响，当期投资直接下降 0.059%，在第 2 期后开始收敛于稳态值水平，但会出现过度超调的现象。综上，在正向的劳动所得税冲击下，大部分宏观变量均出现了不同程度的下滑，这与资本所得税冲击下的脉冲响应结果类似。

不言而喻，劳动所得税调整作为财政政策的一种经济调控方式，与资本所得税存在较多类似的地方，而劳动所得税冲击对宏观经济的影响可以归纳为以下作用路径。首先，政府部门提高劳动所得税税率后，家庭实际收入水平将直接下降，理性家庭将减少平均消费量和劳动供给水平，导致社会整体的消费水平发生下降。其次，在企业生产端上，由于需求端社会整体消费水平的下降，企业最优的产出水平将发生下滑，因此企业将减少生产要素的投入，降低生产规模，最终减少了社会产出水平，经济开始下行；经济环境的负面冲击恶化了企业的资产负债表，降低了企业的净资产，推动了金融加速器的放大作用，减小了企业对外的投资规模，进而导致资产价值发生缩水，这也表明企业的投资行为是顺周期的；进一步地，企业生产要素投入需求的减少，将增加企业生产要素的边际产出水平，降低了生产要素的边际成本，提高了企业对产品的定价加成能力，根据新凯恩斯—菲利普斯曲线（NKPC）可以得知，通货膨胀水平将有所下降；同时，通货膨胀水平的下降将进一步影响中央银行对利率水平的调整，根据泰勒规则可知，中央银行将降低利率水平。最后，在财政政策自动稳定器的作用下，政府部门将提高政府支出水平，以降低劳动所得税冲击带来的负面经济波动。

四 财政政策中政府支出冲击的基准脉冲响应结果

一单位正向标准差大小的政府支出冲击下，产出、消费、投资等宏观经济变量发生明显的波动，具体的脉冲响应分析如图 4.6 所示。通过对图 4.6 的分析可知，政府支出作为主要的财政政策调控方式，能够直接作用于产出的变化，对拉动经济增长、熨平经济波动具有重要的作用。具体而言，当政府部门对外增加一单位标准差大小的政府支出时，当期产出水平直接增加 0.025%，当期消费水平和投资水平分别减少

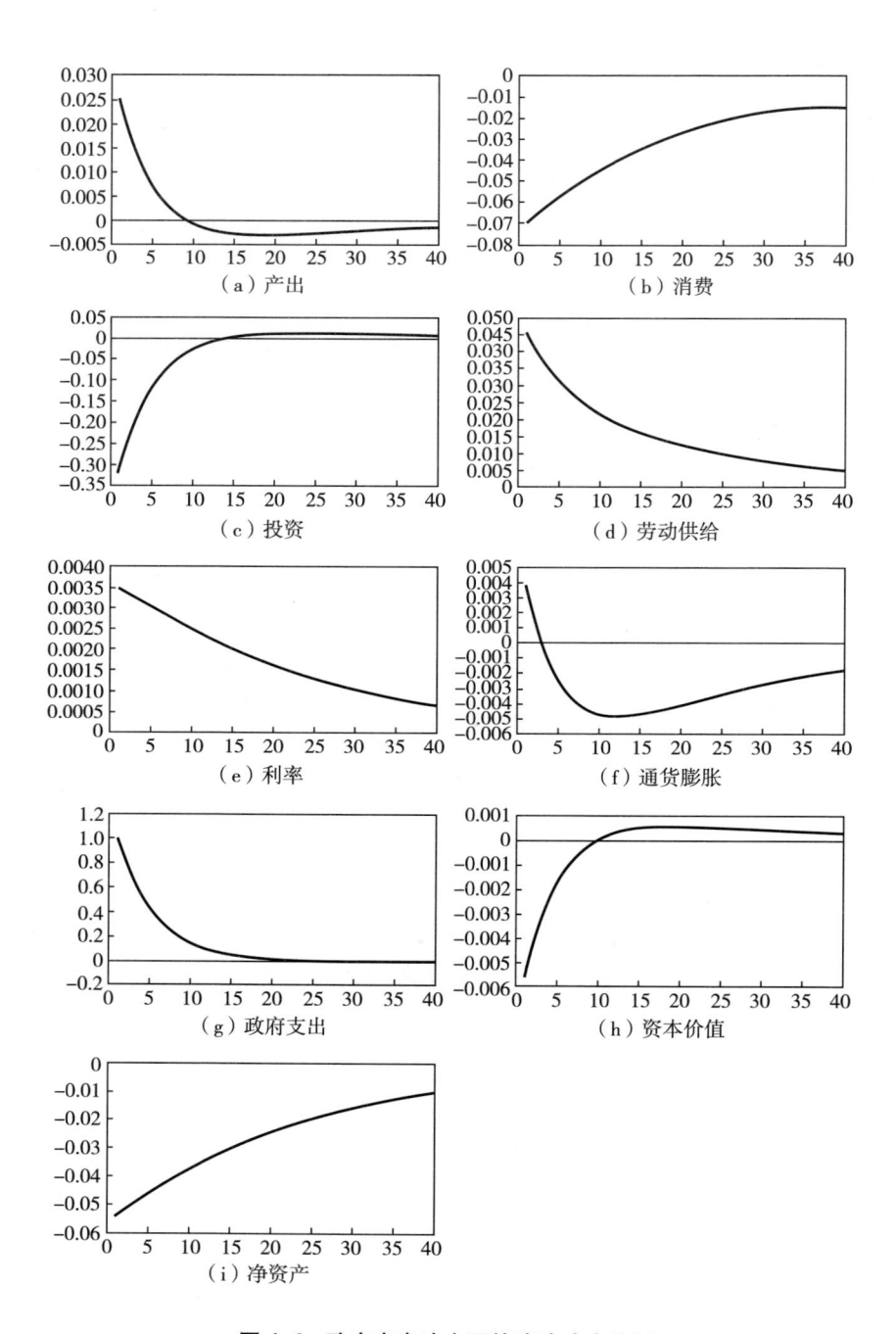

图 4.6 政府支出冲击下的脉冲响应分析

0.069%和0.320%，并随着时间的推移逐渐收敛于稳态水平，并且产出和投资存在着过度超调的现象；同时，在政府支出冲击下，当期劳动供给、利率水平和通货膨胀分别增加0.046%、0.003%、0.004%，当期资本价值和净资产下降了0.006%和0.054%，并在第2期开始逐渐向稳态值水平逼近。

政府支出和所得税税率调整虽然同为财政政策调控手段，但政府支出与所得税税率调整对经济调控的方式和路径却存在着显著的差异，政府支出作为一种积极主动的财政政策调控方式，对控制宏观经济波动有着重要的作用，分析宏观经济变量的脉冲响应图可知，政府支出可以通过以下路径对各宏观经济变量产生影响。首先，政府支出作为影响产出水平的因素，可以直接作用于当期产出，因此政府部门通过增加政府支出规模，能够提高当前的产出水平，但是政府支出对消费和投资存在着明显的挤出效应，这一结果与王文甫和王子成[1]、Monacelli和Perotti[2]等文献一致。一方面，由于政府支出对家庭存在着负财富效应[3]，拉动了通货膨胀，降低了家庭的实际收入，进而减少了家庭的消费水平；另一方面，政府支出挤占了私人资源，导致企业投资规模发生缩减。其次，政府对外支出水平的提高，增加了市场岗位，刺激了市场对劳动力的需求，进一步增加了相应岗位的工资水平，使得企业面临更高的边际成本，降低了企业对产品的定价加成能力。通过新凯恩斯—菲利普斯曲线（NKPC）可知，宏观经济环境开始出现通货膨胀的现象，这意味着政府支出的增加将导致成本推动型通货膨胀；通货膨胀的上升，促使中央银行根据泰勒规则调高对外基准的利率水平，导致基准利率的快速增长，由于信贷市场存在信息摩擦，使银行扩大基准的"利率加成"幅度，提高了企业面临的外部融资溢价水平。这增加了企业的融资成本，并进一步降低企业的投资水平和净资产的规模，而企业净资产的减少将

---

[1] 王文甫、王子成：《积极财政政策与净出口：挤入还是挤出？——基于中国的经验与解释》，《管理世界》2012年第10期。

[2] Monacelli T., Perotti R., "Fiscal Policy, Wealth Effects, and Markups", *NBER Working Paper*, No. w14584, 2008.

[3] Baxter M., King R. G., "Fiscal Policy in General Equilibrium", *American Economic Review*, Vol. 83, No. 3, 1993, pp. 315-334.

通过金融加速器机制，放大政府支出冲击对实体经济带来的作用。最后，企业投资的下降将直接作用于企业的资本价值，根据资本价值决定方程可知，企业的资本价值将有所下降。

第七节　不同金融加速器强度下的脉冲响应分析

前文通过构建包含金融加速器机制的宏观 DSGE 模型，详细分析了基准金融加速器强度（$u=0.0453$）下货币政策和财政政策对宏观经济的调控效果，发现金融加速器机制能够加剧紧缩性货币政策带来的经济波动，并能够影响不同财政政策对宏观经济的调控作用。上述分析虽然阐述了金融加速器对扩大经济波动的影响路径，但至今还未分析不同金融加速器强度变化对货币政策和财政政策经济调控效果的潜在影响，这自然将产生一个问题：金融加速器强度的增加是否会提高不同宏观政策对经济运行的调控力度。对于该问题的回答，将有助于我们更好理解金融加速器机制与货币政策和财政政策对熨平宏观经济波动的作用。为了进一步厘清金融加速器对不同宏观政策效果的影响，并深入分析金融加速器强度变化后，货币政策和财政政策对控制经济运行能力的差异性，下文将对该内容展开详细的研究。具体而言，在原有的研究基础上，本章区分了不同强度的金融加速器作用，以本章基准模型的金融加速器强度（$u=0.0453$）为适中强度，将金融加速器强度主要分为以下三类：第一类，无金融加速器强度（$u=0$）；第二类，适中金融加速器强度（$u=0.0453$）；第三类，高金融加速器强度（$u=0.08$）。这一分类范围符合梅冬州和龚六堂[1]认为的金融加速器强度应位于 0—0.1 的设定。据此，本章分别模拟了三种金融加速器强度下，货币政策和财政政策对主要宏观经济变量的影响，以期获取金融加速器强度变化过程中，货币政

---

[1] 梅冬州、龚六堂：《新兴市场经济国家的汇率制度选择》，《经济研究》2011 年第 11 期。

策和财政政策对调控宏观经济的动态差异性。

一 金融加速器强度对货币政策调控作用的异质性分析

本章对不同金融加速器强度下货币政策调控的差异性进行研究。金融加速器机制放大了紧缩性货币政策冲击对实体经济的影响，其表现为紧缩的货币政策加剧了经济下行的速度，恶化了顺周期的企业投资行为，并通过企业资产负债表渠道来影响企业的净值，提高了银行放贷资金的"利率加成"程度，导致企业面临更高的外部融资成本，最终反作用于整个经济环境。但这一过程并未体现不同金融加速器强度变化带来的影响，因此，对于金融加速器强度变化的研究具有重要的意义。基于上述分析，本章汇报了三类金融加速器强度下，货币政策冲击对产出、消费、投资、通货膨胀这四个主要宏观经济变量的脉冲响应分析，具体结果如图4.7所示。

从图4.7的结果可以发现，在施加一单位正向标准差大小的货币政策冲击后，不同金融加速器强度对货币政策调控效果的影响存在差异性。具体而言，在产出方面，当不存在金融加速器强度（$u=0$）时，外生货币政策冲击下，产出当期直接下降0.522%；当金融加速器强度适中（$u=0.0453$）时，一单位正向标准差的货币政策冲击能够使产出下降0.652%；当金融加速器强度较高（$u=0.08$）时，紧缩的货币政策冲击使得产出立刻下降0.782%。由此可见，随着金融加速器强度的增强，紧缩性货币政策对产出的消减作用随之上升，但这一作用对产出的持续时间较短，从第2期开始逐渐趋同并收敛于稳态水平。

在消费方面，当不存在金融加速器强度（$u=0$）时，外生货币政策冲击下，消费当期直接下降0.048%；当金融加速器强度适中（$u=0.0453$）时，一单位正向标准差的货币政策冲击能够使消费下降0.062%；当金融加速器强度较高（$u=0.08$）时，紧缩的货币政策冲击使得消费立刻下降0.074%。这一结果表明，金融加速器强度的提高将加强紧缩性货币政策对消费的抑制作用，并且该货币政策对消费的抑制作用相比于产出而言，具有更长的持续时间，直至消费收敛于新的稳态水平为止。

(a)产出

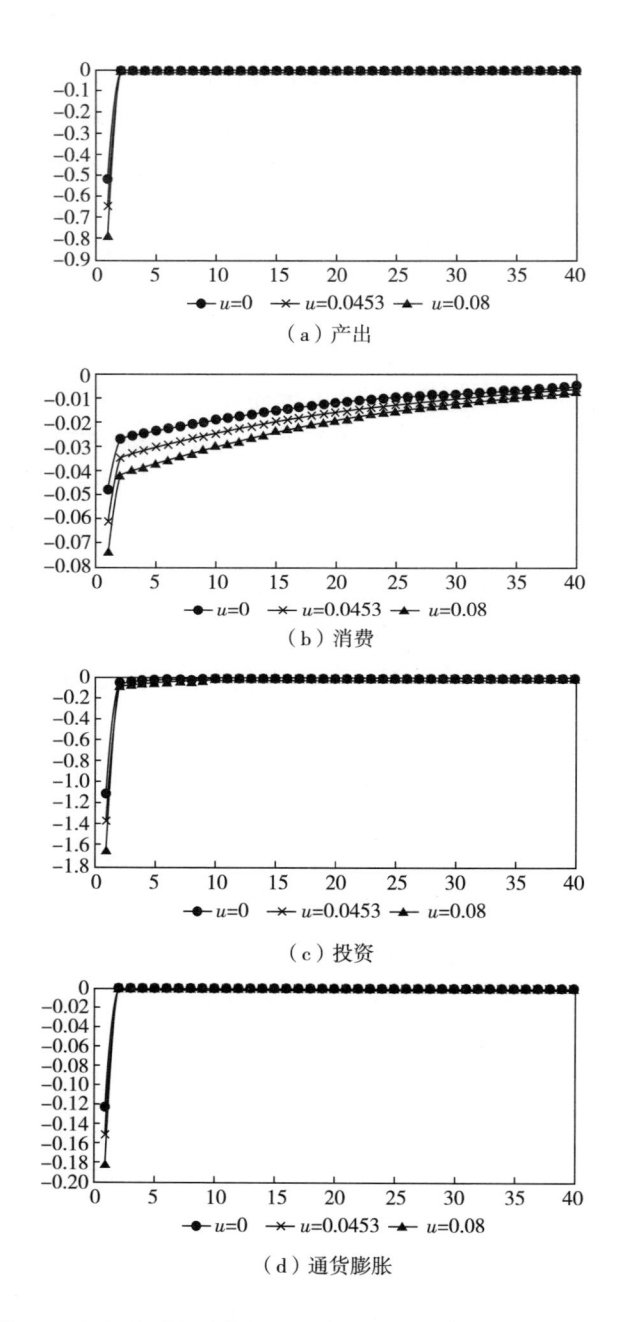

(b)消费

(c)投资

(d)通货膨胀

图 4.7　不同金融加速器强度下货币政策冲击的脉冲响应分析

在投资方面，当不存在金融加速器强度（$u=0$）时，外生货币政策冲击下，投资当期直接下降 1.092%；当金融加速器强度适中（$u=0.0453$）时，一单位正向标准差的货币政策冲击能够使投资下降 1.363%；当金融加速器强度较高（$u=0.08$）时，紧缩的货币政策冲击使得投资立刻下降 1.634%。从结果来看，金融加速器强度与货币政策对投资的作用呈正相关关系，即金融加速器强度越大，紧缩性货币政策越能降低宏观经济中的投资规模，并且货币政策这一作用的持续时间较短，从第 2 期开始，投资将逐渐趋向于稳态水平。

在通货膨胀方面，当不存在金融加速器强度（$u=0$）时，外生货币政策冲击下，通货膨胀当期直接下降 0.121%；当金融加速器强度适中（$u=0.0453$）时，一单位正向标准差的货币政策冲击能够使通货膨胀下降 0.151%；当金融加速器强度较高（$u=0.08$）时，紧缩的货币政策冲击使得通货膨胀立刻下降 0.182%。上述结果表明，随着金融加速器强度的增加，货币政策对通货膨胀的调控力度逐渐增强，这一结果与其他宏观变量相似，并且紧缩性货币政策对通货膨胀作用的持续时间较短，从第 2 期开始，该作用逐渐趋同并收敛于稳态值。

综上，金融加速器强度的增加能够增强紧缩性货币政策对相关宏观经济变量的抑制作用，这对于不同宏观经济变量而言具有相同的效果。金融加速器强度增强为何会放大紧缩性货币政策的调控效果？原因在于：①当金融加速器强度提高时，银行对企业信贷资金的"利率加成"能力更大，表现为银行向企业提供单位贷款的信贷成本更高；②由于在信贷市场存在摩擦的情况下，银行此时面临着更高的企业违约风险，为弥补风险带来的损失，银行需要提高信贷利率，即企业面临更高的外部融资成本，相应外部融资溢价的程度也更高。因此，在更大的金融加速器强度下，紧缩性货币政策冲击将带来更大的宏观经济调控作用，这将更大程度地降低企业的投资规模，并螺旋式地反作用于实体经济的产出、消费和通货膨胀等方面，这也表现为紧缩性货币政策对经济的抑制作用随着金融加速器强度的增强而变大。

二　金融加速器强度对资本所得税冲击的异质性分析

通过在企业预期边际收益中加入资本所得税因素，扩展了财政政策对宏观经济的影响路径，使其能够通过金融加速器机制来影响企业最优的融资结构，并最终作用于企业的投资和产出水平。由于企业根据预期边际成本和预期边际收益相等的原则进行融资，当政府部门提高资本所得税后，企业预期边际收益将下降，结合模型中企业决策方程式可知，此时预期边际成本将大于企业的预期边际收益，企业可以通过提高税前资本边际报酬来增加预期边际收益，或增加净资产份额来降低预期边际成本，从而达到企业最优的融资结构，最终推动金融加速器机制的运行。因此，这两方面的因素均会影响企业的投资和经营生产行为，而随着资本所得税的增加，企业面临着更大的负面政策冲击，并反向螺旋式作用于经济产出，进而丰富了资本所得税因素通过金融加速器来影响经济运行的路径，并扩展了金融加速器机制的实现渠道。据此，本章汇报了不同金融加速器强度下资本所得税冲击对主要宏观经济变量的脉冲响应分析，具体如图 4.8 所示。

从图 4.8 的结果可以发现，在施加一单位正向标准差大小的资本所得税冲击后，不同金融加速器强度对资本所得税冲击的宏观经济调控效果存在差异性。具体而言，在产出方面，当不存在金融加速器强度（$u=0$）时，外生资本所得税冲击下，产出当期直接下降 0.0018%；当金融加速器强度适中（$u=0.0453$）时，一单位正向标准差的资本所得税冲击能够使产出下降 0.0027%；当金融加速器强度较高（$u=0.08$）时，政府部门实施的资本所得税冲击使得产出立刻下降 0.0036%。由此可见，随着金融加速器强度的增强，正向的资本所得税冲击能够带来更大程度的产出削减，这一作用大致持续到 25 期后才逐渐收敛于稳态水平，表明资本所得税冲击的作用具有较长的持续性。

在消费方面，当不存在金融加速器强度（$u=0$）时，外生资本所得税冲击下，消费当期直接下降 0.0044%；当金融加速器强度适中（$u=0.0453$）时，一单位正向标准差的资本所得税冲击能够使消费下降 0.0064%；当金融加速器强度较高（$u=0.08$）时，政府部门实施的资本所得税冲击使得消费立刻下降 0.0087%。这表明，正向的资本所得税冲击不仅能够通过金融加速器机制作用于消费波动，而且随着金融加速器强度的增加，资本所得税冲击对消费的抑制作用逐渐增大，并且这一

(a) 产出

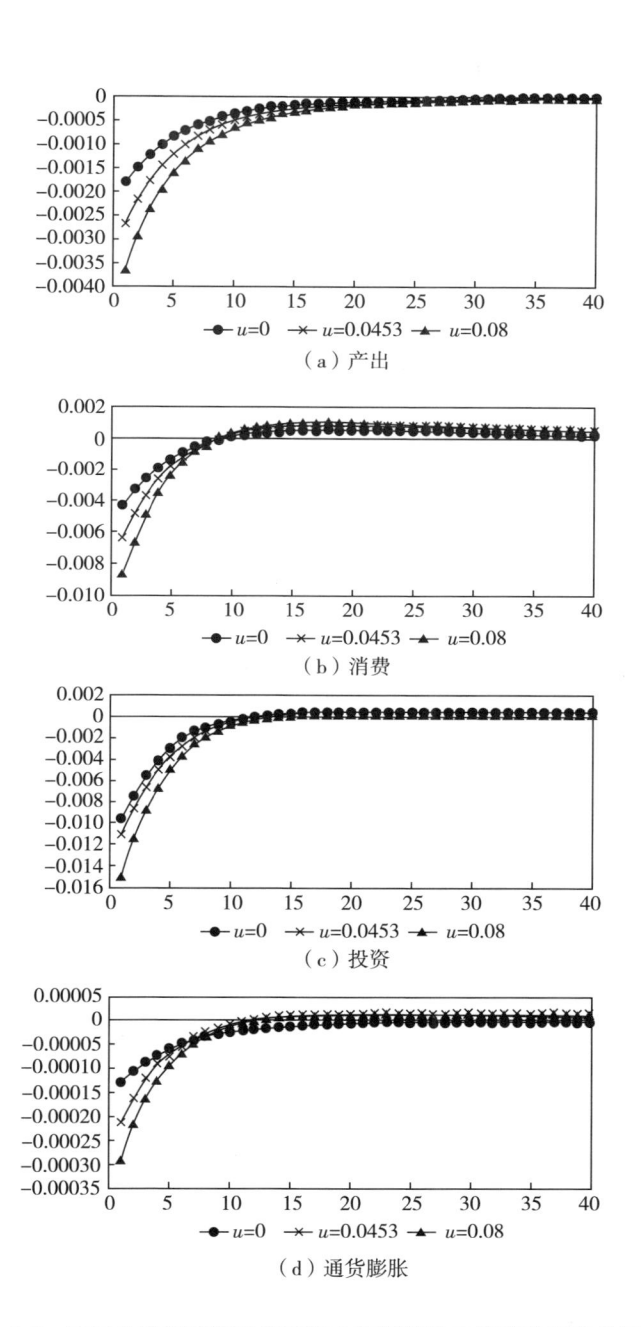

(b) 消费

(c) 投资

(d) 通货膨胀

图 4.8　不同金融加速器强度下资本所得税冲击的脉冲响应分析

作用存在着过度超调的现象,在 10 期后逐渐趋向于原有的稳态水平。

在投资方面,当不存在金融加速器强度($u=0$)时,外生资本所得税冲击下,投资当期直接下降 0.0099%;当金融加速器强度适中($u=0.0453$)时,一单位正向标准差的资本所得税冲击能够使投资规模下降 0.0112%;当金融加速器强度较高($u=0.08$)时,政府部门实施的资本所得税冲击使投资立刻下降 0.0151%。上述结果显示,正向的资本所得税冲击在金融加速器强度不断增强的情况下,对投资的遏制作用呈现出递增的趋势,并且这一作用存在着过度超调的现象,持续时间长于资本所得税对消费的情况,而且在 13 期后逐渐向稳态水平逼近。

在通货膨胀方面,当不存在金融加速器强度($u=0$)时,外生资本所得税冲击下,通货膨胀当期直接下降 0.00013%;当金融加速器强度适中($u=0.0453$)时,一单位正向标准差的资本所得税冲击能够使通货膨胀下降 0.00021%;当金融加速器强度较高($u=0.08$)时,政府部门实施的资本所得税冲击使通货膨胀立刻下降 0.00029%。整体结果显示,正向的资本所得税对通货膨胀具有一定的抑制作用,但影响效果较小;同时随着金融加速器强度的增强,资本所得税带来的通货紧缩作用随之提高,这与消费、投资变量一样存在着过度超调的现象,并且随着时间的推移,通货膨胀逐渐收敛于原有稳态水平。

综上所述,紧缩的资本所得税政策能够通过金融加速器机制来影响不同宏观经济变量的变化,金融加速器强度增强后,资本所得税冲击对宏观经济波动的作用具有以下影响路径。首先,政府部门提高资本所得税后,企业面临着更高的纳税成本,这导致企业的净资产下降,由于存在信贷市场的信息摩擦,此时银行对外的"利率加成"程度更高;同时,当金融加速器强度增大后,企业净资产下降将带来更大的外部融资溢价,从而使企业面临更高的外部融资成本。其次,融资成本的上升将抑制企业的投资热情,进而挤出更多的投资和消费,最终影响社会的最优产出水平。最后,企业生产端目标的下滑,使企业减少劳动和资本要素的投入,这将通过新凯恩斯—菲利普斯曲线(NKPC)对经济体的通货膨胀水平产生影响,降低了平均的通货膨胀程度,并随着金融加速器的运行,进一步放大资本所得税冲击对宏观经济的影响。

三 金融加速器强度对劳动所得税冲击的异质性分析

劳动所得税作为个人所得税的一个分支，也是财政政策的重要组成部分，对实体经济的潜在影响毋庸置疑。近年来，中国个税经过了多轮调整和修改，其调整内容涉及个税的起征点和税率的累进阶级，最终在 2018 年第十三届全国人大常委会中调整了最新的个税标准，将起征点上升至 5000 元，增加了个税的专项附加扣除项目，调宽了部分低税率的累进阶级区间，从而使新税率标准适应经济水平发展和物价上涨的新变化。个税新规定的出台和不断的调整变化均凸显了这一税种对稳定经济运行的重要意义，那么对劳动所得税的研究无疑是探寻经济运行规律、洞悉宏观波动趋势的要义所在，而我国金融市场的兴旺昌盛，反映了新时代经济格局下对金融加速器机制研究的必要性，这也促使我们从更深层次上对金融加速器强度和劳动所得税冲击之间的关系进行探究。据此，本章绘制了劳动所得税冲击对主要宏观经济变量的脉冲响应分析图（见图 4.9）。

从图 4.9 的结果可以发现，在施加一单位正向标准差大小的劳动所得税冲击后，不同金融加速器强度对劳动所得税冲击的经济调控效果存在差异性。具体而言，在产出方面，当不存在金融加速器强度（$u=0$）时，外生劳动所得税冲击下，产出当期直接下降 0.026%；当金融加速器强度适中（$u=0.0453$）时，一单位正向标准差的劳动所得税冲击能够使产出下降 0.032%；当金融加速器强度较高（$u=0.08$）时，政府部门实施的劳动所得税冲击使产出立刻下降 0.037%。由此可见，劳动所得税冲击对产出的抑制作用和金融加速器强度存在着显著的正相关关系，当金融加速器强度增强后，正向的劳动所得税冲击将带来更大程度的产出消减作用，并且这一作用具有较长的持续时间，在 25 期后逐渐收敛于原有稳态水平。

在消费方面，当不存在金融加速器强度（$u=0$）时，外生劳动所得税冲击下，消费当期下降 0.008%；当金融加速器强度适中（$u=0.0453$）时，一单位正向标准差的劳动所得税冲击能够使消费下降 0.011%；当金融加速器强度较高（$u=0.08$）时，政府部门实施的劳动所得税冲击使得消费立刻下降 0.014%。上述结果表明，随着金融加速

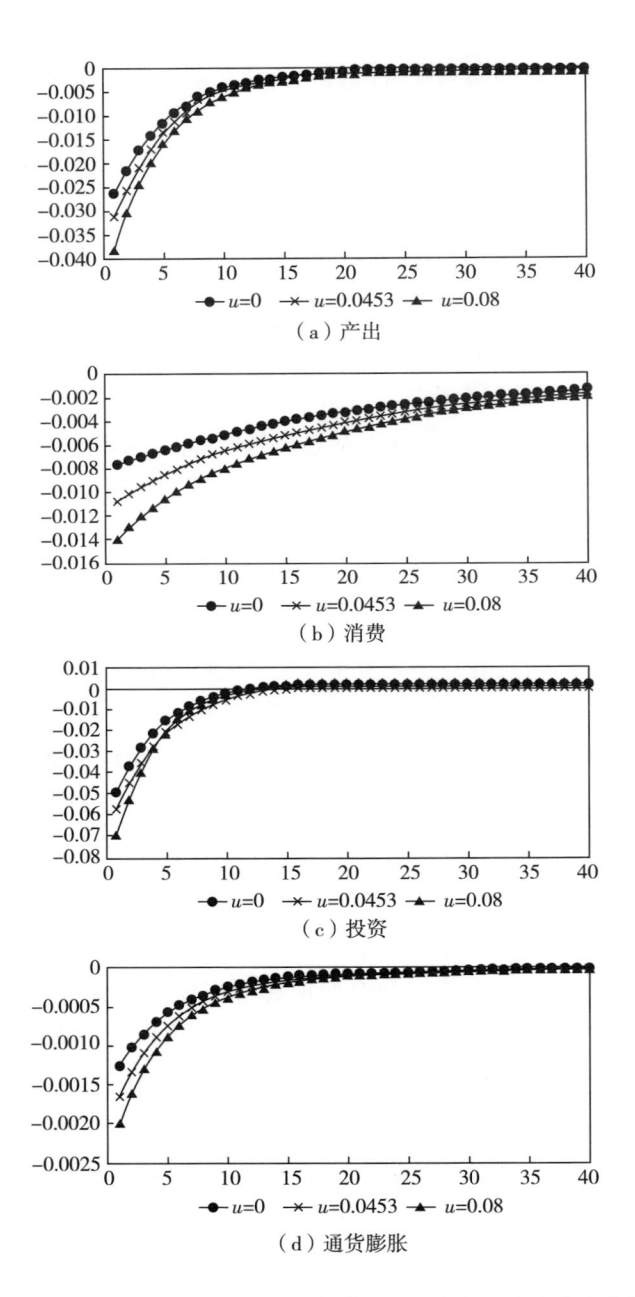

图 4.9　不同金融加速器强度下劳动所得税冲击的脉冲响应分析

器强度的增强，正向劳动所得税冲击能够给消费带来更大的消减作用，由于劳动所得税直接影响家庭的实际收入，进而改变家庭的跨期消费决策，因此劳动所得税冲击对消费的影响具有较强的持续时间，并且随着时间的推移逐渐向稳态水平逼近。

在投资方面，当不存在金融加速器强度（$u=0$）时，外生劳动所得税冲击下，投资当期消费下降0.049%；当金融加速器强度适中（$u=0.0453$）时，一单位正向标准差的劳动所得税冲击能够使投资下降0.059%；当金融加速器强度较高（$u=0.08$）时，政府部门实施的劳动所得税冲击使投资立刻下降0.070%。根据上述结果可知，随着金融加速器强度的增加，正向的劳动所得税冲击对投资的挤出作用越强，并且存在一定程度的过度超调现象。这表明金融加速器不仅能够放大劳动所得税冲击对宏观经济的调控作用，而且随着金融加速器强度的提高，这一作用还将得到进一步的强化。

在通货膨胀方面，当不存在金融加速器强度（$u=0$）时，外生劳动所得税冲击下，通货膨胀当期下降0.0013%；当金融加速器强度适中（$u=0.0453$）时，一单位正向标准差的劳动所得税冲击能够使通货膨胀下降0.0017%；当金融加速器强度较高（$u=0.08$）时，政府部门实施的劳动所得税冲击使通货膨胀立刻下降0.0020%。这一结果与劳动所得税冲击对其他宏观经济变量的影响相一致，即随着金融加速器强度的提高，正向劳动所得税冲击对通货膨胀的消减作用更大，并且劳动所得税冲击带来的作用具有较长的持续时间，通货膨胀水平大致在25期后逐渐收敛于稳态水平。

综上可知，劳动所得税冲击在金融加速器增强的环境下，能够带来更强的经济波动现象，究其原因在于：首先，政府增加劳动所得税后将直接影响家庭的实际收入水平，进而影响家庭跨期的消费决策，降低了家庭当期的消费水平。其次，需求端消费的下降将影响企业的生产决策，进而改变企业最终的产出目标。再次，经济下行进一步削弱了企业的投资热情，并通过金融加速器机制反向作用于宏观经济的波动。最后，企业投入产出目标的变化将改变对生产要素的需求，并通过新凯恩斯—菲利普斯曲线（NKPC）降低了经济环境中的通货膨胀水平。上述劳动所得税冲击的作用在金融加速器强度提高后将进一步增强，因为更强的金融加速器强度意味外部融资溢价上升的幅度更高，此时劳动所得税冲击对宏观经济变量的影响更大，这也反映了不同金融加速器强度对劳动所得税冲击的异质性作用。

四 金融加速器强度对政府支出冲击的异质性分析

最后，政府支出作为财政政策的主要手段，能够在短时间内直接作用于产出水平，熨平宏观经济波动，稳定经济增长势头。虽然政府支出具有较强的宏观调控效果，但对消费和投资等宏观变量存着显著的挤出作用，导致消费和投资水平发生下滑，影响产出波动，并进一步通过金融加速器机制作用于整个宏观经济环境。相比于金融加速器强度较低时，在金融加速器强度较高的经济环境下，政府支出对宏观经济变量的调控能力理应更大，这也意味着错误减少政府支出的政策可能会引发宏观经济的巨大波动，进而造成经济下行速度的加快，并且带来宏观经济环境的持久恶化。为了讨论不同金融加速器强度对政府支出冲击的影响，并检验金融加速器强度对政府支出政策的放大作用，本章通过引入政府支出冲击以研究相关宏观经济变量的变化情况，并汇报了三种不同金融加速器强度下政府支出冲击的脉冲响应分析（见图4.10）。

图4.10的结果显示，在施加一单位正向标准差大小的政府支出冲击后，不同金融加速器强度对政府支出冲击带来的经济调控效果存在差异性。具体而言，在产出方面，当不存在金融加速器强度（$u=0$）时，一单位正向标准差的政府支出冲击下，产出当期直接增加0.017%；当金融加速器强度适中（$u=0.0453$）时，一单位正向标准差的政府支出冲击能够使产出上升0.025%；当金融加速器强度较高（$u=0.08$）时，一单位正向标准差的政府支出政策使产出立刻增加0.033%。由此可见，上述结论初步论证了金融加速器强度增加时，政府支出冲击对产出的调控作用将增强。同时，正向的政府支出冲击能够快速提高产出水平，并且这一促进作用持续时间较长，在第10期后逐渐向稳态水平收敛。

在消费方面，当不存在金融加速器强度（$u=0$）时，一单位正向标准差的政府支出冲击下，消费当期下降0.048%；当金融加速器强度适中（$u=0.0453$）时，一单位正向标准差的政府支出冲击能够使消费下

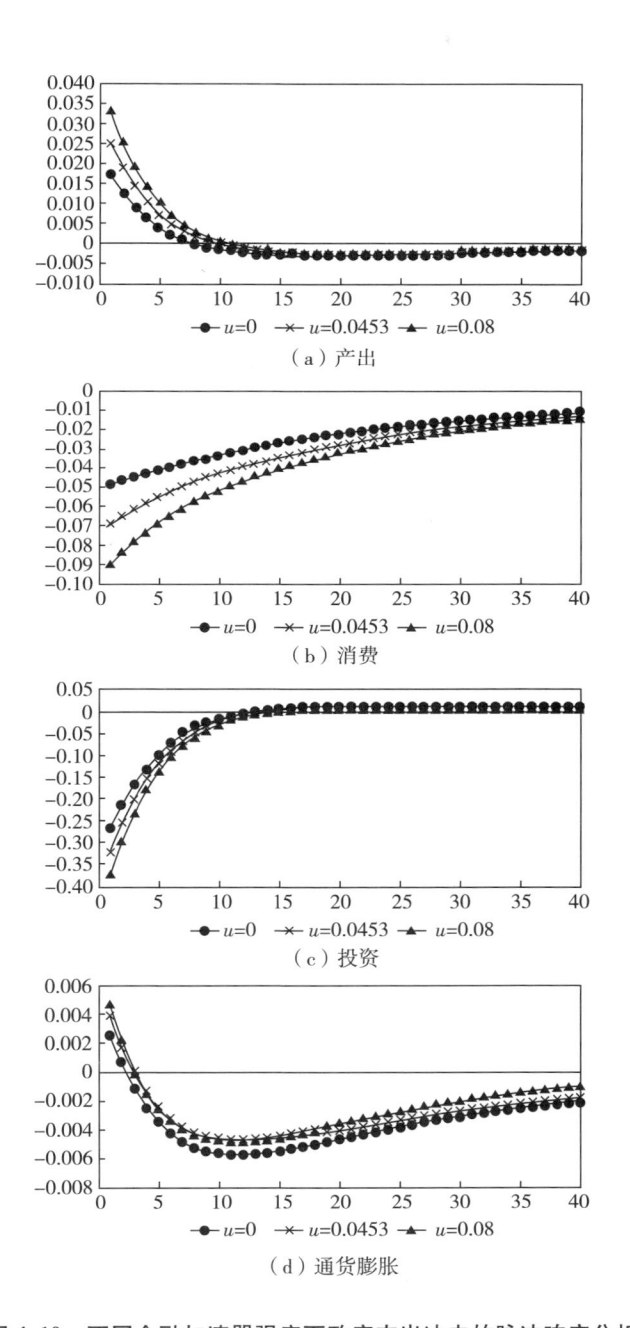

第四章 封闭经济环境下货币政策和财政政策的影响分析 | 97

(a) 产出

(b) 消费

(c) 投资

(d) 通货膨胀

图 4.10 不同金融加速器强度下政府支出冲击的脉冲响应分析

降 0.069%；当金融加速器强度较高（$u=0.08$）时，一单位正向标准差的政府支出政策使消费立刻下降 0.090%。上述结果表明，相比于金融加速器强度较低时，较高的金融加速器强度能够放大政府支出带来的消费挤出效应，即正向的政府支出降低了家庭的消费水平，并且这一作用具有较久的持续时间，随着时间推移逐渐收敛于稳态水平。

在投资方面，当不存在金融加速器强度（$u=0$）时，一单位正向标准差的政府支出冲击下，投资当期下降 0.269%；当金融加速器强度适中（$u=0.0453$）时，一单位正向标准差的政府支出冲击能够使投资下降 0.320%；当金融加速器强度较高（$u=0.08$）时，一单位正向标准差的政府支出政策使投资立刻下降 0.371%。这意味着当金融加速器强度不断提高时，正向的政府支出冲击对投资有着更大的挤出作用，政府支出冲击这一作用存在着过度超调的现象，并且具有较长的持续时间，大约在第 15 期后，投资逐渐向稳态水平逼近。

在通货膨胀方面，当不存在金融加速器强度（$u=0$）时，一单位正向标准差的政府支出冲击下，通货膨胀当期增加 0.0025%；当金融加速器强度适中（$u=0.0453$）时，一单位正向标准差的政府支出冲击能够使通货膨胀上升 0.0038%；当金融加速器强度较高（$u=0.08$）时，一单位正向标准差的政府支出政策使通货膨胀立刻增加 0.0047%。分析上述结果可以得知，在金融加速器强度增加后，政府支出冲击对通货膨胀的拉动作用更大，也表明政府支出是成本推动型通货膨胀的重要起因，在金融加速器机制的作用下，能够扩大通货膨胀的增长幅度，进而造成不同金融加速器强度下，政府支出冲击对通货膨胀的异质性作用。

总而言之，金融加速器强度的变化对政府支出冲击带来的宏观调控效应有着重要的作用，究其原因在于两方面：一方面，政府支出虽然挤出了部分消费和投资，但是能够带来更多的市场岗位，提高了企业对劳动力的需求，增加了相应岗位的工资，推动了劳动供给的增加，这将通过新凯恩斯—菲利普曲线（NKPC）拉动通货膨胀的增长，增加了中央银行对外的基准利率水平，抑制了企业投资，并且进一步通过金融加速器机制反作用于整个宏观经济，部分抵消了政府支出对产出的促进作用。另一方面，政府支出的增加立刻提高了当期的产出水平，促使遵循自动稳定器机制的资本所得税和劳动所得税开始进行税率调整。从一个角度上看，更高的税率部分保证了政府收入的来源，为日后政府支出提供了资金基础；从另一个角度上看，正如前文所述，资本所得税税率的增加能够直接影响金融加速器机制的运行，从而部分抵消了正向政府支出对产出带来的积极效应。最终，这两股作用力对宏观经济的运行产生影响。

至此，本节详细分析了不同金融加速器强度对货币政策和三种财政政策宏观调控效果的影响。一方面，我们证实了金融加速器强度的变化能够对不同宏观政策效果带来异质性的作用；另一方面，我们发现随着金融加速器强度的增强，货币政策和财政政策对主要宏观经济变量的调控能力在逐步提高，这一结论不随宏观政策的变化而发生改变。大体上，紧缩的货币政策和财政政策将对各个宏观经济变量带来明显的抑制作用，而积极的货币政策和财政政策能够带动产出的增加，转变经济的下行趋势，对经济长期的平稳运行具有重要的意义。

第八节　金融加速器强度与政策福利损失分析

行文至此，我们已经大致了解了货币政策和财政政策如何通过金融加速器机制来影响宏观经济波动，也探究了在不同金融加速器强度下，不同宏观政策对主要宏观经济变量作用的异质性。但是，本章至今还未对不同宏观政策实施后的福利损失情况进行分析。事实上，不同宏观政策评估的优劣性不能仅考察预期政策能否有效熨平经济波动，还需要关注宏观政策实施后是否带来最小的社会福利损失。例如，若政策当局仅仅考虑政策实施对稳定物价、拉动需求、提高产出的作用，而忽视不同宏观政策带来的社会福利损失大小，可能造成产出、消费、投资、物价等方面都得到了有效控制，但却为此造成了巨大的社会福利损失，实为买椟还珠的行为。因此，在包含金融加速器机制的经济运行环境中，对于货币政策和财政政策实施效果的福利损失评估十分必要。这不但有助于我们更为科学地分析不同金融加速器强度下当局政策的有效性，还能为甄选最优的货币政策和财政政策方案提供一种系统的辨别方式。据此,本节内容主要围绕金融加速器强度和政策福利损失分析展开,并通过深入辨析货币政策和财政政策在社会福利损失方面的差异来提供相应的政策建议。

一 福利损失函数的构建

福利损失函数的分析方法是评估不同宏观政策效果的一大基本手段[1][2],因此,在进行货币政策和财政政策的福利损失分析之前,我们需要构建符合本章基准模型的福利损失函数形式。同时,Woodford[3]、Gali 和 Monacelli[4] 指出,对效用函数在稳态处进行展开计算,可以近似得到整个社会的福利损失函数。据此,本章参考上述文献的方法,推算出对应福利损失函数的具体形式,在计算出福利损失函数具体的代数形式之后,就可以对不同宏观政策实施效果以及整个社会福利水平的变化进行估计,进而为甄别恰当的宏观政策提供有益的指导作用。

首先,根据 Woodford[5] 的方法,对本章模型的效用函数在稳态处进行泰勒二阶展开,可以得到如下代数式:

$$U_t = U + U_C C\left(\frac{C_t-C}{C}\right) + \frac{1}{2}U_{CC}C^2\left(\frac{C_t-C}{C}\right)^2 + U_L L\left(\frac{L_t-L}{L}\right) + \frac{1}{2}U_{LL}L^2\left(\frac{L_t-L}{L}\right)^2 + O(\cdot) \tag{4.60}$$

其中,不加下标的字母代表对应变量的稳态值;U_C 和 U_L 分别表示效用函数对消费和劳动的一阶导数;U_{CC} 和 U_{LL} 表示对应的二阶导数;$O(\cdot)$ 表示变量 C 和 L 的高阶无穷小。同时,本章中效用函数一阶导数和二阶导数对应的函数形式如下:

---

[1] 金春雨、张龙、贾鹏飞:《货币政策规则、政策空间与政策效果》,《经济研究》2018年第7期。

[2] Angelini P., Neri S., Panetta F., "Monetary and Macroprudential Policies", *Bank of Italy Temi di Discussione Working Paper*, No. 801, 2011.

[3] Woodford M., *Interest and Prices: Foundations of a Theory of Monetary Policy*, Princeton: Princeton University Press, 2003.

[4] Gali J., Monacelli T., "Monetary Policy and Exchange Rate Volatility in a Small Open Economy", *The Review of Economic Studies*, Vol. 72, No. 3, 2005, pp. 707–734.

[5] Woodford M., *Interest and Prices: Foundations of a Theory of Monetary Policy*, Princeton: Princeton University Press, 2003.

$$U_C = C^{-\sigma} \quad (4.61)$$

$$U_{CC} = -\sigma C^{-\sigma-1} \quad (4.62)$$

$$U_L = -\kappa L^{\varphi} \quad (4.63)$$

$$U_{LL} = -\kappa \varphi L^{\varphi-1} \quad (4.64)$$

其次，变量对数线性化的二阶近似代数关系式可以表示为：

$$\frac{H_t - H}{H} = \hat{h}_t + \frac{1}{2}\hat{h}_t^2 \quad (4.65)$$

根据上述运算规律，替换式（4.60）中的 C 与 L，可以得到进一步的效用展开关系式：

$$U_t = U + U_C C \left(\hat{c}_t + \frac{1}{2}\hat{c}_t^2 \right) + \frac{1}{2} U_{CC} C^2 \left(\hat{c}_t + \frac{1}{2}\hat{c}_t^2 \right)^2 + U_L L \left(\hat{l}_t + \frac{1}{2}\hat{l}_t^2 \right)$$

$$+ \frac{1}{2} U_{LL} L^2 \left(\hat{l}_t + \frac{1}{2}\hat{l}_t^2 \right)^2 + O(\cdot) \quad (4.66)$$

其中，小写带"^"字母代表对应变量的对数线性化形式。根据式（4.61）至式（4.64）对上式进行展开，合并同类项后可得：

$$U_t = U + C^{1-\sigma}\left(\hat{c}_t + \frac{1-\sigma}{2}\hat{c}_t^2 \right) - \kappa L^{1+\varphi}\left(\hat{l}_t + \frac{1+\varphi}{2}\hat{l}_t^2 \right) + O(\hat{c}_t^3) + O(\hat{l}_t^3) \quad (4.67)$$

则整个社会的福利损失函数 W 可以表示成以下代数式的加总形式：

$$W = E_0 \sum_{t=0}^{\infty} \beta^t \left(\frac{U_t - U}{U_C C} \right)$$

$$= E_0 \sum_{t=0}^{\infty} \beta^t \left\{ \left(\hat{c}_t + \frac{1-\sigma}{2}\hat{c}_t^2 \right) - \frac{\kappa L^{1+\varphi}}{C^{1-\sigma}} \left(\hat{l}_t + \frac{1+\varphi}{2}\hat{l}_t^2 \right) \right\} \quad (4.68)$$

对上式在稳态处求解条件期望可得如下形式的平均福利损失函数 $Loss$：

$$Loss = \frac{1-\sigma}{2}\mathrm{var}(\hat{c}_t) - \frac{\kappa L^{1+\varphi}}{C^{1-\sigma}} \frac{1+\varphi}{2} \mathrm{var}(\hat{l}_t) \quad (4.69)$$

进一步地，将本章参数 σ、κ 和 φ 的数值代入上式后，就可得到本章最终的平均福利损失函数。本节基于以上等式来综合分析货币政策和财政政策的实施效果，并以此评估不同宏观政策带来的社会福利损失情况。

二 货币政策和财政政策的福利损失分析

为了详细研究不同金融加速器强度下，货币政策和财政政策实施后造成的福利损失情况，本章在完成福利损失函数的构建之后，采用与前文相同的金融加速器强度分类方法，以基准模型中金融加速器强度为基础，引入三个类别的金融加速器强度。第一类，无金融加速器强度（$u=0$）；第二类，适中金融加速器强度（$u=0.0453$）；第三类，高金融加速器强度（$u=0.08$）。理论上，随着金融加速器强度的增强，信贷市场的摩擦将数倍放大宏观政策冲击带来的影响，而政策冲击通过企业资产负债表渠道还将影响企业的投资和生产决策行为，最终将螺旋式地反作用于整个宏观经济环境。因此，当金融加速器强度增强后，宏观经济变量的波动幅度将扩大，同时根据本章平均福利损失函数 Loss 的形式可知，对应变量的方差将增大。综上可以初步推断，金融加速器强度与货币政策、财政政策实施后的福利损失大小应该呈现出正相关的函数关系。为了检验该推断的真实性，本章接下来将进行更为严谨的数理模拟分析。具体而言，本章通过施加一单位正向标准差大小的货币政策冲击、资本所得税冲击、劳动所得税冲击和政府支出冲击，观察不同政策冲击下福利损失函数的变化情况，以评估货币政策和不同类型财政政策的效果，具体结果如表 4.4 所示。

表 4.4　　　　　　　　货币政策和财政政策的福利损失结果

	货币政策冲击	资本所得税冲击	劳动所得税冲击	政府支出冲击
$u=0$	−0.001246009	−0.054826552	−0.004909083	−0.117548571
$u=0.0453$	−0.001862419	−0.082874894	−0.007886016	−0.177329947
$u=0.08$	−0.002268674	−0.101577751	−0.009936186	−0.216936458

通过分析表 4.4 的结果可以发现以下两个方面的结论：

第一，在表格纵向比较上，随着金融加速器强度的增加，货币政策和财政政策冲击引起的福利损失程度也在不断上升。具体而言，在货币政策冲击方面，当不存在金融加速器强度（$u=0$）时，施加一单位正向标准差大小的货币政策冲击后，将造成大约 0.0012 单位的社会福利损失；当金融加速器强度适中（$u=0.0453$）时，一单位正向标准差的货币政策冲击将导致社会福利产生大约 0.0019 单位的损失；当金融加速器强度较高（$u=0.08$）时，一单位正向标准差的货币政策冲击使整个经济环境发生大概 0.0023 单位的福利损失。上述结果表明，相比于较低程度的金融加速器强度，较高程度的金融加速器强度将放大货币政策实施后产生的福利损失水平，这也初步验证了本节的推断假设。

在资本所得税冲击方面，当不存在金融加速器强度（$u=0$）时，施加一单位正向标准差大小的资本所得税冲击后，将给整个经济体带来大约 0.0548 单位的社会福利损失；当金融加速器强度适中（$u=0.0453$）时，一单位正向标准差的资本所得税冲击将导致社会福利水平产生大约 0.0829 单位的损失；当金融加速器强度较高（$u=0.08$）时，一单位正向标准差的资本所得税冲击使整个经济环境发生大概 0.1016 单位的福利损失。由此可见，随着金融加速器强度的增加，正向的资本所得税冲击将造成更大程度的社会福利损失，这一特征与货币政策冲击在不同金融加速器强度下的情况相似。

在劳动所得税冲击方面，当不存在金融加速器强度（$u=0$）时，施加一单位正向标准差大小的劳动所得税冲击后，将给整个经济体带来大约 0.0049 单位的社会福利损失；当金融加速器强度适中（$u=0.0453$）时，一单位正向标准差的劳动所得税冲击将导致社会福利水平产生大约 0.0079 单位的损失；当金融加速器强度较高（$u=0.08$）时，一单位正向标准差的劳动所得税冲击使整个经济环境发生大概 0.0099 单位的福利损失。这一结果也初步印证了金融加速器强度对财政政策福利损失的放大作用，即随着金融加速器强度的增加，正向的劳动所得税冲击将进一步恶化整个社会的福利水平。

在政府支出冲击方面，当不存在金融加速器强度（$u=0$）时，施加一单位正向标准差大小的政府支出冲击，将给整个经济体带来大约 0.1175 单位的社会福利损失；当金融加速器强度适中（$u=0.0453$）时，一单位正向标准差的政府支出冲击将导致社会福利水平产生大约 0.1773 单位的损失；当金融加速器强度较高（$u=0.08$）时，一单位正向标准差的政府支出冲击使整个经济环境发生大概 0.2169 单位的福利损失。据此可知，作为政府部门财政政策调控的主要手段，政府支出冲击带来的福利损失水平也会受到金融加速器强度的影响，并且随着金融加速器强度的逐渐增强，政府支出冲击造成的福利损失水平也随之增大。

第二，在表格横向比较上，当不存在金融加速器强度（$u=0$）时，一单位正向标准差大小的货币政策冲击将造成最小的福利损失，损失大小约为 0.0012 单位；当金融加速器强度适中（$u=0.0453$）时，在所有宏观政策冲击中，一单位正向标准差的货币政策冲击产生的福利损失水平最低，损失大致为 0.0019 单位；当金融加速器强度较高（$u=0.08$）时，一单位正向标准差的货币政策冲击仍然是给整个经济体带来最小福利损失的政策冲击，损失大概为 0.0023 个单位。

综上所述，金融加速器强度的变化将影响不同宏观政策冲击产生的福利损失大小，并且随着金融加速器强度的逐渐增大，货币政策和财政政策冲击将带来更大程度的福利损失水平，这一结果较好验证了本节理论上的推论。此外，通过货币政策和财政政策福利损失的分析，我们发现，无论金融加速器强度如何变化，货币政策冲击引起的福利损失水平最小。这表明在我国当下经济运行环境中，货币政策不但具有较强的宏观调控能力，并且政策实施产生的福利损失较小。因此，货币政策调控具有较优的宏观政策效果，当局政府在选择宏观调控政策时，应积极采用以货币政策为主的调控方式，并配以适当的财政政策进行辅助，这将带来稳定宏观增长、降低福利损失的兼顾作用。

第九节　本章小结

本章基于封闭经济环境的假设，通过构建包含金融加速器机制在内的宏观 DSGE 模型，并融入具有自动稳定器特征的财政政策和泰勒规则的货币政策，系统探究在金融加速器强度变化下，货币政策和财政政策对宏观经济的调控能力和不同宏观政策手段产生的福利损失情况，以期评估货币政策和财政政策的具体政策效果，并为甄选最优的宏观政策方案提供实际经验的借鉴。具体而言，本章主要得出了以下几方面的结论。

其一，本章在模型构建上，考虑了我国信贷市场中信息摩擦的存在性，将金融加速器机制融入模型构建环节，并将税率因素纳入金融加速器的机理中，拓宽了财政政策通过金融加速器作用于实体经济的渠道。同时，为了检验金融加速器机制是否存在于我国当下经济运行之中，本章通过构建包含金融加速器机制的宏观 DSGE 模型，采用贝叶斯的估计方法，并结合 1992 年第一季度到 2019 年第二季度的宏观数据，发现包含金融加速器机制的宏观 DSGE 模型比不包含金融加速器机制的模型具有更强的模型拟合效果，初步证明了金融加速器机制存在于我国宏观经济之中。进一步地，本章为了检验包含金融加速器机制的模型对宏观波动拟合效果的稳健性，采用模型的多变量 MCMC 收敛性诊断和提前一期预测的拟合能力分析方法，对模型的稳健性进行更深层的检验，结果发现，包含金融加速器机制的宏观 DSGE 模型能够较好拟合我国经济的波动情况，并且模型具有较强的稳健性。

其二，在构建模型的基础上，本章通过方差分解来检验货币政策冲击和三种财政政策冲击对不同宏观经济变量波动的解释程度。结果发现，货币政策冲击和政府支出冲击能够累计解释 70.56% 的产出波动、69.64% 的消费波动、62.70% 的投资波动和 76.96% 的政府支出波动，两者对相关宏观经济变量的解释力度基本在 60% 以上，这表明货币政策和财政政策是熨平经济波动的两大主要手段。在三类财政政策调控效果上，政府支出冲击对宏观变量波动的解释能力最大，劳动所得税冲击次之，资本所得税冲击最小。进一步地，对比财政政策和货币政策对宏观经济波动的总体解释力度，发现相比于货币政策的经济解释力度，包含政府支出、资本所得税和劳动所得税三种方式的财政政策，能够解释更大范围的宏观经济波动，表明财政政策对调控我国经济波动具有重要的作用。

其三，本章通过在模型中施加外生冲击，模拟了货币政策和财政政策冲击对宏观经济的具体调控路径，发现金融加速器机制的存在能够放大货币政策和财政政策冲击给宏观经济带来的不利影响；同时，为了检验不同金融加速器强度对不同宏观政策调控效果的影响，本章通过设定三类金融加速器强度，对货币政策和财政政策的宏观调控作用进行模拟，结果显示，随着金融加速器强度的提高，货币政策冲击、资本所得税冲击、劳动所得税冲击、政府支出冲击对相关宏观经济变量的作用逐渐增强。

其四，为了进一步综合评估不同金融加速器强度下不同宏观政策的政策效果，本章通过推导福利损失函数，并采用福利损失分析的方法对货币政策和财政政策引发的福利损失水平进行估算。模拟发现，相比于较低程度的金融加速器强度，较高程度的金融加速器强度将导致各类宏观政策冲击产生更大程度的福利损失。同时，给定不同金融加速器强度时，货币政策冲击比三种财政政策冲击带来的社会福利损失水平更低，这表明货币政策具有最优的宏观政策效果。因此，政策当局应该遵循以货币政策为主、财政政策为辅的宏观政策方案，这是有利于宏观经济长远发展的不二选择。

第五章　开放经济环境下货币政策和财政政策的影响分析

——基于金融加速器机制的视角

随着经济全球化浪潮遍布世界各地，各国经济之间的联系越发紧密，此时一国宏观经济的波动不仅取决于自身宏观政策的变动，还受外界宏观经济变化的影响[①]。这对于现阶段的中国经济环境而言，更为如此。自我国加入WTO以来，对外贸易规模不断扩大，根据中国商务部统计数据，2018年我国进出口贸易总额为4.62万亿美元，其中出口规模为2.48万亿美元，进出口贸易总规模蝉联世界第一。由此可见，对外贸易的快速增长表明我国经济发展已难以脱离世界的大舞台，忽视国际经济环境来辨别金融加速器的作用可能会对我国宏观政策效果的评估产生偏差。同时，Elekdag等[②]发现在开放经济环境下，负面的宏观经济冲击能够通过金融加速器机制对企业投资和社会产出造成不利影响，证实了金融加速器机制在开放环境中是存在的。那么由此自然会产生一个问题：在开放经济环境下，金融加速器机制对中国货币政策和财政政策效果的影响有多大？对于该问题的回答将有助于我们更为精确地预判宏观政策的实施效果，更能加深我们对金融加速器机制和货币政策、财政政策宏观调控效果之间的潜在关联的认识。

为此，本章将原有模型拓展至开放宏观经济环境下，构建了一个含有家庭、商业银行、企业家、资本生产商、零售商、对外贸易部门、中

---

① Mishkin F. S., "Globalization, Macroeconomic Performance, and Monetary Policy", *Journal of Money Credit and Banking*, Vol. 41, No. 1, 2009, pp. 187–196.

② Elekdag S., Justiniano A., Tchakarov I., "An Estimated Small Open Economy Model of the Financial Accelerator", *IMF Staff Papers*, Vol. 53, No. 2, 2006, pp. 219–241.

央银行、政府部门在内的八部门的宏观经济 DSGE 模型，将家庭消费决策问题扩充至开放环境下，企业资产配置涉及海外资产因素，因此需要将汇率纳入整个模型的构建中。具体地，家庭通过改变跨期消费的决策使自身的效用达到最大化，而家庭消费的商品包括国内商品和国外商品，这需要家庭通过提供劳动来获取购买商品的资金，合理配置在国内外商品上的消费比例，并且家庭将剩余资金用于储蓄或购买本国债券和国外债券，国外债券以外币进行标价，因此需要通过汇率进行本币价格的换算；银行的决策与封闭环境下的类似，通过吸收家庭存款向企业家提供经营生产所需的资金缺口，由于信贷市场信息摩擦的存在，银行提供的信贷利率高于家庭的储蓄利率，即银行信贷资金存在"利率加成"的特征，导致企业融资时面临外部融资溢价的现象，促使金融加速器机制发挥作用；企业家向资本品生产商购买资本品，并对生产经营进行决策，同时将生产的中间品出售给零售商，并将折旧的资本品回售给资本品生产商；资本品生产商在投资效率冲击下将折旧资本品加工为新的资本品，并在市场上标价出售；零售商将中间品转化为最终品，并依赖自身垄断竞争的地位，以加成的价格在市场上销售最终品；对外贸易部门根据国外市场对本国商品的需求进行出口决策；中央银行和政府部门分别负责货币政策和财政政策方案的制订，并通过实施宏观政策来实时调控宏观经济的波动。

第一节　基本 DSGE 模型的构建

一　家庭

在开放经济环境下，每一时期每个家庭除了能够消费本国的商品 $C_{h,t}$ 外，还能选择消费国外的商品 $C_{f,t}$，则复合消费品 C_t 可以表示成以下 CES 的函数形式：

$$C_t = [\gamma^{\frac{1}{\rho}} C_{h,t}^{\frac{\rho-1}{\rho}} + (1-\gamma)^{\frac{1}{\rho}} C_{f,t}^{\frac{\rho-1}{\rho}}]^{\frac{\rho}{\rho-1}} \tag{5.1}$$

其中，γ 表示消费者消费本国商品在整个复合消费品中所占的比重,则 $1-\gamma$ 可以用以表示消费者对国外商品的偏好比重,衡量一国对外的开放程度;ρ 表示本国商品 $C_{h,t}$ 与国外商品 $C_{f,t}$ 之间的替代弹性。

同时,假定国内消费束由一系列在 [0,1] 上连续的消费品 a 组成,即国内消费品可以表示成以下形式:

$$C_{h,t} = \left(\int_0^1 C_{h,t}(a)^{\frac{\varepsilon-1}{\varepsilon}} da \right)^{\frac{\varepsilon}{\varepsilon-1}} \tag{5.2}$$

其中,ε 表示商品消费束之间的替代弹性。同理,国外消费品可表示成类似的商品消费束组合:

$$C_{f,t} = \left(\int_0^1 C_{f,t}(a)^{\frac{\varepsilon-1}{\varepsilon}} da \right)^{\frac{\varepsilon}{\varepsilon-1}} \tag{5.3}$$

假定每期国内消费品价格 $P_{h,t}$ 与一系列商品消费束 a 的价格相关,并具有以下表达形式:

$$P_{h,t} = \left(\int_0^1 P_{h,t}(a)^{1-\varepsilon} da \right)^{\frac{1}{1-\varepsilon}} \tag{5.4}$$

则国外消费品的价格可以表示为:

$$P_{f,t} = \left(\int_0^1 P_{f,t}(a)^{1-\varepsilon} da \right)^{\frac{1}{1-\varepsilon}} \tag{5.5}$$

此时,国内消费者面临的复合消费品的价格 P_t,可以表示成国内消费品价格 $P_{h,t}$ 和国外消费品价格 $P_{f,t}$ 的组合,并具有以下的函数形式:

$$P_t = \left[\gamma P_{h,t}^{1-\rho} + (1-\gamma) P_{f,t}^{1-\rho} \right]^{\frac{1}{1-\rho}} \tag{5.6}$$

进一步可得国内消费品与国外消费品之间的消费分配等式:

$$\frac{C_{h,t}}{C_{f,t}} = \frac{\gamma}{1-\gamma} \left(\frac{P_{f,t}}{P_{h,t}} \right)^{\rho} \tag{5.7}$$

此外,假设经济体中存在众多生存无限期的同质家庭,每个家庭通过选择消费、提供劳动、储蓄资金、购买本国债券和外国债券等方式进行经济决策,并面临如下的目标函数:

$$\max E_0 \sum_{t=0}^{\infty} \beta^t \left(\frac{C_t^{1-\sigma}}{1-\sigma} - \kappa \frac{L_t^{1+\varphi}}{1+\varphi} \right) \tag{5.8}$$

该目标函数的设定与封闭环境下的相同,由家庭消费和劳动力供给两部分组成。进一步地,家庭受到以下等式的约束:

$$C_t+D_t+B_t+S_tB_t^* = (1-\tau_{l,t})w_tL_t+\frac{R_{t-1}D_{t-1}}{\pi_t}+\frac{R_{b,t-1}B_{t-1}}{\pi_t}+\frac{S_tR_{b,t-1}^*B_{t-1}^*}{\pi_t}+H_t+Tr_t$$

(5.9)

其中，S 指代直接标价法下的名义汇率，用以反映一单位外币的本币价值；B^* 表示家庭购买的外国债券的数量；R_b^* 表示外国债券对应的收益率，其他变量设定与封闭条件下的情况相同。

此时，通过建立家庭决策的拉格朗日方程，对消费、劳动供给、储蓄、本国债券和外国债券进行一阶求导，可以得到以下最优决策方程组：

$$C_t^{-\sigma} = \lambda_t \tag{5.10}$$

$$(1-\tau_{l,t})w_t\lambda_t = \kappa L_t^\varphi \tag{5.11}$$

$$\lambda_t = E_0\beta\lambda_{t+1}\frac{R_t}{\pi_{t+1}} \tag{5.12}$$

$$\lambda_t = E_0\beta\lambda_{t+1}\frac{R_{b,t}}{\pi_{t+1}} \tag{5.13}$$

$$\lambda_t = E_0\beta\lambda_{t+1}\frac{S_{t+1}R_{b,t}^*}{S_t\pi_{t+1}} \tag{5.14}$$

其中，λ_t 表示家庭 t 期的拉格朗日约束因子；进一步地，将 λ_t 代入式（5.11）至式（5.14）可得：

$$(1-\tau_{l,t})w_tC_t^{-\sigma} = \kappa L_t^\varphi \tag{5.15}$$

$$\left(\frac{C_{t+1}}{C_t}\right)^\sigma = E_0\beta\frac{R_t}{\pi_{t+1}} \tag{5.16}$$

$$\left(\frac{C_{t+1}}{C_t}\right)^\sigma = E_0\beta\frac{R_{b,t}}{\pi_{t+1}} \tag{5.17}$$

$$\left(\frac{C_{t+1}}{C_t}\right)^\sigma = E_0\beta\frac{S_{t+1}R_{b,t}^*}{S_t\pi_{t+1}} \tag{5.18}$$

同时，根据式（5.17）和式（5.18）可得以下非抛补的利率平价方程：

$$E_0\frac{C_{t+1}^{-\sigma}}{\pi_{t+1}}\left(R_{b,t}-\frac{S_{t+1}R_{b,t}^*}{S_t}\right)=0 \tag{5.19}$$

此外，根据购买力平价定律可知 t 期的名义汇率 S_t 可以表示成如下等式：

$$S_t = \frac{P_{f,t}}{P_{f,t}^*} \tag{5.20}$$

其中，$P_{f,t}$ 表示 t 期国外商品在国内的销售价格，即本币计价下的价格；$P_{f,t}^*$ 表示同一国外商品在国外市场上的销售价格，即外币计价下的价格。因此，名义汇率可以表示为上述两个变量之间的比值。同时，本章假定 $P_{f,t}^*$ 为给定，且将其单位化为 1，此时名义汇率可以进一步表示成以下关系式：

$$S_t = P_{f,t} \tag{5.21}$$

二 商业银行

商业银行的设定与封闭经济环境下的相同，家庭向商业银行提供储蓄资金，商业银行将储蓄资金以高于无风险利率的水平向企业进行放贷，由于信贷市场存在摩擦，企业具体的贷款利率与企业自身的净资产相关，因此企业面临的外部融资溢价 $f(\cdot)$ 可以表示成：

$$f(\cdot) = f\left(\frac{N_{t+1}}{Q_t K_{t+1}}\right) \tag{5.22}$$

此时，商业银行预期的贷款风险利率具有如下形式：

$$E_t F_{t+1} = \frac{f(\cdot) R_t}{\pi_{t+1}} \tag{5.23}$$

三 企业家

在开放经济环境下，企业每期需要进行生产经营的决策，通过向商业银行借入经营缺口的资金，来购买资本品和雇佣劳动力，在产品生产完成后，将生产的中间品出售给零售商，并将折旧的资本品回售给资本品生产商，因此，与封闭经济环境下的决策类似，企业家的预期资本回报率 $F_{k,t+1}$ 可以表示成以下关系式：

$$E_t F_{k,t+1} = E_t \left[\frac{R_{rk,t+1}/X_{t+1} + (1-\delta) Q_{t+1}}{Q_t} \right] = E_t \left[\frac{(1-\tau_{k,t})\alpha Y_{i,t+1}}{Q_t K_{t+1} X_{t+1}} + \frac{(1-\delta) Q_{t+1}}{Q_t} \right] \tag{5.24}$$

同时，企业家根据预期资本收益与预期资本成本相等的原则进行融

资决策,因此满足以下行为方程:

$$E_t F_{k,t+1} = E_t F_{t+1} \tag{5.25}$$

此外,由于存在汇率因素,企业家的决策行为将受到外部经济环境的影响,因此,与封闭经济环境下有所差异。对此,本章借鉴梅冬州和龚六堂[1]的思路,将名义汇率因素引入企业家行为中,由于发展中国家市场存在着明显的货币错配现象[2][3],企业资产存在不同币种计价的情况,进而导致名义汇率变动对企业的资产净值产生影响。基于该逻辑,本章假定本国企业在每期末会持有 γ_n 比例的本币计价的资产和 $1-\gamma_n$ 比例的外币计价的资产,同时维持原模型中企业进入和退出市场的行为,即企业能够存活至下期的概率为 ω,此时企业家在开放经济环境下的净资产动态演化方程可以表示为:

$$P_t N_{t+1} = \omega \left[\gamma_n P_{h,t} + (1-\gamma_n) S_t \right] \left[F_{k,t} Q_{t-1} K_t - f\left(\frac{N_t}{Q_{t-1} K_t} \right) \frac{R_{t-1}}{\pi_t} (Q_{t-1} K_t - N_t) \right] \tag{5.26}$$

观察上式可知,当名义汇率发生升值(S_t 数值变小),企业下期的净资产将缩减,根据金融加速器原理可知,这将导致企业外部融资成本上升,外部融资溢价变大,进而降低企业的经营规模和投资力度,影响整个宏观经济的变化。因此,在开放经济环境下,汇率因素对金融加速器作用的发挥有着重要影响,将汇率因素引入金融加速器中,可以使企业投资行为与名义汇率变动之间建立起内在联系,有助于进一步阐释名义汇率变动对整个宏观经济波动的传导途径。

四 资本品生产商

资本品生产商的经济行为与封闭经济环境下的相同,以单位价格从企业家手中购入折旧资本品 I_t,在投资边际效率冲击 Z_t 的作用下,将折旧资本品加工成新资本品 $Z_t I_t$,并以 Q_t 的价格在市场上向企业家出

---

[1] 梅冬州、龚六堂:《新兴市场经济国家的汇率制度选择》,《经济研究》2011年第11期。

[2] 金祥义、张文菲:《外汇风险暴露、货币错配与银行稳定性——来自银行微观数据的经验证明》,《中南财经政法大学学报》2019年第1期。

[3] Domac I., Peria M. S. M., "Banking Crises and Exchange Rate Regimes: Is There a Link?", *Journal of International Economics*, Vol. 61, No. 1, 2003, pp. 41-72.

售。最终，资本品生产商面临如下的资本价值决定方程：

$$Q_t Z_t - 1 - \chi\left(\frac{I_t}{K_t} - \delta\right) = 0 \qquad (5.27)$$

五 零售商

在开放经济环境下，零售商通过加工中间品来生产最终产品，但由于本国市场存在国外消费品，市场上物价整体水平受到国外消费品价格的影响，因此需要综合考虑本国零售商和国外零售商的定价行为，进而推导出本国市场上最终的物价变化规律。对于本国零售商的定价行为，相关设定与封闭环境下的相同，则可推导出本国物价引起的新凯恩斯—菲利普斯曲线（NKPC）的对数线性化形式：

$$\hat{\pi}_{h,t} = E_0 \beta \hat{\pi}_{h,t+1} - \frac{(1-\theta)(1-\beta\theta)}{\theta}\hat{x}_t + \varepsilon_{p,t} \qquad (5.28)$$

对于国外零售商的定价行为，为了分析简便，假定每期有 θ_f 比例的国外零售商改变商品价格，且 $\theta^f = \theta$；同时，国外零售商的价格加成 x_f 可以表示为国外商品在本国市场上的售价 P_f 与该商品在国外市场上售价 P_f^* 的比值，即等于名义汇率 S 的数值，因此国外商品价格对市场通货膨胀变化的影响方程为：

$$\hat{\pi}_{f,t} = E_0 \beta \hat{\pi}_{f,t+1} - \frac{(1-\theta_f)(1-\beta\theta_f)}{\theta_f}\hat{s}_t \qquad (5.29)$$

同时，根据本国市场上消费者对国内外消费品的消费分配比例，可以得到如下本国市场整体物价变动的最终等式：

$$\pi_t = \pi_{h,t}^{\gamma} \pi_{f,t}^{1-\gamma} \qquad (5.30)$$

六 出口贸易部门

参考 Gertler 等[①]对出口行为的设定，假定本国出口 Ex 与国内外商品价格的比值有关，且受到国外市场对本国商品需求 Y_f^* 的影响，并假定 Y_f^* 为外生参数。最终本国出口具有以下形式的方程关系：

---

① Gertler M., Gilchrist S., Natalucci F. M., "External Constraints on Monetary Policy and the Financial Accelerator", *Journal of Money, Credit and Banking*, Vol. 39, No. 2, 2007, pp. 295-330.

$$Ex_t = \left(\frac{P_{h,t}}{P_{f,t}^* S_t}\right)^\mu Y_{f,t}^* \tag{5.31}$$

其中，μ 表示出口贸易部门面临的出口价格弹性，且 $\mu<0$。因此，当国内物价上涨后，本国对外出口将减少；汇率数值上升后，意味着本币对外贬值，因此本国对外出口将增加。

七 中央银行

在开放经济环境下，中央银行进行货币政策调控时，需要将汇率因素纳入考虑范围内，以控制外部经济环境带来不利的冲击，此时中央银行的货币政策遵循如下多目标形式的泰勒规则：

$$\frac{R_t}{R} = \left(\frac{R_{t-1}}{R}\right)^{\rho_r} \left(\frac{Y_t}{Y}\right)^{\rho_y} \left(\frac{\pi_t}{\pi}\right)^{\rho_\pi} \left(\frac{S_t}{S}\right)^{\rho_s} e^{\varepsilon_{r,t}} \tag{5.32}$$

其中，不带角标的字母表示对应变量的稳态值；ρ_r 表示中央银行货币政策对利率的平滑调整系数；ρ_y 表示中央银行货币政策对产出的反应调整系数；ρ_π 表示中央银行货币政策对通货膨胀的反应调整系数；ρ_s 表示中央银行货币政策对汇率的反应调整系数；$\varepsilon_{r,t}$ 表示随机的利率冲击，服从 $N(0, \sigma_r)$ 的分布。

对上式进行对数线性化后可得以下形式的货币政策方程：

$$\hat{r}_t = \rho_r \hat{r}_{t-1} + \rho_y \hat{y}_t + \rho_\pi \hat{\pi}_t + \rho_s \hat{s}_t + \varepsilon_{r,t} \tag{5.33}$$

八 政府部门

政府部门发行债券和调整税率来获取必要的财政收入，并通过政府支出和支付转移的方式对宏观经济走势进行调控，因此政府部门的预算约束等式与封闭环境下的类似，具体形式为：

$$G_t + \frac{R_{b,t-1} B_{t-1}}{\pi_t} + Tr_t = \tau_{l,t} w_t N_t + \tau_{k,t} R_{k,t} K_t + B_t \tag{5.34}$$

同时，政府部门通过制订财政政策方案来实施财政政策，由于在我国现行经济环境下，财政政策具有明显的自动稳定器特征，因此假定政府部门的财政手段具有以下动态关系的方程式：

$$\hat{\tau}_{l,t} = \rho_{\tau l} \hat{\tau}_{l,t-1} + (1-\rho_{\tau l})(\varphi_{\tau l} \hat{y}_t + \gamma_{\tau l} \hat{b}_{t-1}) + \varepsilon_{\tau l,t} \tag{5.35}$$

$$\hat{\tau}_{k,t} = \rho_{\tau k} \hat{\tau}_{l,t-1} + (1-\rho_{\tau k})(\varphi_{\tau k} \hat{y}_t + \gamma_{\tau k} \hat{b}_{t-1}) + \varepsilon_{\tau k,t} \tag{5.36}$$

$$\hat{g}_t = \rho_g \hat{g}_{t-1} - (1-\rho_g)(\varphi_y \hat{y}_t + \gamma_g \hat{b}_{t-1}) + \varepsilon_{g,t} \tag{5.37}$$

$$\hat{ir}_t = \rho_{tr}\hat{ir}_{t-1} - (1-\rho_{tr})(\varphi_{tr}\hat{y}_t + \gamma_{tr}\hat{b}_{t-1}) \tag{5.38}$$

上述方程中各参数的含义和设定与封闭经济条件下的模型相同，对此不再赘述。

九　市场出清条件

信贷市场和劳动力市场在各部门最优行为决策下达到均衡状态；产品市场在需求端和生产端相等时达到均衡状态，即产品市场的均衡需满足以下等式关系：

$$Y_t = C_t + I_t + G_t + Ex_t \tag{5.39}$$

第二节　模型对数线性化的处理

在开放经济环境下，虽然增加了较多的开放经济因素，但各个部门的行为决策方程仍具有较多的相同点，为了获取所有模型变量的均衡解，本章按照 Uhlig 等[①]的方法对所有等式进行对数线性化处理，从而解得开放经济环境下的稳态值，并获得本章所有宏观 DSGE 模型的动态行为变化方程。

具体地，对消费的欧拉方程进行对数线性化处理可得：

$$\sigma(\hat{c}_{t+1} - \hat{c}_t) = \hat{r}_t - \hat{\pi}_{t+1} \tag{5.40}$$

对家庭最优的劳动供给方程进行对数线性化处理可得：

$$\varphi\hat{l}_t + \sigma\hat{c}_t = \hat{w}_t - \frac{\tau_l}{1-\tau_l}\hat{\tau}_{l,t} \tag{5.41}$$

根据式（5.12）和式（5.13）可知，稳态时储蓄利率和国内债券收益率相等，因此债券收益率的对数线性化动态方程为：

$$\hat{r}_{b,t} = \hat{r}_t \tag{5.42}$$

由于家庭需要合理配置国内外商品的消费比例，因此家庭复合消费品的对数线性化方程可以表示成：

---

① Uhlig H., Marimon A., Scott A., "A Toolkit for Analyzing Nonlinear Dynamic Stochastic Models Easily", *Computational Methods for the Study of Dynamic Economies*, Vol. 97, No. 2, 1999, pp. 30–61.

$$\hat{c}_t = \gamma \hat{c}_{h,t} - (1-\gamma)\hat{c}_{f,t} \tag{5.43}$$

对应的复合消费品的价格的对数线性化等式为：

$$\hat{p}_t = \gamma \hat{p}_{h,t} - (1-\gamma)\hat{p}_{f,t} \tag{5.44}$$

进一步地，对家庭最优的消费分配等式进行对数线性化处理后可得：

$$\hat{c}_{h,t} - \hat{c}_{f,t} = \hat{p}_{f,t} - \hat{p}_{h,t} \tag{5.45}$$

并且购买力平价方程具有如下的对数线性化形式：

$$\hat{r}_{b,t} = \hat{r}^*_{b,t} + \hat{s}_{t+1} - \hat{s}_t \tag{5.46}$$

同时，汇率具有如下的动态演变形式：

$$\hat{s}_t = \hat{p}_{f,t} \tag{5.47}$$

企业的生产函数进行对数线性化后可得：

$$\hat{y}_t = \hat{a}_t + \alpha \hat{k}_t + (1-a)\hat{l}_t \tag{5.48}$$

对应边际资本收益率和边际劳动报酬的对数线性化结果为：

$$\hat{r}_{k,t} = \hat{y}_t - \hat{k}_t \tag{5.49}$$

$$\hat{w}_t = \hat{y}_t - \hat{l}_t \tag{5.50}$$

考虑资本所得税因素后，企业预期资本收益率的对数线性化结果可表示成：

$$\hat{f}_{t+1} = \frac{\alpha Y(1-\tau_k)}{KXF}\hat{y}_{t+1} - \frac{\alpha Y \tau_k}{KXF}\hat{\tau}_{k,t} + \frac{(1-\delta)Q}{F}(\hat{q}_{t+1} + \hat{x}_{t+1} + \hat{k}_{t+1}) - \hat{k}_{t+1} - \hat{x}_{t+1} - \hat{q}_t \tag{5.51}$$

而外部融资溢价函数又可以表示为如下的对数线性化等式：

$$\hat{f}_{t+1} = u(\hat{n}_{t+1} - \hat{q}_t - \hat{k}_t) + \hat{r}_t - \hat{\pi}_{t+1} \tag{5.52}$$

同时，对企业净资产的动态演化方程进行对数线性化处理可得：

$$\hat{p}_t + \hat{n}_{t+1} = \gamma_n \hat{p}_{h,t} + (1-\gamma_n)\hat{p}_{f,t} + \hat{f}_t + \hat{n}_t \tag{5.53}$$

进一步地，可以将资本品生产商的资本累积过程表示成以下对数线性化等式：

$$\hat{k}_{t+1} = \delta(\hat{z}_t + \hat{i}_t) + (1-\delta)\hat{k}_t \tag{5.54}$$

此时，资本品生产商的资本价值决定方程的对数线性化形式为：

$$\hat{q}_t + \hat{z}_t = \chi \delta(\hat{i}_t - \hat{k}_t) \tag{5.55}$$

国内零售商定价对通货膨胀变化具有与式（5.28）相同的对数线

性化形式：

$$\hat{\pi}_{h,t} = E_0\beta\hat{\pi}_{h,t+1} - \frac{(1-\theta)(1-\beta\theta)}{\theta}\hat{x}_t + \varepsilon_{p,t} \tag{5.56}$$

对应国外零售商定价带来的市场通货膨胀变化为：

$$\hat{\pi}_{f,t} = E_0\beta\hat{\pi}_{f,t+1} - \frac{(1-\theta_f)(1-\beta\theta_f)}{\theta_f}\hat{s}_t \tag{5.57}$$

最终国内整个市场通货膨胀变化的对数线性化等式为：

$$\hat{\pi}_t = \gamma\hat{\pi}_{h,t} + (1-\gamma)\hat{\pi}_{f,t} \tag{5.58}$$

国内商品物价引起的通货膨胀具有以下对数线性化的动态变化规律：

$$\hat{\pi}_{h,t} = \hat{p}_{h,t} - \hat{p}_{h,t-1} \tag{5.59}$$

对应的国外商品物价引发的通货膨胀动态变化为：

$$\hat{\pi}_{f,t} = \hat{p}_{f,t} - \hat{p}_{f,t-1} \tag{5.60}$$

中央银行实施的货币政策以泰勒规则为依据，其对数线性化形式为：

$$\hat{r}_t = \rho_r\hat{r}_{t-1} + \rho_y\hat{y}_t + \rho_\pi\hat{\pi}_t + \rho_s\hat{s}_t + \varepsilon_{r,t} \tag{5.61}$$

政府部门面临的预算约束可以表示为以下对数线性化等式：

$$\frac{G\pi}{Y}(\hat{\pi}_t + \hat{g}_t) + \frac{R_bB}{Y}(\hat{r}_{b,t} + \hat{b}_{t-1}) + \frac{Tr\pi}{Y}(\hat{\pi}_t + \hat{tr}_t) = \frac{\tau_kR_kK\pi}{Y}(\hat{\pi}_t + \hat{\tau}_{k,t} + \hat{r}_{k,t} + \hat{k}_t)$$

$$+ \frac{\tau_lLw\pi}{Y}(\hat{\pi}_t + \hat{\tau}_{l,t} + \hat{w}_t + \hat{l}_t) + \frac{B}{Y}(\hat{\pi}_t + \hat{b}_t) \tag{5.62}$$

此时，政府部门对应的财政政策调控手段具有以下的对数线性化过程：

$$\hat{\tau}_{l,t} = \rho_{\tau l}\hat{\tau}_{l,t-1} + (1-\rho_{\tau l})(\varphi_{\tau l}\hat{y}_t + \gamma_{\tau l}\hat{b}_{t-1}) + \varepsilon_{\tau l,t} \tag{5.63}$$

$$\hat{\tau}_{k,t} = \rho_{\tau k}\hat{\tau}_{l,t-1} + (1-\rho_{\tau k})(\varphi_{\tau k}\hat{y}_t + \gamma_{\tau k}\hat{b}_{t-1}) + \varepsilon_{\tau k,t} \tag{5.64}$$

$$\hat{g}_t = \rho_g\hat{g}_{t-1} - (1-\rho_g)(\varphi_y\hat{y}_t + \gamma_g\hat{b}_{t-1}) + \varepsilon_{g,t} \tag{5.65}$$

$$\hat{tr}_t = \rho_{tr}\hat{tr}_{t-1} - (1-\rho_{tr})(\varphi_{tr}\hat{y}_t + \gamma_{tr}\hat{b}_{t-1}) \tag{5.66}$$

出口贸易部门的决策行为具有以下对数线性化的动态形式：

$$\hat{ex}_t = \mu(\hat{p}_{h,t} - \hat{s}_t) \tag{5.67}$$

技术冲击和投资边际效率冲击的动态对数线性化形式可以表示为：

$$\hat{a}_t = \rho_a \hat{a}_{t-1} + \varepsilon_{a,t} \qquad (5.68)$$

$$\hat{z}_t = \rho_z \hat{z}_{t-1} + \varepsilon_{z,t} \qquad (5.69)$$

最后，市场出清条件具有如下的对数线性化表达式：

$$\hat{y}_t = \frac{C}{Y}\hat{c}_t + \frac{I}{Y}\hat{i}_t + \frac{G}{Y}\hat{g}_t + \frac{Ex}{Y}\hat{ex}_t \qquad (5.70)$$

上述31个方程对应31个内生变量和7个外生冲击变量，在给定所有结构参数和相关变量的稳态值后，就能求得上述DSGE模型的竞争性均衡解，以及在外生冲击下各内生变量的动态变化过程，至此完成本章基础模型的构建工作。

第三节 参数校准和贝叶斯估计

一 参数估计的说明

在对模型进行模拟冲击前，需要对参数进行估计，与前文类似，本书的参数可以分为两大类：一类参数与模型稳态值相关，以校准的方式进行估计；另一类参数与模型变量的结构变化相关，以贝叶斯估计的方法进行估计。

二 参数的校准

在参数校准方面，对于与封闭经济环境下相同的参数，本书对其采用相同的赋值，在此不再赘述；对于在开放经济环境下新增加的个别参数，此处对其赋值过程进行详尽的介绍。在本国商品消费占比参数 γ 的校准上，本书参考梅冬州等[1]、Devereux等[2]的做法，将本国商品消费占比参数 γ 校准为0.5，这意味着家庭对本国商品和国外商品的消费比重相同；对于本国商品与国外商品之间的替代弹性 ρ，借鉴康立和龚六

---

[1] 梅冬州、杨友才、龚六堂：《货币升值与贸易顺差：基于金融加速器效应的研究》，《世界经济》2013年第4期。

[2] Devereux M. B., Lane P. R., Xu J., "Exchange Rates and Monetary Policy in Emerging Market Economies", *The Economic Journal*, Vol. 116, No. 511, 2006, pp. 478–506.

堂①的方式，对国内外消费品的替代弹性 ρ 赋值为 1；在本币资产持有比例 γ_n 上，梅冬州和龚六堂②认为本币资产持有比例大致在 0.6—0.9 之间，本书参考该数值区间，将本币资产持有比例 γ_n 校准为 0.8；对于出口的价格弹性 μ，参考 Gertler 等③对该参数的赋值，将其校准为 -1；由于增加了出口因素，因此需要在原有基础上估算出口占产出的稳态值，本书以宏观样本的数据矩进行校准，对出口占产出的稳态值校准为 0.1832；政府支出占产出的稳态值则通过原有的倒挤方法进行测算。综上，对于参数的校准，本书通过宏观数据的数据矩和现有文献的估计结果，对相关参数变量进行校准，后续其他变量的数值将通过贝叶斯估计的方法进行估计，这部分参数的估计将在后续内容中进行详细介绍。

三　参数的贝叶斯估计

在进行贝叶斯估计之前，需要选择用于估计的宏观样本数据，同前文一致，本章依旧选用产出、消费、投资、政府支出、劳动供给、通货膨胀和利率水平七个变量，从而满足宏观数据中观测变量数目小于等于外生冲击变量数目的基本要求，对于每个宏观变量的核算方法在此不再赘述。由于该样本已在封闭经济环境分析部分进行了较为详细的单位根检验，各宏观数据序列具有平稳的过程，此处不再对宏观数据重新进行烦琐的单位根检验。最终数据样本涵盖的区间为 1992 年第一季度到 2019 年第二季度。

在进行贝叶斯估计时，需要对待估参数的先验分布进行设定。对于外生冲击变量的自回归系数，由于取值位于 0—1 之间，因此一般设定自回归系数服从贝塔分布；对于外生冲击变量的标准差，其取值为正实数，因此，采用逆伽玛分布表示待估参数的分布形式；对于其他参数的分布形式，例如政策反应系数等，需要要参考现有文献的做法，由于本章

---

① 康立、龚六堂：《金融摩擦、银行净资产与国际经济危机传导——基于多部门 DSGE 模型分析》，《经济研究》2014 年第 5 期。
② 梅冬州、龚六堂：《新兴市场经济国家的汇率制度选择》，《经济研究》2011 年第 11 期。
③ Gertler M., Gilchrist S., Natalucci F. M., "External Constraints on Monetary Policy and the Financial Accelerator", *Journal of Money, Credit and Banking*, Vol. 39, No. 2, 2007, pp. 295-330.

对中央银行的货币政策规则进行了重新设定，因此需要对相关参数的先验分布进行修改。具体而言，本章参考金中夏和洪浩[①]对产出、通货膨胀、汇率调整系数的设定，将产出和汇率的反应调整系数设定为服从均值为 0.75 的伽玛分布；将通货膨胀的反应调整系数设定为服从均值为 1.5 的伽玛分布。除此之外，其他参数的设定与封闭经济环境下的相同。根据上述设定，本章对待估参数进行贝叶斯估计，具体参数估计结果如表 5.1 所示。

表 5.1　　　　　　　　　　参数的贝叶斯估计

参数	描述	先验分布	先验均值	后验均值	90%置信区间	
u	金融加速器强度	贝塔分布	0.042	0.0627	0.0620	0.0637
ω	企业生存概率	贝塔分布	0.9728	0.8950	0.8945	0.8955
θ	价格调整概率	贝塔分布	0.5	0.7028	0.6932	0.7133
χ	资本调整成本	伽玛分布	1	1.9321	1.9015	1.9586
X	价格加成率	伽玛分布	5	4.9377	4.9313	4.9434
ρ_r	利率平滑系数	贝塔分布	0.5	0.6377	0.6295	0.6477
ρ_a	技术冲击系数	贝塔分布	0.5	0.5149	0.4973	0.5383
ρ_z	投资效率冲击系数	贝塔分布	0.5	0.5808	0.5712	0.5932
ρ_k	资本所得税平滑系数	贝塔分布	0.5	0.8757	0.8704	0.8808
ρ_l	劳动所得税平滑系数	贝塔分布	0.5	0.4918	0.4815	0.5032
ρ_g	政府支出冲击系数	贝塔分布	0.5	0.0737	0.0628	0.0862
ρ_π	利率通胀反应系数	伽玛分布	1.5	2.1294	2.1078	2.1484
ρ_y	利率产出反应系数	伽玛分布	0.75	1.1056	1.0874	1.1299
ρ_s	利率汇率反应系数	伽玛分布	0.75	1.1877	1.1430	1.2148
γ_k	资本税债券反应系数	伽玛分布	0.4	0.2332	0.2243	0.2429
γ_l	劳动税债券反应系数	伽玛分布	0.4	0.1238	0.1043	0.1464
γ_g	政府支出债券反应系数	伽玛分布	0.4	0.0689	0.0649	0.0740
γ_{tr}	支付转移债券反应系数	伽玛分布	0.4	0.1628	0.1574	0.1685

---

① 金中夏、洪浩：《开放经济条件下均衡利率形成机制——基于动态随机一般均衡模型（DSGE）对中国利率变动规律的解释》，《金融研究》2013 年第 7 期。

续表

参数	描述	先验分布	先验均值	后验均值	90%置信区间	
φ_k	资本税产出反应系数	伽玛分布	0.4	0.0265	0.0136	0.0396
φ_l	劳动税产出反应系数	伽玛分布	0.4	0.1073	0.0942	0.1191
φ_g	政府支出产出反应系数	伽玛分布	0.4	0.5046	0.4960	0.5149
φ_{tr}	支付转移产出反应系数	伽玛分布	0.4	0.4304	0.4128	0.4553
σ_a	技术冲击的标准差	逆伽玛分布	0.1	0.0151	0.0142	0.0162
σ_z	投资效率冲击的标准差	逆伽玛分布	0.1	0.0203	0.0190	0.0223
σ_p	价格冲击的标准差	逆伽玛分布	0.1	0.0227	0.0211	0.0245
σ_r	利率冲击的标准差	逆伽玛分布	0.1	0.0178	0.0119	0.0239
σ_k	资本所得税的标准差	逆伽玛分布	0.1	0.0306	0.0281	0.0333
σ_l	劳动所得税的标准差	逆伽玛分布	0.1	0.0615	0.0253	0.1010
σ_g	政府支出的标准差	逆伽玛分布	0.1	0.1252	0.1128	0.1309

通过分析表 5.1 的贝叶斯参数估计结果可以发现以下几点结论。首先，观察金融加速器强度大小可知，金融加速器强度的后验均值为 0.0627，显著大于封闭经济环境下的 0.0453，这表明在开放经济环境下，我国经济运行中金融加速器机制的作用更大。究其原因在于，在开放宏观经济环境下，我国经济波动不仅受自身宏观政策变化的影响，还与外部经济环境的变化相关，当外部经济环境发生负面冲击时，能够通过汇率因素直接影响金融加速器机制的运行。由于企业持有国外资产，负面冲击将通过汇率变化影响企业国外资产的净值，进而对企业净资产总额产生影响，并且进一步改变企业的外部融资溢价程度，从而放大金融加速器机制对实体经济带来的冲击力度。其次，对于企业生存概率大小，在开放经济环境下该参数大小为 0.8950，低于封闭经济环境下的 0.8992，这一结果与理论预期也是一致的。由于在开放经济环境下，企业竞争环境不但与国内经济波动相关，还与国外经济形势的变动有关，当本国经济发生下滑，并且外部经济冲击蔓延至本国时，这将加剧企业之间的竞争强度，迫使现有市场资源向高生产效率的企业进行再分配，最终提高企业退出市场的概率，因此表现为在开放经济环境下企业面临

更低的生存概率。最后，在货币政策反应系数方面。观察货币政策对汇率的调整反应系数可知，该调整反应系数大小大致与货币政策对产出的反应系数一致，这表明在开放经济环境下，汇率因素对经济波动具有重要作用，货币政策方案应包含汇率因素，若仅强调产出、通胀、利率等目标，而忽略汇率因素，将导致高估货币政策方案中其他因素对经济的影响，所以重视汇率因素变化，选择适宜的汇率制度方案，能够降低外部经济冲击对我国经济波动的影响，这是在开放经济环境下，货币政策当局打好经济平稳发展"攻坚战"的首要任务。对此，下文也将在汇率制度选择方面展开较为详细的分析。

第四节 模型拟合性的检验

在完成开放经济环境下模型的构建和参数估计之后，需要对模型的拟合性进行分析，即检验本章模拟能否有效反映宏观经济数据的真实变化情况。为此，本章将从多变量 MCMC 收敛性诊断和拟合能力分析两方面对该问题进行系统的检验，客观评估本章模型是否能够捕捉宏观经济变量的波动特征，并为后续方差分解和脉冲响应分析等实证检验内容提供真实性的保障。

一 模型的多变量 MCMC 收敛性诊断

在完成模型参数贝叶斯估计后，本章通过多变量 MCMC 收敛性诊断检验对所有参数的联合收敛性进行判断，多变量 MCMC 收敛性诊断主要汇报了参数整体一阶矩（期望值）、二阶矩（方差）和三阶矩（偏度）的收敛性，并依据结果的收敛程度来判别模型的拟合性。本章在进行上述收敛性检验时，采用了两条马尔科夫计算链，并进行 10000 次的抽样蒙特卡洛模拟，以确保诊断结果的精确性，具体情况如图 5.1 所示。

在图 5.1 中，interval 表示模拟数据序列的一阶矩（期望值），m2 表示模拟数据序列的二阶矩（方差），m3 表示模拟数据序列的三阶矩（偏度）；虚线（靠下的线）和实线（靠上的线）为两条不同的马尔科夫计算链，分别表示模拟序列的平均规模因子和混合规模因子；横轴表示蒙特卡洛模拟次数，纵轴表示数据规模因子大小。分析图 5.1 可以得知两方面的结论：一方面，从观测数据序列的一阶矩结果可知，对数据进行蒙特卡洛模拟后，两条马尔科夫计算链的一阶矩首先呈现出逐渐偏离原有收敛水平的趋势，然后在接近第 9500 次模拟时趋于同一收敛水平，并且该状态一直维持到最后一次数据模拟。另一方面，从观测数据序列的二阶矩和三阶矩结果可知，两者的变化规律与数据一阶矩的情况类似，也呈现出先偏离后收敛的变化趋势。综上，本章模型的多变量 MCMC 收敛性诊断结果表明，基准模型参数的联合收敛性较好，构建的模型能够较好地反映宏观数据样本中宏观经济变量的变化趋势。

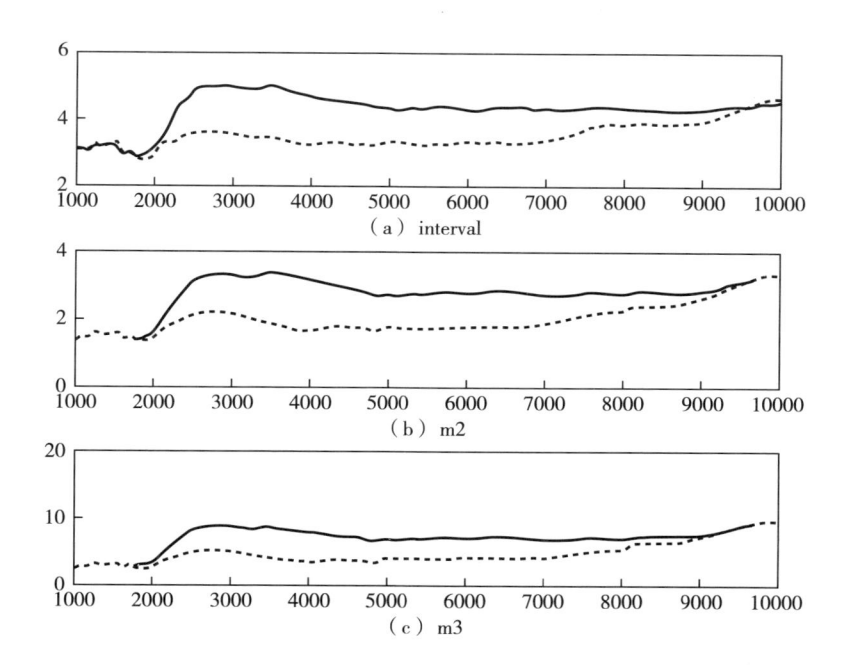

图 5.1 多变量 MCMC 收敛性诊断结果

二 模型的拟合能力分析

本章此处还是参照 Nimark[①] 的做法,通过比较实际宏观经济数据与模型提前一期预测数据的波动情况,来评估模型预测数据对实际经济数据的拟合程度,进而检验模型在预测未来宏观经济走势方面的精确性。同时,为了对比融入开放宏观经济因素后的模型与封闭经济环境下模型的预测效果差异,此处还提供了两种模型对同一宏观经济变量的预测值。据此,本章汇报了不同模型下的提前一期预测值与实际经济值的差异,具体结果如图5.2所示。其中,"封闭_预测值"表示封闭经济模型的预测值,"开放_预测值"表示开放经济模型的预测值,"实际值"表示实际的宏观经济数据。

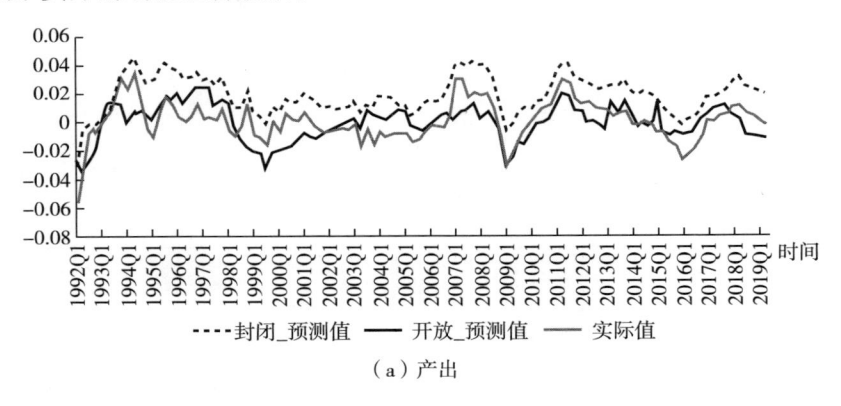

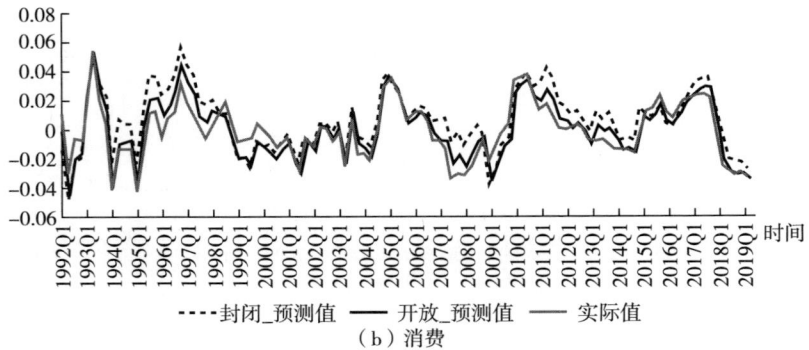

(a) 产出

(b) 消费

图 5.2 提前一期预期值与宏观变量实际值的差异

---

① Nimark K. P., "A Structural Model of Australia as a Small Open Economy", *Australian Economic Review*, Vol. 42, No. 1, 2009, pp. 24–41.

(c) 投资

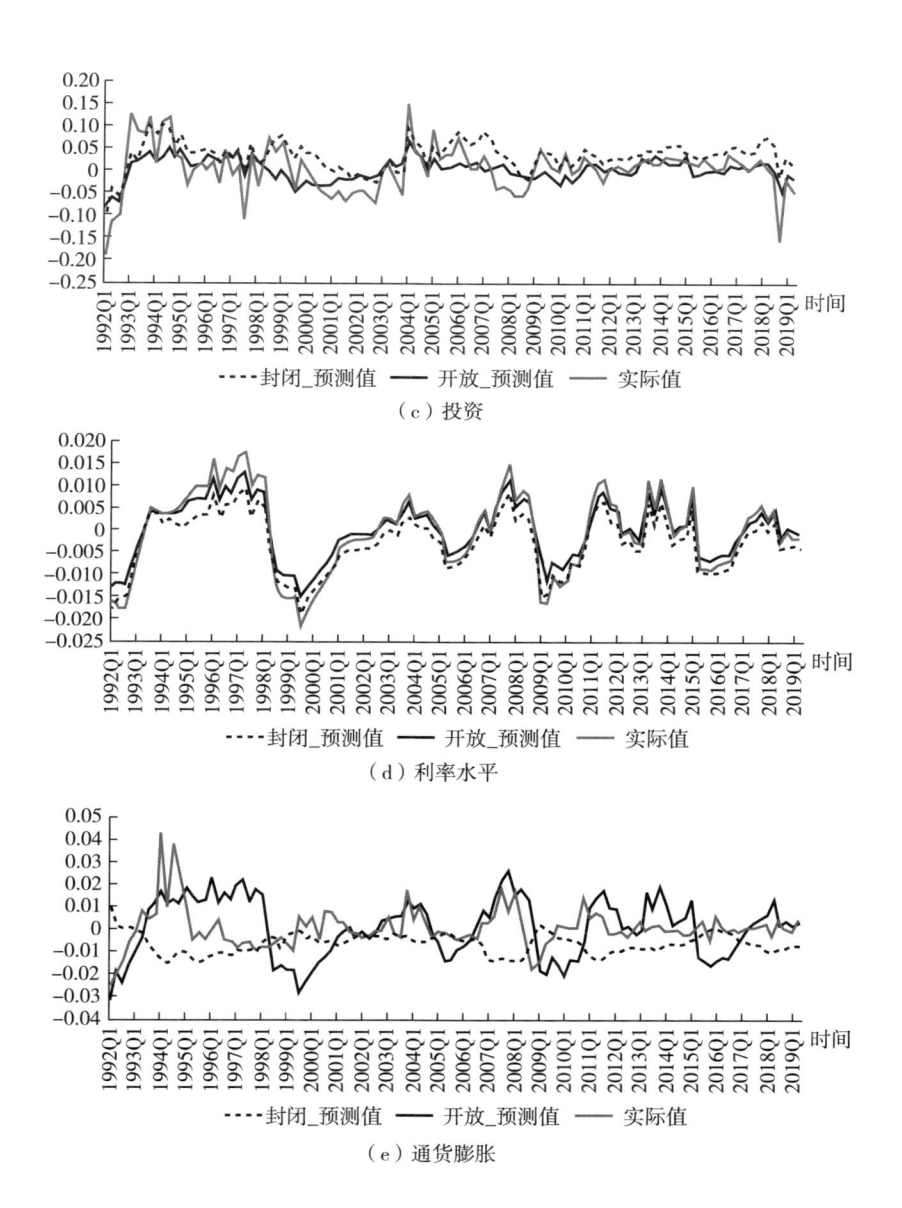

(d) 利率水平

(e) 通货膨胀

图 5.2 提前一期预期值与宏观变量实际值的差异（续）

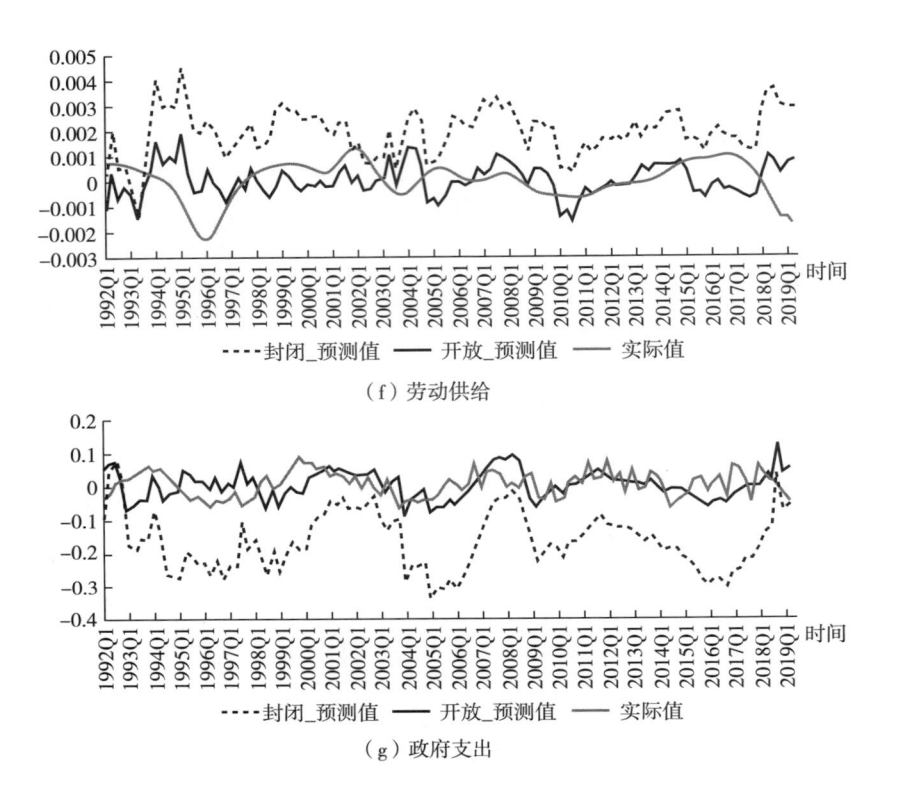

126 | 加速的经济周期：宏观政策选择和金融加速器效应

（f）劳动供给

（g）政府支出

图 5.2　提前一期预期值与宏观变量实际值的差异（续）

分析图 5.2 的结果可知以下结论：首先，开放经济环境下的模型与封闭经济下的模型相似，能够较好地预测实际经济数据的波动情况，尤其在产出、消费、投资、利率水平方面，实际经济数据的波动趋势与开放经济模型的预测值基本一致。其次，虽然开放经济模型对通货膨胀、劳动供给、政府支出的预测值与实际宏观经济数据的波动节奏有所差异，但是基本能够描述出实际宏观变量的波峰和波谷，因此仍具有较强的拟合性。最后，进一步分析可知，与封闭经济环境下的模型相比，开放经济环境下的模型对实际宏观经济数据的预测精度更高，预测偏差更小，对大部分宏观经济变量的预测值均优于封闭经济环境下的模型。综上所述，构建开放经济环境下的模型能够更好地拟合实际宏观数据的变化，更加真实地模拟外生冲击发生后，不同宏观经济变量的整体变化趋势，即对实际中宏观经济波动趋势的还原性更强。因此，本章此处重新构建开放经济环境下的模型具有一定的必要性，这不但能够更好地模拟在金融加速器机制下，不同宏观政策对宏观经济的调控作用，而且能够为前文所得结论提供进一步的稳健性检验。

第五节　模型的方差分解

在正式进行货币政策和财政政策宏观经济调控效果分析之前，为了大致了解在金融加速器机制下，货币政策和财政政策对主要宏观经济变量的解释能力，并检验开放经济环境下不同宏观政策的作用差异，对比开放经济环境下货币政策和财政政策与封闭经济环境下的异同点，进而探寻不同宏观政策对经济调控的内在规律。因此，本章此处先对开放经济环境下的宏观 DSGE 模型进行方差分解分析，具体结果如表 5.2 所示。

表 5.2　　　　　　　　不同外生冲击下的方差分解结果

变量	货币政策冲击	劳动所得税冲击	资本所得税冲击	政府支出冲击	价格冲击	投资效率冲击	技术冲击
产出	34.19	17.12	9.83	36.02	1.09	0.78	0.97
消费	31.20	16.87	10.75	35.86	0.08	2.07	3.17
投资	30.90	19.89	11.32	32.75	0.14	1.46	3.54
劳动供给	10.94	26.08	13.59	45.57	0.27	1.51	2.04
利率	38.57	24.01	4.03	30.28	0.06	0.95	2.10
通货膨胀	30.54	9.43	6.35	20.56	22.67	0.66	9.79
政府支出	14.45	16.48	13.83	52.38	0.15	0.97	1.74
资本价值	26.39	26.85	11.30	29.23	0.09	2.37	3.77
净资产	24.52	27.88	10.77	32.78	0.49	2.69	0.87
出口	24.87	23.49	6.31	28.42	5.03	2.96	8.92

表 5.2 的结果表明，首先，对宏观经济变量的波动而言，货币政策

冲击和政府支出冲击是影响这些变量变化的主要动因。两者对相关宏观变量波动的累积解释程度均在50%以上，例如，两个冲击能够累积解释产出70.21%的变化、消费67.06%的变化、投资63.65%的变化、政府支出66.83%的变化和出口53.29%的变化，远超其他外生冲击带来的解释力度。这表明，在开放经济环境下，货币政策和以政府支出为主的财政政策仍是调控经济运行的两大重要手段。其次，观察三种不同类型的财政政策可知，对于不同宏观经济变量波动的解释力度，政府支出冲击的解释程度最高，劳动所得税冲击的解释程度次之，资本所得税冲击的解释程度最低。这表明，政府支出作为财政政策支出的主要手段，相比于其他财政政策方式，对宏观经济调控的作用更强。最后，对比货币政策和包含政府支出、劳动所得税、资本所得税的财政政策可知，在解释相关宏观经济变量的波动方面，三种财政政策冲击的累积解释力度比货币政策冲击的要大，这一点结论与封闭经济环境下的类似。这表明，随着我国市场化进程的逐步推进，现阶段能够直接作用于经济产出的财政政策正发挥着不可忽视的作用，而通过调整利率间接作用于经济运行的货币政策的效果开始不断弱化。[①] 因此，针对货币政策调控有效性的变化，货币当局应该及时改变相应的货币政策规则，甄选适于现阶段经济变化规律的货币中介目标，从而提高货币政策的传导效率，增强货币政策对宏观经济的调整能力。

第六节　基准模型的脉冲响应分析

通过方差分解来洞悉不同外生冲击对宏观经济变量波动的解释力度后，接下来我们将具体考察货币政策冲击和财政政策冲击对主要宏观经济变量的影响，并探究开放经济环境下货币政策冲击和财政政策冲击对宏观经济变量的具体调控路径。为此，我们需要通过脉冲响应分析来模

---

① 林仁文、杨熠：《中国市场化改革与货币政策有效性演变——基于DSGE的模型分析》，《管理世界》2014年第6期。

拟不同宏观政策冲击的具体作用，总结宏观政策冲击对不同宏观经济变量的影响效果，并为现实中政策当局实施宏观政策提供有益的理论参考。因此，下文将通过脉冲响应分析对货币政策和财政政策的影响效果和经济调控作用进行分析，以提取在金融加速器机制下，不同宏观政策对控制宏观经济运行的客观规律。

一　货币政策的基准脉冲响应结果

图 5.3 展示了一单位正向标准差大小的货币政策冲击下，相关宏观经济变量在开放经济环境下的脉冲响应分析。根据结果分析可知，整体上，紧缩的货币政策会使产出、消费、投资、出口等宏观经济变量发生下滑，并随着时间推移逐渐趋于稳态水平，这也体现了紧缩的货币政策发挥着抑制经济发展过热的作用。具体而言，在一单位正向标准差的货币政策冲击下，产出即刻下降 0.728%，并在第 2 期开始逐渐收敛于稳态水平，这表明货币政策对产出的作用时间持续较短；在紧缩性货币政策的作用下，当期消费下降 0.634%，并且货币政策这一作用持续较长时间，直至消费逐渐收敛于稳态水平；在一单位正向标准差的货币政策冲击下，投资当期偏离稳态水平并直接下降 1.039%，并从第 2 期开始逐渐向稳态值逼近；出口在紧缩性货币政策的作用下，当期减少 0.136%，随着时间推移，逐渐趋向于稳态水平，并且货币政策冲击对出口的作用具有明显的过度超调现象；通货膨胀、资本价值、净资产等变量均在当期发生不同程度的削减现象；利率水平在正向货币政策冲击下立刻上升，在第 2 期后收敛于稳态值水平。

在开放经济环境下，紧缩的货币政策冲击不仅能够通过金融加速器机制放大对产出、消费、投资等变量的影响，还将增大对出口规模的消减作用。紧缩性货币政策的具体作用路径可总结为：首先，正向的货币政策冲击立刻提高了经济环境中的基准利率水平。一方面，利率的上升降低了企业的投资热情，减少了企业当期的投资规模，并通过资本价值决定方程使企业资本价值下降，导致净资产发生缩水，提高了银行的"利率加成"能力，使企业面临更高程度的外部融资溢价，并进一步通过金融加速器机制反作用于整个经济产出变化；另一方面，利率的增加改变了家庭当期的消费决策，家庭通过增加当期储蓄来平滑跨期的消费

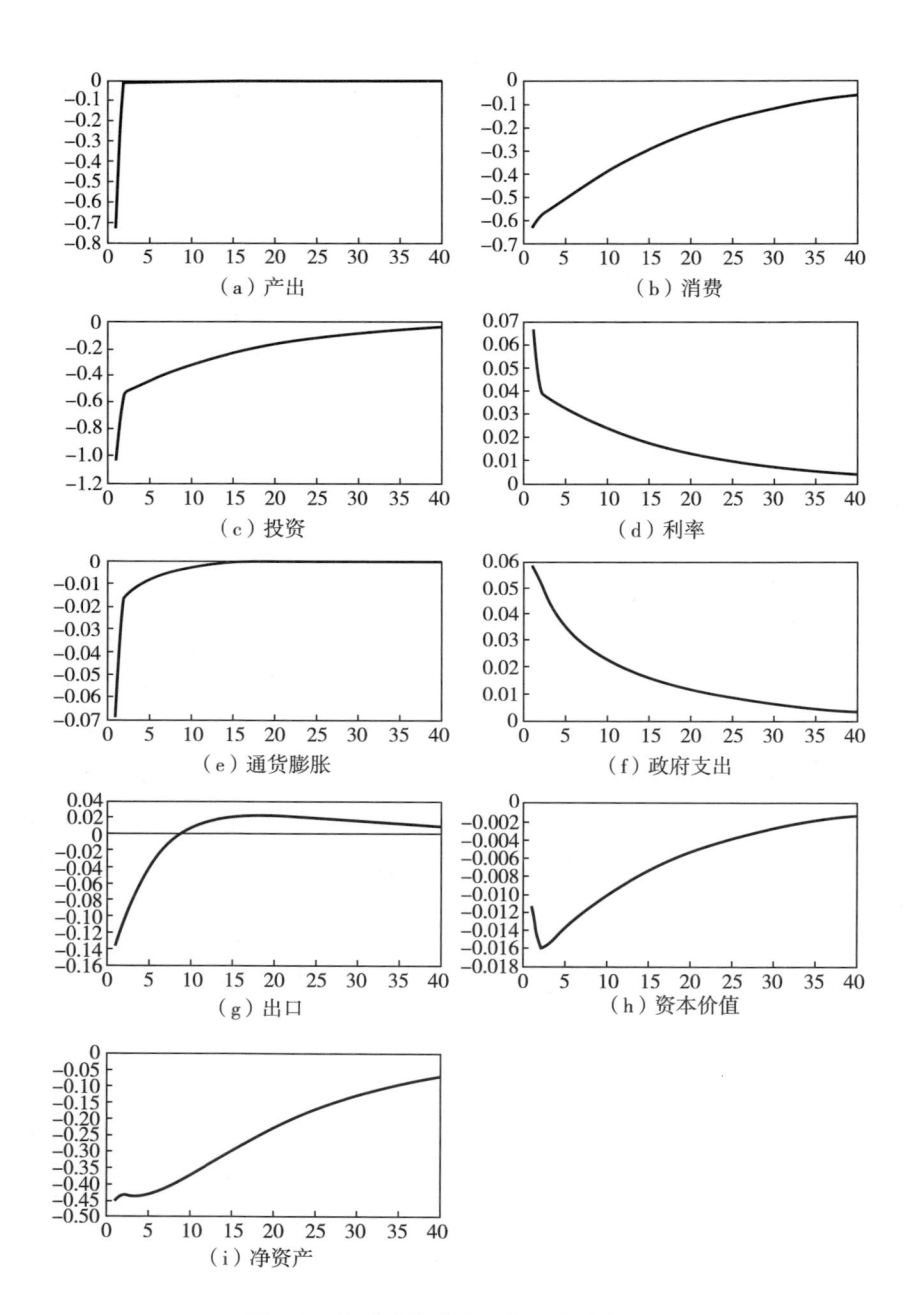

图 5.3 货币政策冲击下的脉冲响应分析

水平，从而降低整个经济体的平均消费水平，促使企业降低预期产出目标，减少生产要素的投入，降低了企业面临的边际成本，提高了企业对产品的定价加成能力。根据本国物价变动引起的新凯恩斯—菲利普斯曲线（NKPC）可知，此时国内企业定价加成能力的提高将减少由国内物价引起的通货膨胀水平，由于国内物价引起的通货膨胀是整个市场通货膨胀水平的组成部分，因此这将降低整个市场的通货膨胀水平。其次，正向货币政策冲击带来的利率提升作用，还将通过非抛补利率平价等式对汇率水平产生影响。具体而言，当期利率水平上升后，即期汇率将升值，这是因为高利率水平吸引更多外资流入，继而在外汇市场上提高对本币的需求，表现为本币对外的升值；汇率升值将降低本国出口部门的出口规模，表现为出口在紧缩性货币政策冲击下发生缩减的现象。最后，由于政府支出具有自动稳定器的特征，因此当紧缩性货币政策带来产出的缩减变化后，政府支出将有所提高。

二 财政政策中资本所得税冲击的基准脉冲响应结果

图 5.4 展示了一单位正向标准差大小的资本所得税冲击下，相关宏观经济变量的脉冲响应分析。根据结果分析可知，在资本所得税冲击下，产出、消费、投资、通货膨胀等变量发生明显的缩减，这表明资本所得税的提高能够抑制宏观经济的过热发展。具体而言，政府部门提高一单位正向标准差大小的资本所得税后，产出当期直接下降 0.0062%，并在第 2 期后逐渐趋向稳态水平；资本所得税冲击下，消费当期减少 0.0040%，投资当期缩减 0.0166%，通货膨胀当期下降 0.0003%，利率水平、资本价值、净资产等变量当期均发生不同比例的缩减，并伴随着过度超调的现象，在第 2 期开始逐渐趋于新的稳态水平。

资本所得税冲击在开放经济环境下，通过直接影响企业边际资本收益和间接影响汇率来作用于企业的净资产，进而通过金融加速器机制来对整个宏观经济造成影响。总的来说，一方面，当政府部门增加企业资本所得税后，企业的边际资本收益直接下降，进而导致企业的净资产规模发生缩减，此时由于信息市场存在摩擦，银行信贷资金的"利率加成"幅度上升，企业将面临更高的外部融资溢价，这将通过金融加速器机制对企业投资、社会产出、家庭消费产生负面的影响，同时产出的消

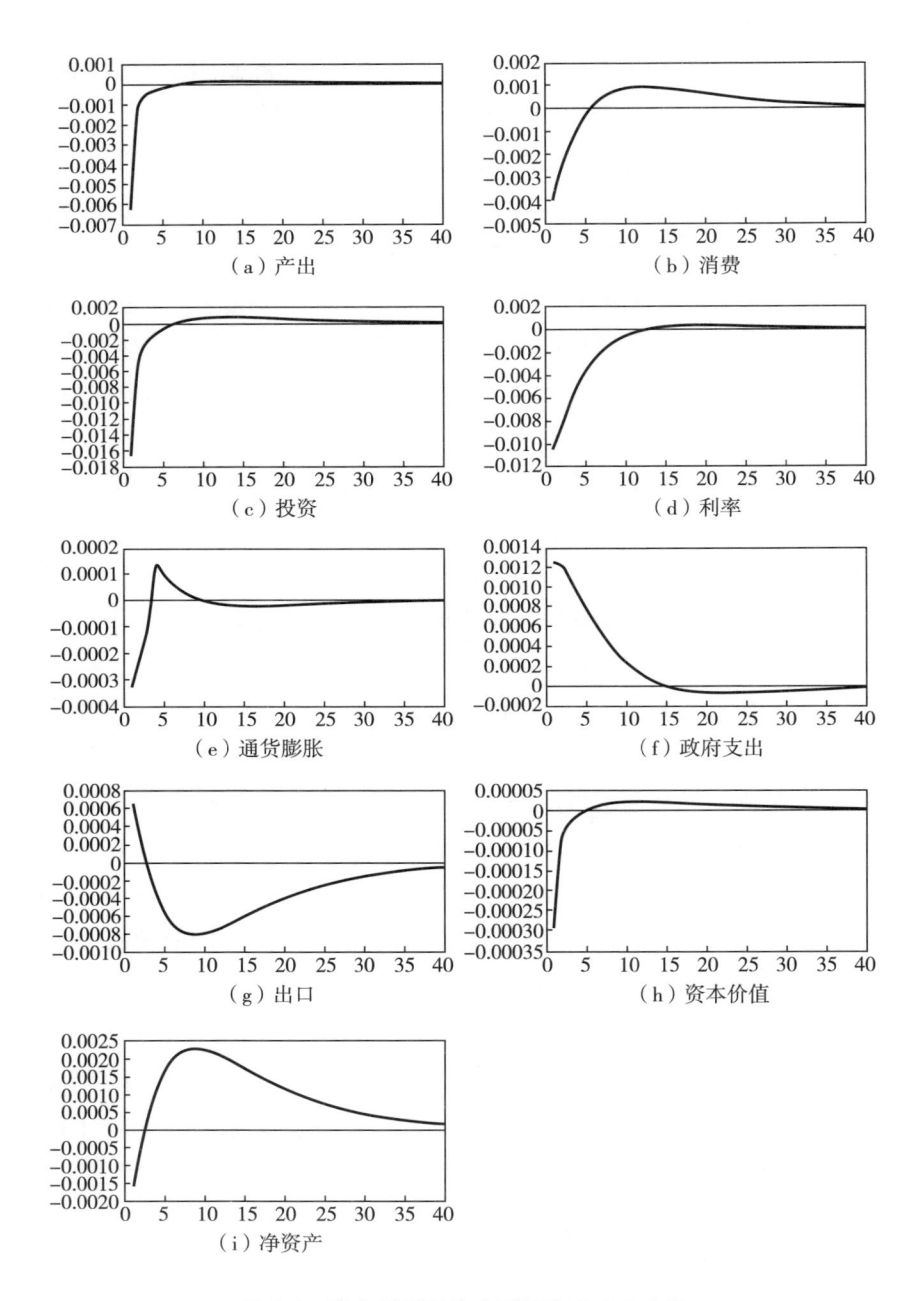

图 5.4 资本所得税冲击下的脉冲响应分析

减带动了具有自动稳定器特征的政府支出的增加。另一方面，资本所得税导致企业产出目标的下降，减少了企业对生产要素的需求，提高了要素的边际产出，降低了企业的边际成本，增加了企业的定价加成能力，降低了由国内物价引起的通货膨胀水平，进而减少了整个市场的通货膨胀水平；中央银行根据泰勒规则对利率水平进行调控，当整个市场通胀水平下降后，中央银行将降低基准利率的水平，此时根据非抛补利率平价等式可知，本国即期汇率将贬值，这将提高本国对外的出口规模，并通过增加企业国外资产的本币价值对企业净资产产生影响。因此，企业净资产的变化取决于两方面的作用，即资本所得税对净资产的消减作用和汇率贬值带来的净资产的提升作用。最终，资本所得税冲击通过金融加速器机制对整个宏观经济的运行产生影响。

三 财政政策中劳动所得税冲击的基准脉冲响应结果

在开放经济环境下，政府部门增加一单位正向标准差大小的劳动所得税后，相关宏观经济变量的脉冲响应分析如图5.5所示。从结果中可以发现，在一单位正向标准差大小的劳动所得税冲击的作用下，当期产出、消费、投资、利率、通货膨胀等宏观经济变量发生下滑。具体而言，正向的劳动所得税使产出当期直接下降0.041%，该作用持续时间较短，并在第2期开始快速收敛于稳态水平；政府增加劳动所得税后，消费当期减少0.056%，并能维持较长时间，从第15期开始逐渐向稳态水平逼近；在投资上，劳动所得税冲击使投资直接下降0.128%，并在第10期开始向稳态水平收敛，这一作用存在明显的过度超调现象。其他宏观经济变量在劳动所得税的冲击下，大部分发生缩减。这也表明劳动所得税作为财政政策的一种手段，对调整经济运行过热具有一定的效果。

在开放宏观经济环境下，劳动所得税能够影响家庭行为决策并间接通过金融加速器机制对整个宏观经济变化产生影响。具体地，首先，劳动所得税的上升能够直接降低家庭的实际收入水平，家庭实际收入下降后，相应的消费水平将发生收缩，造成整个经济体的产品需求发生下降，产品需求面的下降进一步导致企业降低最优的生产目标，减少对劳动要素和资本要素的需求，缩减企业的投资规模，通过资本价值决定方

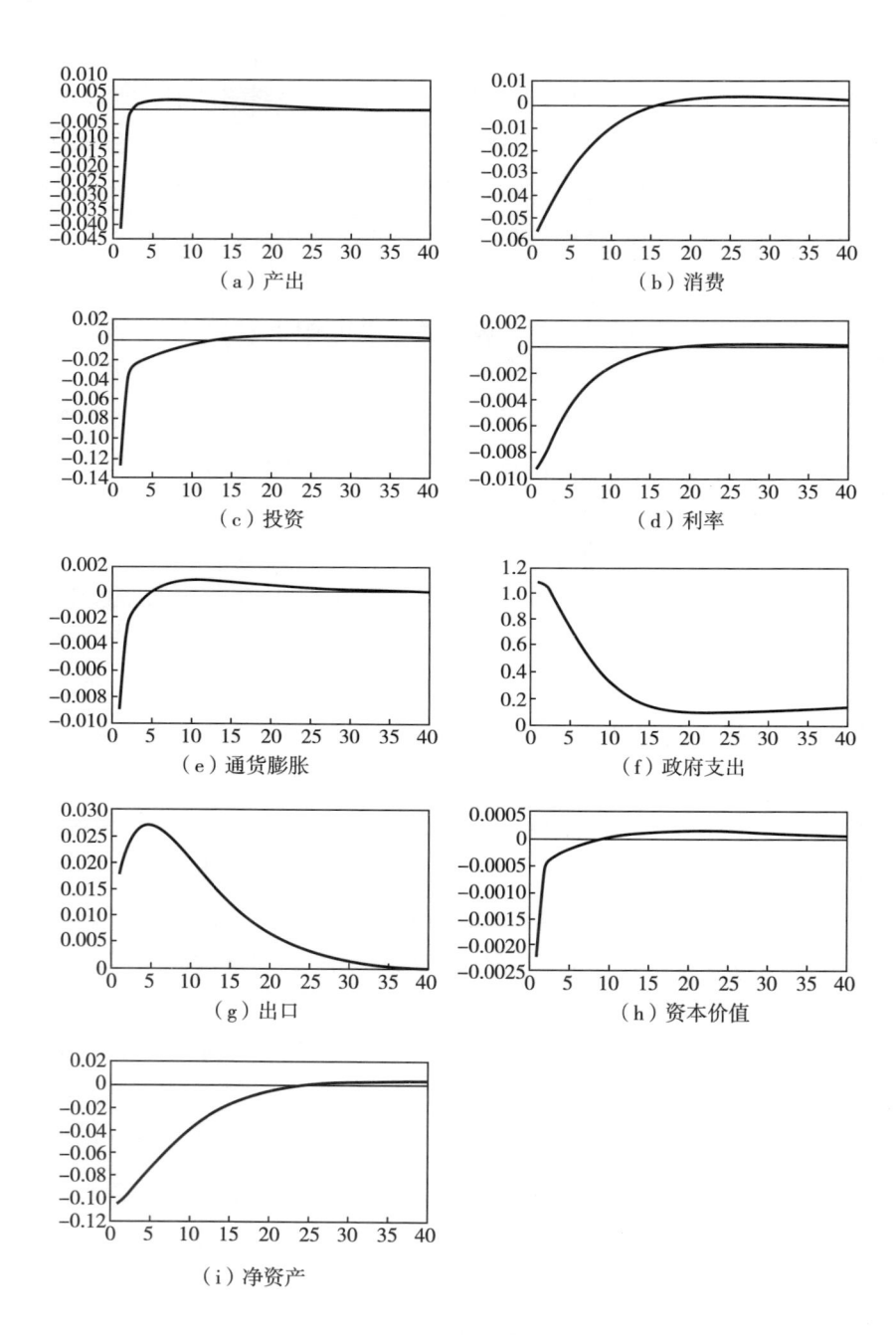

图 5.5 劳动所得税冲击下的脉冲响应分析

程降低了资本的价格，使企业净资产发生缩水，这提高了企业面临的外部融资溢价水平，最终通过金融加速器机制反作用于总产出。其次，企业要素投入水平下降后，根据科布—道格拉斯生产函数可知，要素的边际产出水平上升，对应的边际成本下降，此时企业面临更低的边际成本，边际成本的下降提高了企业对产品的定价加成能力，并通过国内新凯恩斯—菲利普斯曲线（NKPC）来降低通货膨胀水平，最终抑制了整个市场的通货膨胀水平的增长，这将致使中央银行根据泰勒规则调低市场上的利率水平；此外，根据非抛补利率平价理论可知，市场上利率贴水将使得本币当期对外贬值，从而反映为出口规模的上升。最后，由于市场产出水平发生消减，政府部门将根据财政政策自动稳定器的特征，进一步提高当期的政府支出水平。

四 财政政策中政府支出冲击的基准脉冲响应结果

一单位正向标准差大小的政府支出冲击下，产出、消费、投资、利率、通货膨胀等宏观经济变量将发生不同程度的变化，具体的脉冲响应分析如图 5.6 所示。根据图 5.6 的结果可以发现，政府支出作为主要的财政政策手段，能够迅速提高产出水平，降低宏观经济波动。具体地，当政府对外增加一单位正向标准差大小的政府支出时，产出当期上升 0.010%，这一作用效果具有较长的持续时间，直至产出逐渐恢复至稳态水平；在一单位正向标准差的政府支出冲击下，消费水平当期减少 0.063%，投资当期下降 0.372%，并且在冲击发生后，上述变量逐渐向原有稳态水平收敛。这表明在开放经济环境下，政府支出对消费和投资仍具有较为明显的挤出效应。[1] 此外，在正向的政府支出冲击下，资本价值、净资产、出口均发生了明显的缩减，利率和通货膨胀得到了进一步提升，并且这些宏观经济变量随着时间的推移，逐渐收敛于原有的稳态水平。

---

[1] Tervala J., "Fiscal Policy and Direct Crowding-out in a Small Open Economy", *International Economics and Economic Policy*, Vol. 5, No. 3, 2008, pp. 255–268.

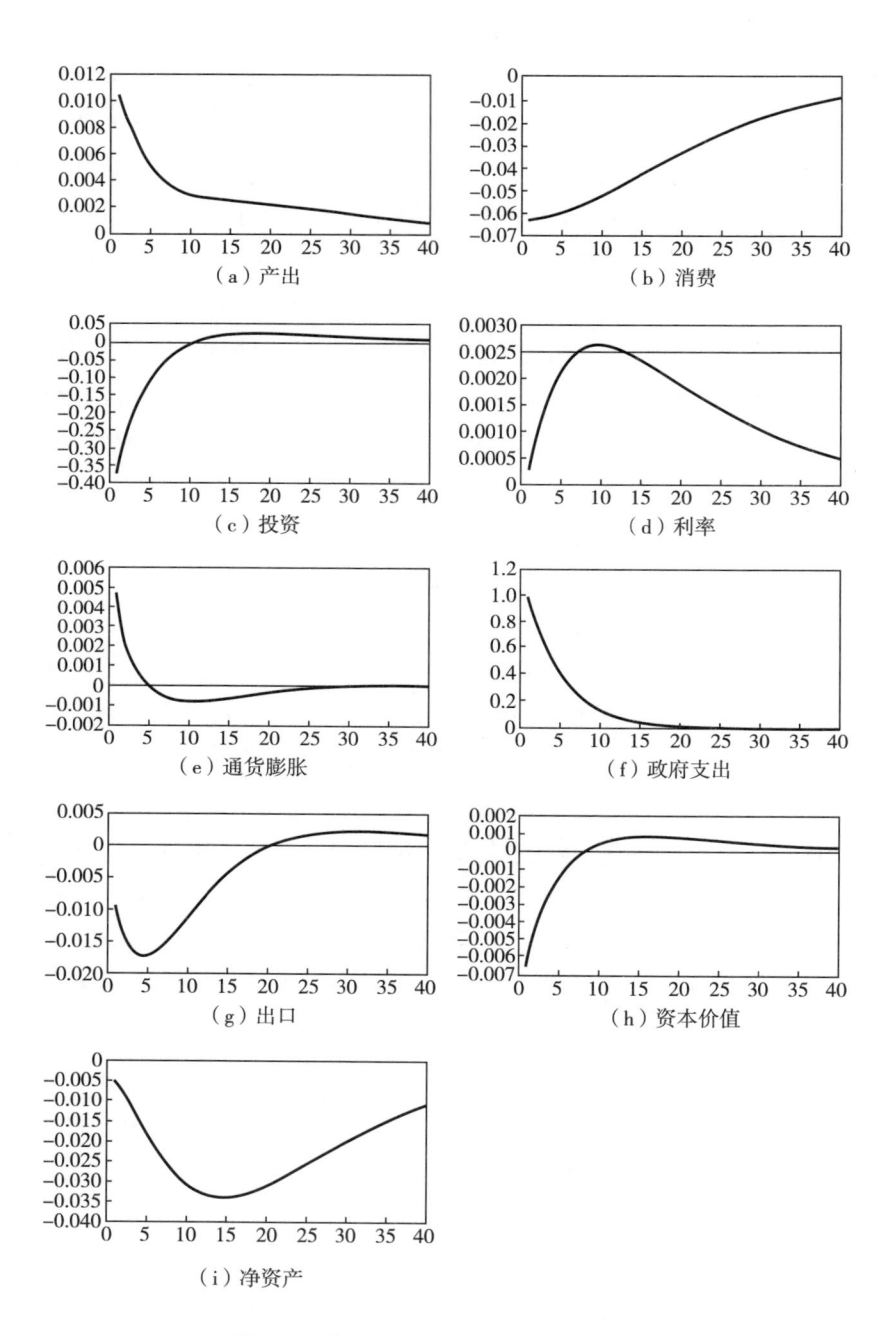

136 | 加速的经济周期：宏观政策选择和金融加速器效应

图 5.6 政府支出冲击下的脉冲响应分析

不可否定，政府支出在开放经济环境下对不同宏观经济变量具有较强的调控能力，并且能够通过金融加速器机制进一步扩大对实体经济的影响。总而言之，首先，政府部门对外增加政府支出后，产出短时间内快速增长，但由于存在挤出效应，降低了家庭消费和企业投资，这表明开放宏观经济下政府支出的挤出作用依然存在；同时，随着投资规模的下降，根据资本价值决定方程可知，资本的价值将发生缩水，并进一步减少了企业的净资产，使银行信贷资金的"利率加成"能力上升，提高了企业面临的外部融资溢价程度，这将通过金融加速器机制螺旋式作用于整个宏观经济环境。其次，政府支出增加了新的市场岗位，提高了企业对劳动力要素的需求，增加了对应岗位的劳动报酬，进而扩大了家庭的劳动供给；同时，随着企业劳动力要素投入的增加，企业面临更低的劳动边际产出和更高的劳动边际成本，因此企业对产品的定价加成能力更弱。此时，根据国内物价引起的新凯恩斯—菲利普斯曲线（NK-PC）可知，国内物价导致的通货膨胀将有所上升，进而整个市场的通货膨胀水平将更高，这表明正向的政府支出将导致成本推动型通货膨胀。最后，中央银行将根据泰勒规则上调市场的基准利率水平，根据非抛补利率平价等式可知，市场上利率水平的上升将降低即期汇率的数值，在直接标价法下意味着本币对外升值，因此出口部门的出口规模将发生缩减。

第七节　不同金融加速器强度下的脉冲响应分析

上一节内容对货币政策和财政政策在金融加速器机制下的宏观调控作用进行了较为详细的分析，探究了在开放经济环境下，金融加速器机制如何放大货币政策冲击、资本所得税冲击、劳动所得税冲击和政府支出冲击对宏观经济的影响，并深入剖析了货币政策和财政政策作用于实体经济的具体路径。然而，行文至此还未分析不同金融加速器强度对货币政策和财政政策的宏观调控作用的异质性，基于前文封闭经济环境下的宏观政策分析可知，金融加速器强度的差异会带来宏观政策不同的调控效果，这也促使我们验证以下两个问题。首先，在开放经济环境下，金融加速器强度对货币政策和财政政策的异质性作用是否仍然存在？其次，金融加速器强度的增强是否增进了不同宏观政策对经济波动的调控能力？对这些问题的分析将有助于我们更好地洞悉金融加速器强度与货币政策、财政政策宏观调控效果之间的关系。据此，本节在原有开放宏观经济的 DSGE 模型基础上，通过改变模型中金融加速器强度大小，来讨论货币政策和财政政策对主要宏观经济变量作用的异质性结果。具体而言，在原有的研究基础上，本章区分了不同强度的金融加速器作用，以本章基准模型中金融加速器强度（$u=0.0627$）为适中强度，将金融加速器强度主要分为以下三类：第一类，无金融加速器强度（$u=0$）；第二类，适中金融加速器强度（$u=0.0627$）；第三类，高金融加速器强度（$u=0.08$）。这一分类范围符合梅冬州和龚六堂[①]对于金融加速器强度位于 0—0.1 之间的设定，也与前文封闭经济环境下的分析思路保持一致。最后，在上述设定方法下，本章模拟了三种金融加速器强度下货币政策和财政政策对主要宏观经济变量的脉冲响应，并总结不同金融加速器强度下宏观政策实施效果的事实性规律。

一 金融加速器强度对货币政策调控作用的异质性分析

首先，本章对货币政策在不同金融加速器强度下的宏观调控作用展开分析。在开放经济环境下，货币政策通过作用于利率和汇率水平，间接影响企业净资产的变化，并经由金融加速器机制放大对整个实体经济的影响，当金融加速器强度增大时，理论上货币政策这一作用将更为显著。为验证这一推论，本章汇报了三种不同金融加速器强度下的货币政策冲击对产出、消费、投资、通货膨胀、出口的脉冲响应分析结果，具体结果如图 5.7 所示。

从图 5.7 的结果可以发现，在开放经济环境下，施加一单位正向标准差大小的货币政策冲击后，不同金融加速器强度对货币政策调控效果

---

① 梅冬州、龚六堂：《新兴市场经济国家的汇率制度选择》，《经济研究》2011 年第 11 期。

（a）产出

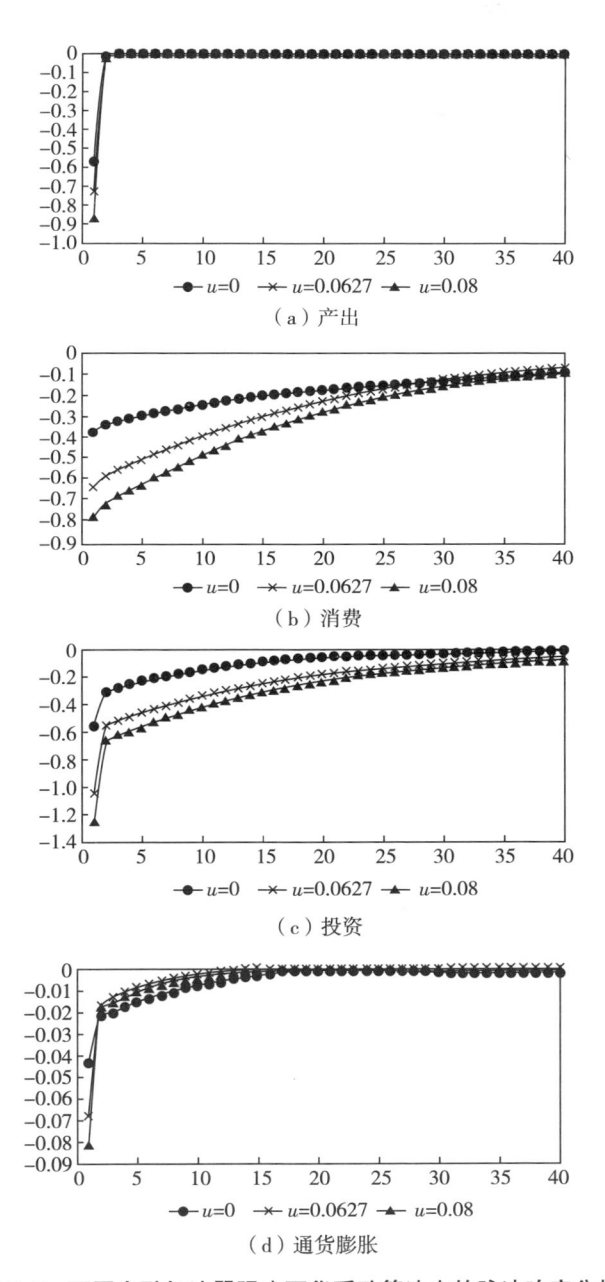

（b）消费

（c）投资

（d）通货膨胀

图 5.7　不同金融加速器强度下货币政策冲击的脉冲响应分析

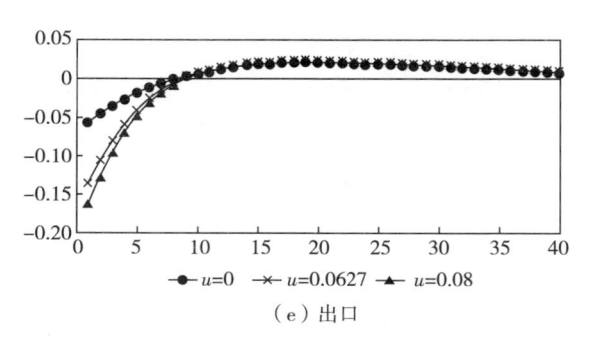

```
    0.05
       0
   -0.05
   -0.10
   -0.15
   -0.20
        0    5    10   15   20   25   30   35   40
           ●— u=0    ✳— u=0.0627   ▲— u=0.08
```

(e)出口

图 5.7　不同金融加速器强度下货币政策冲击的脉冲响应分析（续）

的影响存在差异性。具体而言，在产出方面，一单位正向标准差的货币政策冲击下，当不存在金融加速器强度（$u=0$）时，产出当期直接下降 0.582%；当金融加速器强度适中（$u=0.0627$）时，产出下降 0.728%；当金融加速器强度较高（$u=0.08$）时，产出立刻下降 0.875%。从中可见，在金融加速器强度增强后，紧缩性的货币政策冲击对产出的抑制作用在不断上升，并且货币政策这一效果具有较短的持续时间，随着时间推移逐渐收敛于稳态水平。

在消费方面，一单位正向标准差的货币政策冲击下，当不存在金融加速器强度（$u=0$）时，消费当期直接下降 0.369%；当金融加速器强度适中（$u=0.0627$）时，消费下降 0.634%%；当金融加速器强度较高（$u=0.08$）时，消费立刻下降 0.776%。这一结果表明，金融加速器强度的提高将加强正向货币政策冲击对消费的消减作用，并且消费受该作用的持续时间较长，直至消费收敛于稳态水平。

在投资方面，一单位正向标准差的货币政策冲击下，当不存在金融加速器强度（$u=0$）时，投资当期直接下降 0.551%；当金融加速器强度适中（$u=0.0627$）时，投资下降 1.039%；当金融加速器强度较高（$u=0.08$）时，投资立刻下降 1.236%。上述结果意味着，随着金融加速器强度的增强，正向的货币政策冲击能够更大程度降低企业的投资规模，在冲击发生后，投资逐渐向稳态水平逼近。

在通货膨胀方面，一单位正向标准差的货币政策冲击下，当不存在金融加速器强度（$u=0$）时，通货膨胀当期直接下降 0.044%；当金融加速器强度适中（$u=0.0627$）时，通货膨胀下降 0.068%；当金融加速器强度较高（$u=0.08$）时，通货膨胀立刻下降 0.081%。由此可知，金融加速器强度与货币政策对通货膨胀的抑制作用之间存在着显著的正相关关系，随着金融加速器强度的增加，货币政策对通货膨胀的抑制作用随之增大。

在出口方面，一单位正向标准差的货币政策冲击下，当不存在金融加速器强度（$u=0$）时，出口当期直接下降 0.057%；当金融加速器强度适中（$u=0.0627$）时，出口下降 0.136%；当金融加速器强度较高（$u=0.08$）时，出口立刻下降 0.163%。上述结果显示，金融加速器强度越大，货币政策对出口的消减作用越强，并且货币政策带来的出口消减作用存在着明显的过度超调现象，随着货币政策冲击时间的向后推移，出口向稳态水平缓慢收敛。

综上所述，金融加速器强度增强后，货币政策冲击对主要宏观变量的抑制作用不断增强，这也验证了本节的推论，即金融加速器强度与货币政策调控效果之间存在着正相关关系。原因在于两方面：在开放经济环境下，一方面，正向的货币政策冲击直接提高了市场上基准的利率水平，这增加了企业的融资成本和家庭的储蓄规模，进而降低了投资和消费的水平，最终对产出带来负面的冲击；同时，根据资本价值决定方程可知，企业投资水平的下降将导致资本价值发生下滑，进一步造成企业净资产的缩水，这一过程体现了货币政策冲击带来的资产负债表效应，由于信贷市场存在摩擦，银行信贷资金的"利率加成"水平将有所提高，这进一步增加了企业面临的外部融资溢价程度，并随着金融加速器强度的逐渐增强，对产出水平带来更大程度的反作用力，致使货币政策冲击产生更大的调控作用。另一方面，利率水平的上升将通过非抛补利率平价等式来降低汇率的数值，在直接标价法下，表明本币对外升值，这不但降低了出口部门的现有出口水平，而且减少了企业持有外币资产的本币价值，导致企业净资产总额发生进一步下降，这将通过金融加速器机制放大紧缩性货币政策对实体经济产生的影响。因此，在开放经济环境下，货币政策冲击能够通过影响利率和汇率水平，来实现金融加速器机制带来的货币政策放大效应。

二 金融加速器强度对资本所得税冲击的异质性分析

在开放经济环境下，汇率因素是资本所得税通过金融加速器机制对实体经济带来影响的另一渠道，这与封闭经济环境下的作用渠道有着明显的差异。由于在模型中加入资本所得税后，税率因素能够直接影响企业的预期边际收益，降低了企业的资产净值，这将直接影响金融加速器机制的运行；同时，资本所得税冲击还将通过影响企业生产端的因素，改变经济环境中的通货膨胀水平，进而影响中央银行对外的基准利率，最终通过汇率变化对企业净资产造成进一步影响，因此金融加速器带来的影响取决于这两方面的作用。为了进一步探究金融加速器强度变化下，资本所得税冲击对主要宏观经济变量的影响，本章汇报了三种金融加速器强度下的脉冲响应分析结果，具体如图 5.8 所示。

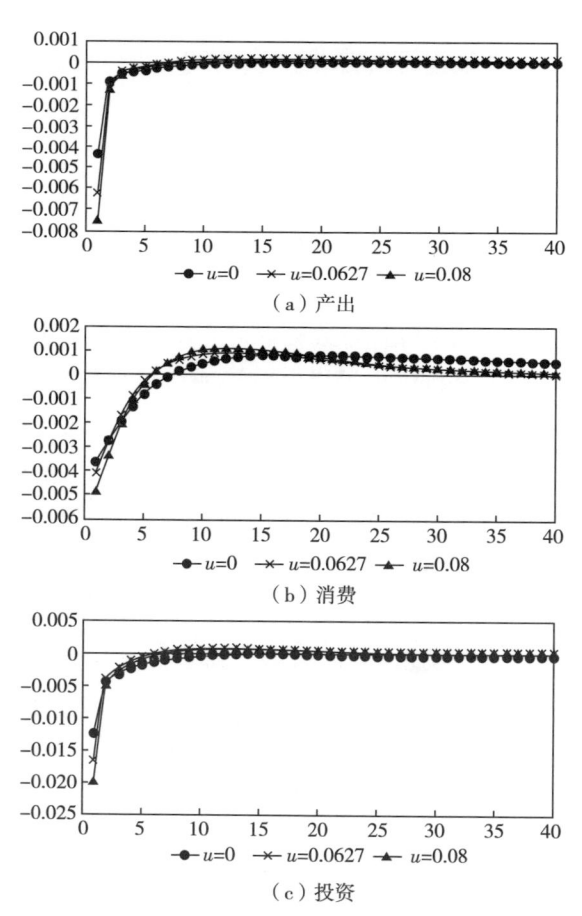

图 5.8　不同金融加速器强度下资本所得税冲击的脉冲响应分析

(d) 通货膨胀

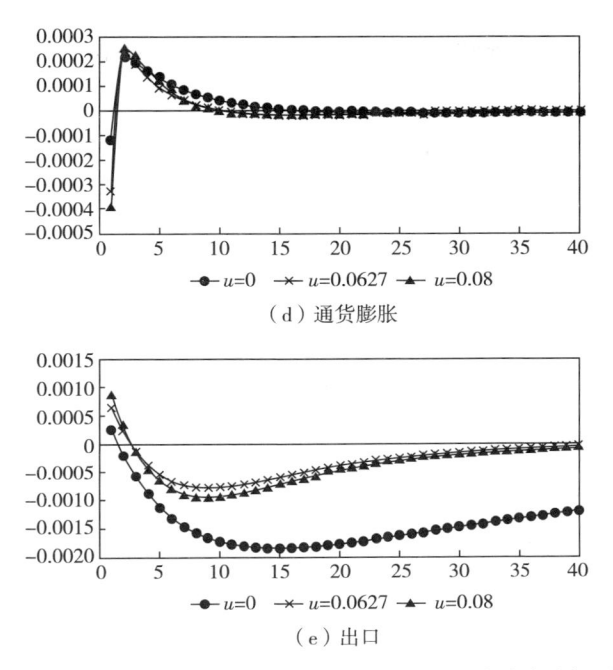

(e) 出口

图 5.8 不同金融加速器强度下资本所得税冲击的脉冲响应分析（续）

从图 5.8 的结果可以发现，在施加一单位正向标准差大小的资本所得税冲击后，不同金融加速器强度对资本所得税政策的宏观经济调控效果存在差异性。具体而言，在产出方面，当不存在金融加速器强度（$u=0$）时，一单位正向标准差的资本所得税冲击下，产出当期直接下降 0.0044%；当金融加速器强度适中（$u=0.0627$）时，一单位正向标准差的资本所得税冲击能够使产出下降 0.0062%；当金融加速器强度较高（$u=0.08$）时，一单位正向标准差的资本所得税冲击使产出立刻下降 0.0074%。因此，金融加速器强度增强后，政府部门施加的资本所得税冲击能够对产出带来更大范围的消减作用，该作用存在着明显的过度超调现象，并在第 7 期开始逐渐向原有的稳态水平趋近。

在消费方面，当不存在金融加速器强度（$u=0$）时，一单位正向标准差的资本所得税冲击下，消费当期直接下降 0.0037%；当金融加速器强度适中（$u=0.0627$）时，一单位正向标准差的资本所得税冲击能够使消费下降 0.0040%；当金融加速器强度较高（$u=0.08$）时，一单位正向标准差的资本所得税冲击使得消费立刻下降 0.0048%。由此可见，随着金融加速器强度的增加，正向的资本所得税冲击对消费水平的抑制作用更大，这表现为在更大的金融加速器强度下，资本所得税冲击使消费下降的程度更大，并且这一作用存在过度超调的现象，随着时间的推移，消费逐渐收敛于新的稳态水平。

在投资方面，当不存在金融加速器强度（$u=0$）时，一单位正向标准差的资本所得税冲击下，投资当期直接下降 0.0124%；当金融加速器强度适中（$u=0.0627$）时，一单位正向标准差的资本所得税冲击能够使投资下降 0.0166%；当金融加速器强度较高（$u=0.08$）时，一单位正向标准差的资本所得税冲击使得投资立刻下降 0.0198%。该结果表明，资本所得税冲击对投资的作用与产出的结果类似，随着金融加速器强度的增加，资本所得税冲击能够导致投资发生更大范围的缩减，脉冲结果亦具有过度超调的现象，且随着冲击时间的向后推移，投资水平逐渐向稳态值收敛。

在通货膨胀方面，当不存在金融加速器强度（$u=0$）时，一单位正向标准差的资本所得税冲击下，通货膨胀当期直接下降 0.0001%；当金融加速器强度适中（$u=0.0627$）时，一单位正向标准差的资本所得税冲击能够使通货膨胀下降 0.0003%；当金融加速器强度较高（$u=0.08$）时，一单位正向标准差的资本所得税冲击使得通货膨胀立刻下降 0.0004%。上述结果表明，整体上正向的资本所得税对当期通货膨胀具有一定的抑制作用；同时，随着金融加速器强度的增大，资本所得税冲击带来的通货紧缩现象在逐步提高，并且这一作用的结果与戴金平和陈汉鹏[1]的发现类似，即存在着"驼峰式"的过度超调现象，持续时间偏短，随着时间流逝逐渐向稳态水平趋近。

在出口方面，当不存在金融加速器强度（$u=0$）时，一单位正向标准差的资本所得税冲击下，出口当期直接上升 0.0002%；当金融加速器强度适中（$u=0.0627$）时，一单位正向标准差的资本所得税冲击能够

---

[1] 戴金平、陈汉鹏：《中国利率市场化中基准利率的选择——Shibor 作为基准利率的可行性研究》，《财经科学》2013 年第 10 期。

使出口增加 0.0007%；当金融加速器强度较高（$u=0.08$）时，一单位正向标准差的资本所得税冲击使得出口立刻上升 0.0009%。据此可知，在金融加速器强度不断增强后，正向的资本所得税冲击将带来更大程度的出口促进作用，这一作用存在"倒驼峰式"的过度超调现象，持续时间较长，随着时间向后推移，出口水平逐渐向稳态值进行收敛。

概而论之，在开放经济环境下，随着金融加速器强度的增加，资本所得税冲击对主要宏观经济变量的作用逐渐提升，资本所得税冲击通过金融加速器机制带来的影响可以概括为以下路径。首先，资本所得税提高后，企业的资本边际收益水平直接下降，导致企业净资产水平发生缩水，在更高的金融加速器强度下，银行对外的"利率加成"水平更大，企业面临着更高的外部融资溢价程度，从而导致资本所得税对产出、消费、投资等宏观经济变量造成更大程度的抑制作用。其次，通货膨胀水平下降后，中央银行将根据泰勒规则降低基准的利率水平，进而提高企业现有的投资规模，并在一定程度上抵消负面冲击下金融加速器带来的放大作用。最后，基准利率水平的下降进一步通过非抛补利率平价对汇率产生影响，使得本币对外贬值，进而加大了经济体的出口规模，带动了出口的增长；同时，本币对外贬值将提高企业持有外币资产的本币价值，这将增加企业的净资产总额，一定程度上抵消了资本所得税冲击通过金融加速器机制带来的负面作用。

三 金融加速器强度对劳动所得税冲击的异质性分析

劳动所得税作为政府部门财政政策的重要组成部分，近年来对实体经济的调控作用有了明显的增长[①]，这为研究金融加速器机制下劳动所得税冲击对宏观经济变化的影响提供了现实基础，劳动所得税的变化将直接影响居民的实际收入水平，进而通过一系列的作用对产出、投资、利率和通货膨胀等因素产生影响。此外，金融加速器强度的变化将改变外部冲击对实体经济潜在的影响，金融加速器强度增大后，信

---

① 蔡宏波、王俊海：《所得税与中国宏观经济波动——基于动态随机一般均衡模型的拓展研究》，《经济理论与经济管理》2011 年第 11 期。

贷市场摩擦造成的企业外部融资溢价程度将更高，这也将影响劳动所得税冲击对不同宏观经济变量带来的作用，为了进一步分析金融加速器强度和劳动所得税宏观调控作用之间的关系，本章汇报了三种金融加速器强度下劳动所得税冲击的脉冲响应分析图，具体结果如图 5.9 所示。

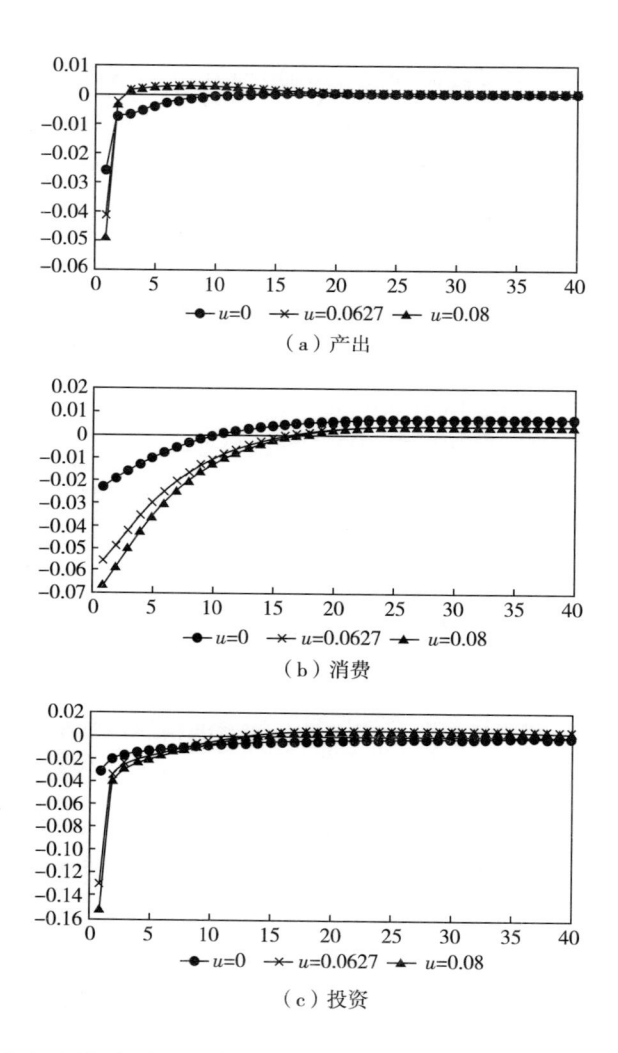

图 5.9　不同金融加速器强度下劳动所得税冲击的脉冲响应分析

(d) 通货膨胀

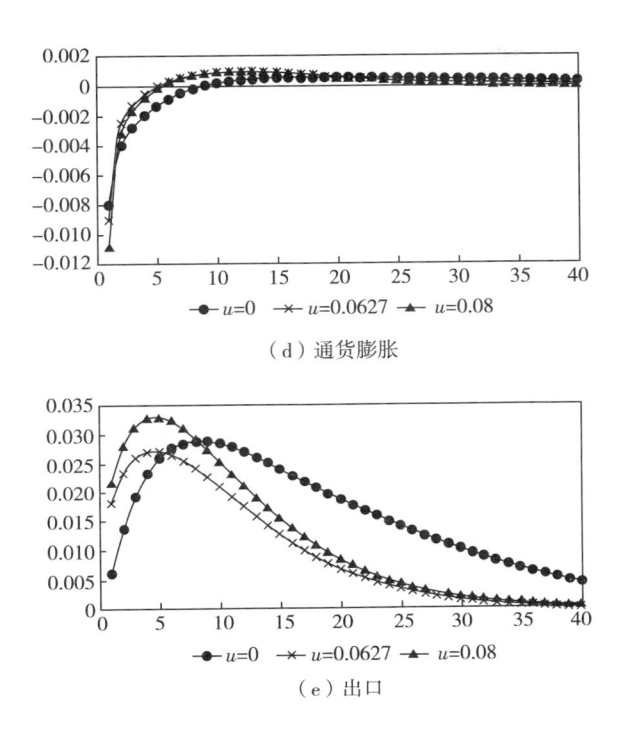

(e) 出口

图5.9　不同金融加速器强度下劳动所得税冲击的脉冲响应分析（续）

从图5.9的结果可以发现，在施加一单位正向标准差大小的劳动所得税冲击后，不同金融加速器强度对劳动所得税政策的宏观调控效果存在差异性。具体而言，在产出方面，当不存在金融加速器强度（$u=0$）时，一单位正向标准差的劳动所得税冲击下，产出当期直接下降0.026%；当金融加速器强度适中（$u=0.0627$）时，一单位正向标准差的劳动所得税冲击能够使产出下降0.041%；当金融加速器强度较高（$u=0.08$）时，一单位正向标准差的劳动所得税冲击使得产出立刻下降0.049%。由此可见，随着金融加速器强度的增加，劳动所得税冲击对产出的抑制作用逐渐加强，并且这一作用存在一定程度的过度超调现象，随着时间推移逐渐收敛于原有稳态水平。

在消费方面，当不存在金融加速器强度（$u=0$）时，一单位正向标准差的劳动所得税冲击下，消费当期下降0.023%；当金融加速器强度适中（$u=0.0627$）时，一单位正向标准差的劳动所得税冲击能够使消费下降0.056%；当金融加速器强度较高（$u=0.08$）时，一单位正向标准差的劳动所得税冲击使得消费立刻下降0.066%。上述结果表明，随着金融加速器强度的增强，正向劳动所得税冲击将对家庭消费带来更大程度的遏制作用，从冲击持续性来看，劳动所得税由于能够影响家庭的跨期消费决策，因此对消费的作用具有较长的时间，并逐渐收敛于原有的稳态水平。

在投资方面，当不存在金融加速器强度（$u=0$）时，一单位正向标准差的劳动所得税冲击下，投资当期消费下降0.030%；当金融加速器强度适中（$u=0.0627$）时，一单位正向标准差的劳动所得税冲击能够使投资下降0.128%；当金融加速器强度较高（$u=0.08$）时，一单位正向标准差的劳动所得税冲击使得投资立刻下降0.151%。由此可知，随着金融加速器强度的增加，正向的劳动所得税冲击对投资的消极作用逐渐增强，并且存在一定程度过度超调的现象。这意味着金融加速器强度增强后，放大了劳动所得税冲击对投资带来的消减作用，并且这一作用与劳动所得税冲击对消费的情况类似，存在一定程度的过度超调现象。

在通货膨胀方面，当不存在金融加速器强度（$u=0$）时，一单位正向标准差的劳动所得税冲击下，通货膨胀当期下降0.008%；当金融加速器强度适中（$u=0.0627$）时，一单位正向标准差的劳动所得税冲击能够使通货膨胀下降0.009%；当金融加速器强度较高（$u=0.08$）时，一单位正向标准差的劳动所得税冲击使得通货膨胀立刻下降0.011%。上述结果表明，金融加速器强度增加后，劳动所得税冲击能够带来更大程度的通货紧缩现象，这表现为通货膨胀水平随着金融加速器强度的增加而不断下降，并且在冲击发生后，通货膨胀向稳态水平缓慢趋近。

在出口方面，当不存在金融加速器强度（$u=0$）时，一单位正向标准差的劳动所得税冲击下，出口当期直接上升0.006%；当金融加速器强度适中（$u=0.0627$）时，一单位正向标准差的劳动所得税冲击能够使出口水平增加0.018%；当金融加速器强度较高（$u=0.08$）时，一单位正向标准差的劳动所得税冲击使出口立刻上升0.022%。因此，金融加速器强度与劳动所得税税率冲击对出口的影响存在着明显的正相关关系，即随着金融加速器强度增加后，正向的劳动所得税冲击将提高出口部门的出口规模，该作用持续时间较长，并且在劳动所得税冲击发生后，出口逐渐收敛于原有稳态水平。

综上所述，在开放经济环境下，劳动所得税冲击能够通过金融加速器机制对宏观经济变量产生作用，并且随着金融加速器强度的增加，劳动所得税冲击将产生更大幅度的调控作用。原因在于：首先，劳动所得税的提高降低了家庭的实际收入水平，减少了家庭当期的消费，进而导致产品需求发生缩减，这将改变企业最优的产出目标，导致最终产出水平发生缩减，并且通过资产负债表渠道降低了企业的投资规模，同时随着金融加速器强度的提高，对产出带来螺旋式的反作用；随着产出目标的降低，企业要素投入的需求开始下降，这减小了企业的生产边际成本，增加了企业对产品的定价加成能力，最终降低整个市场的通货膨胀水平。其次，当通货膨胀水平下降后，中央银行根据泰勒规则下调市场基准的利率水平，这将通过非抛补利率平价等式对汇率产生影响，使得本币对外贬值，进而提高了出口部门的出口规模。最后，本币汇率的贬值能够对企业国内外资产的价值进行再配置，本币对外贬值增加了企业持有外币资产的本币价值，从而在整体上提高企业的净资产总额，部分抵消了劳动所得税冲击通过金融加速器机制带来的放大作用。

四　金融加速器强度对政府支出冲击的异质性分析

在开放经济环境下，政府支出作为政府部门实施财政政策的主要方式，不仅对宏观经济变量波动具有重要的解释能力，而且政府支出在控制经济运行上发挥着重要的作用，能够迅速稳定产出的增长，并通过影响生产端的因素来改变利率和汇率的数值，最终经由金融加速器机制对宏观经济变量产生作用。当金融加速器强度增强后，政府支出对不同宏观经济变量的作用效果将发生变化，为了探究政府支出冲击在不同金融加速器强度下的具体宏观调控能力，本章汇报了三种不同的金融加速器强度下，政府支出冲击对主要宏观经济变量的脉冲响应分析图，相应结果如图 5.10 所示。

(a) 产出

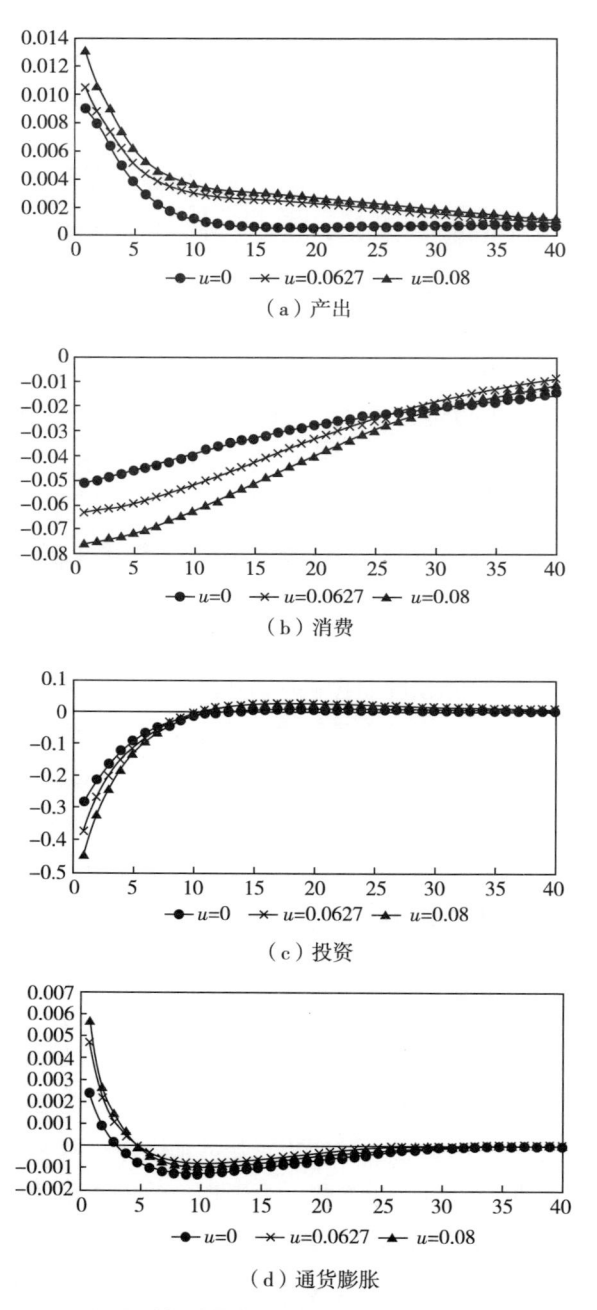

(b) 消费

(c) 投资

(d) 通货膨胀

图 5.10　不同金融加速器强度下政府支出冲击的脉冲响应分析

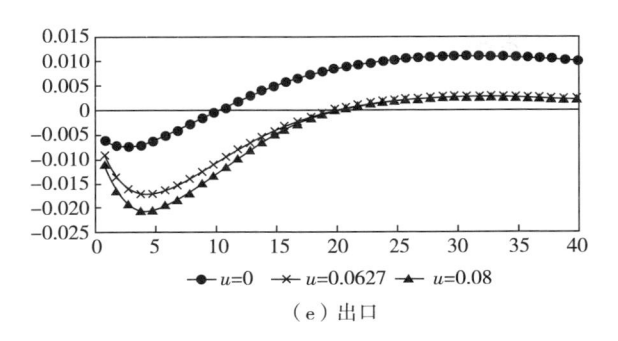

```
 0.015
 0.010
 0.005
     0
-0.005
-0.010
-0.015
-0.020
-0.025
      0    5   10   15   20   25   30   35   40
         ●— u=0   ×— u=0.0627   ▲— u=0.08
                    (e) 出口
```

图 5.10　不同金融加速器强度下政府支出冲击的脉冲响应分析（续）

图 5.10 的结果显示，在施加一单位正向标准差大小的政府支出冲击后，不同金融加速器强度对政府支出冲击带来的宏观经济调控效果存在差异性。具体而言，在产出方面，当不存在金融加速器强度（$u=0$）时，一单位正向标准差的政府支出冲击下，产出当期直接增加 0.009%；当金融加速器强度适中（$u=0.0627$）时，一单位正向标准差的政府支出冲击能够使产出上升 0.010%；当金融加速器强度较高（$u=0.08$）时，一单位正向标准差的政府支出政策使得产出立刻增加 0.013%。上述结果表明，随着金融加速器强度的增加，正向的政府支出冲击对产出的促进作用逐渐增强，这也表明相对于较低程度的金融加速器强度，较高程度的金融加速器强度将放大政府支出冲击带来的宏观经济调控作用。同时，政府支出冲击对产出的促进作用具有较长的持续时间，随着冲击时间向后推移，产出水平逐渐收敛于原有稳态值。

在消费方面，当不存在金融加速器强度（$u=0$）时，一单位正向标准差的政府支出冲击下，消费当期下降 0.051%；当金融加速器强度适中（$u=0.0627$）时，一单位正向标准差的政府支出冲击能够使消费下降 0.063%；当金融加速器强度较高（$u=0.08$）时，一单位正向标准差的政府支出政策使得消费立刻下降 0.076%。由此可知，相比于金融加速器强度较低时，较高的金融加速器强度能够放大政府支出带来的消费挤出作用，即消费水平下降得更多，并且这一作用具有较久的持续时间，随着冲击发生后，消费逐渐向稳态水平逼近。

在投资方面，当不存在金融加速器强度（$u=0$）时，一单位正向标准差的政府支出冲击下,投资当期下降0.287%;当金融加速器强度适中（$u=0.0627$）时,一单位正向标准差的政府支出冲击能够使投资下降0.372%;当金融加速器强度较高（$u=0.08$）时,一单位正向标准差的政府支出政策使得投资立刻下降0.445%。上述结果意味着,金融加速器强度与政府支出对投资的挤出作用存在着显著的正相关关系,当金融加速器强度增加后,政府支出冲击能够带来更大程度的投资消减作用,并且这一作用存在着过度超调的现象,大约在第10期后,投资规模逐渐向稳态水平趋近。

在通货膨胀方面,当不存在金融加速器强度（$u=0$）时,一单位正向标准差的政府支出冲击下,通货膨胀当期增加0.002%;当金融加速器强度适中（$u=0.0627$）时,一单位正向标准差的政府支出冲击能够使通货膨胀上升0.005%;当金融加速器强度较高（$u=0.08$）时,一单位正向标准差的政府支出政策使得通货膨胀立刻增加0.006%。分析上述结果可以得知,相比于金融加速器强度较低时,较高的金融加速器强度能够放大政府冲击对通货膨胀的拉动效应,即政府支出将导致成本推动型通货膨胀,并且政府支出冲击对通货膨胀的作用存在着过度超调的现象,随着时间推移,通货膨胀逐渐向稳态水平收敛。

在出口方面,当不存在金融加速器强度（$u=0$）时,一单位正向标准差的政府支出冲击下,出口当期直接下降0.006%;当金融加速器强度适中（$u=0.0627$）时,一单位正向标准差的政府支出冲击能够使出口下降0.009%;当金融加速器强度较高（$u=0.08$）时,一单位正向标准差的政府支出政策使得出口立刻下降0.011%。相关结果显示,金融加速器强度增强后,正向政府支出冲击对出口的抑制作用更大,这表明政府支出对出口存在一定程度的挤出作用,并且这一作用的持续性较长,随着时间推移,出口缓慢收敛于稳态水平。

总而言之,政府支出在更大的金融加速器强度下,将对宏观经济变量产生更强的调控作用。原因在于:首先,政府部门增加政府支出后,产出水平瞬间提高,但政府支出对家庭消费和企业投资产生较为明显的挤出作用,使消费和投资水平立刻发生缩减。其次,政府支出的增加为市场提供了更多的就业岗位,这拉动了企业对劳动力的需求,提高了劳动者的薪资水平，增加了企业的边际成本，降低了企业对产出产品的定价加成能力，最终提高了整个市场的通货膨胀水平，这使中央银行根据泰勒规则调高对外的基准利率水平，进一步降低了企业的投资热情，并随着金融加速器强度的增加，放大了政府支出冲击造成的效果。最后，根据非抛补利率平价理论可知，利率水平的上升将促使本币对外升值，从而降低了企业持有外币资产的本币价值，进一步恶化企业的净资产水平，由于信贷市场存在摩擦，银行对外信贷资金的"利率加成"幅度随之上升，导致企业面临更大程度的外部融资溢价，并通过金融加速器机制放大政府支出冲击带来的宏观调控效果。

综上所述，本节详细分析了开放经济环境下，金融加速器强度和不同宏观政策调控效果之间的关系，并分析了金融加速器强度增加后，货币政策和三类财政政策对宏观经济波动的主要作用路径。由此发现，金融加速器强度的变化能够对货币政策和财政政策的宏观调控能力产生异质性的作用。整体上，随着金融加速器强度的增加，紧缩性的货币政策和财政政策将对主要宏观经济变量带来更大的消减作用，扩张性的货币政策和财政政策将对主要宏观经济变量带来更大的促进作用，上述结果也印证了封闭经济环境下的相关结论。因此，政策当局应重点关注金融加速器强度的变化，谨慎实施宏观调控政策，以防金融加速器机制放大错误宏观调控政策带来的不利影响，进而降低由于误判宏观经济形势而造成的社会福利损失。

第八节　金融加速器强度与政策福利损失分析

上文就金融加速器机制下货币政策和财政政策的宏观调控作用进行了较为全面的分析，并探究了开放经济环境下，金融加速器强度与不同宏观政策之间的关系，发现金融加速器强度增强后，货币政策和三类财政政策的调控作用均有所增强。但行文至此，我们还未对不同宏观政策在开放经济环境下的政策福利效果进行分析，对于该问题的分析至少能够起到两方面的作用。一方面，通过分析政策福利效果可以帮助我们更好地理解不同宏观政策实施后产生的福利变化情况，有助于甄选适合当下经济运行的最优宏观政策；另一方面，通过改变金融加速器强度大小并结合不同宏观政策的福利分析，有助于我们对比开放经济环境下和封闭经济环境下不同宏观政策福利效果的差异性，以此判断在开放经济环境下，金融加速器机制是否产生更大的冲击作用。

据此，为了系统分析不同金融加速器强度下，货币政策和财政政策实施后带来的福利变化情况，本书借鉴 Woodford[①]、Gali 和 Monacelli[②] 的做法，通过将效用函数在稳态值附近进行二阶泰勒展开，进而获得本章基准模型的福利损失函数，并依据福利损失函数分析结果来评估货币政策和财政政策的政策效果。在进行宏观政策的福利损失分析之前，需要设定本章具体的福利损失函数。由于本章家庭效用函数形式与封闭经济环境下的相同，因此不再对本章福利损失函数进行推导，直接引用前文福利损失函数的推导结果进行分析。同时，在金融加速器强度分类上，本章保持上一章对金融加速器强度分类的标准，即以基准模型中金融加速器强度为基础，引入三个类别的金融加速器强度。第一类，无金融加速器强度（$u=0$）；第二类，适中金融加速器强度（$u=0.0627$）；第三类，高金融加速器强度（$u=0.08$）。理论上，在开放经济环境下，一方面，国外经济环境变化对本国经济波动有着重要的影响，能够通过汇率因素影响本国宏观经济的变化，因此本国经济波动除需要考虑自身政策调控的影响外，还需考虑汇率因素变化带来的影响，这将使金融加速器机制发挥更强的波动放大作用。这也意味着在开放经济环境下，货币政策和财政政策实施后造成的福利损失程度应高于封闭经济环境下的情况。另一方面，随着金融加速器强度的增加，货币政策和财政政策对宏观经济变量的调控作用应当增强，这在数量上反映为宏观变量具有更大的方差，因此根据平均福利损失函数 Loss 的形式可知，相应的福利损失结果将更大。为了进一步验证上述假设是否真实成立，本节汇报了

[①] Woodford M., *Interest and Prices*: *Foundations of a Theory of Monetary Policy*, Princeton: Princeton University Press, 2003.

[②] Gali J., Monacelli T., "Monetary Policy and Exchange Rate Volatility in a Small Open Economy", *The Review of Economic Studies*, Vol. 72, No. 3, 2005, pp. 707-734.

不同宏观政策福利损失的分析结果，具体情况如表 5.3 所示。

表 5.3　　　　　　　货币政策和财政政策的福利损失结果

	货币政策冲击	资本所得税冲击	劳动所得税冲击	政府支出冲击
$u=0$	−0.009224378	−0.091585145	−0.021006763	−0.163951579
$u=0.0627$	−0.011947501	−0.120588978	−0.026778124	−0.268773464
$u=0.08$	−0.014852837	−0.175952977	−0.030756472	−0.327751357

首先，在表格纵向比较上，当金融加速器强度不断增强后，货币政策和三类财政政策实施后带来的福利损失程度也在逐渐变大。具体而言，在货币政策冲击方面，当不存在金融加速器强度（$u=0$）时，施加一单位正向标准差大小的货币政策冲击后，将造成大约 0.0092 单位的社会福利损失；当金融加速器强度适中（$u=0.0627$）时，一单位正向标准差的货币政策冲击将导致社会福利产生大约 0.0119 单位的损失；当金融加速器强度较高（$u=0.08$）时，一单位正向标准差的货币政策冲击使整个经济环境发生大概 0.0149 单位的福利损失。上述结果表明，在开放经济环境下，相比于较低程度的金融加速器强度，较高程度的金融加速器强度将放大货币政策实施后带来的福利损失水平。

在资本所得税冲击方面，当不存在金融加速器强度（$u=0$）时，施加一单位正向标准差大小的资本所得税冲击后，将给整个经济体带来大约 0.0916 单位的社会福利损失；当金融加速器强度适中（$u=0.0627$）时，一单位正向标准差的资本所得税冲击将导致社会福利水平产生大约 0.1206 单位的损失；当金融加速器强度较高（$u=0.08$）时，一单位正向标准差的资本所得税冲击使整个宏观经济环境发生大概 0.1760 单位的福利损失。因此，在开放经济环境下，金融加速器强度与资本所得税冲击引发的福利损失水平存在着正相关的关系，即随着金融加速器强度的增强，资本所得税冲击将引发更大程度的社会福利损失情况，这也与本节理论预期相一致。

在劳动所得税冲击方面，当不存在金融加速器强度（$u=0$）时，施加一单位正向标准差大小的劳动所得税冲击后，将给整个经济体带来大约 0.0210 单位的社会福利损失;当金融加速器强度适中($u=0.0627$)时,一单位正向标准差的劳动所得税冲击将导致社会福利水平产生大约 0.0268 单位的损失;当金融加速器强度较高($u=0.08$)时,一单位正向标准差的劳动所得税冲击使得整个经济环境发生大概 0.0308 单位的福利损失。由此可见,在开放经济环境下,金融加速器强度变化对劳动所得税冲击带来的福利损失与资本所得税冲击下的情况类似,即更大的金融加速器强度将造成劳动所得税冲击产生更严重的福利损失结果。

在政府支出冲击方面,当不存在金融加速器强度($u=0$)时,施加一单位正向标准差大小的政府支出冲击后,将给整个经济体带来大约 0.1640 单位的社会福利损失;当金融加速器强度适中($u=0.0627$)时,政府支出冲击将导致社会福利水平产生大约 0.2688 单位的损失;当金融加速器强度较高($u=0.08$)时,政府支出冲击使得整个经济环境发生大概 0.3278 单位的福利损失。据此可知,在开放经济环境下,政府支出作为财政政策的主要手段,随着金融加速器强度的增强,虽然对宏观经济运行的调控能力逐步增强,但由此引发的社会福利损失程度也越发严重,即随着金融加速器强度的增加,政府支出冲击将带来更大程度的社会福利损失。

其次,在表格横向比较上,当不存在金融加速器强度($u=0$)时,一单位正向标准差大小的货币政策冲击将造成最小的福利损失,损失大小约为 0.0092 单位;当金融加速器强度适中($u=0.0627$)时,在所有政策冲击中,货币政策冲击产生的福利损失水平依旧最低,损失大致为 0.0119 单位;当金融加速器强度较高($u=0.08$)时,货币政策冲击仍然是给整个经济体带来最小福利损失的政策冲击,损失大概为 0.0149 个单位。

最后,通过对比开放经济环境下和封闭经济环境下的福利损失情况可知,相对于封闭经济环境下的福利损失情况,在开放经济环境中,货币政策冲击、资本所得税冲击、劳动所得税冲击和政府支出冲击在不同金融加速器强度下均具有更大的福利损失。这表明,在开放宏观经济下,一国将面临更多方面的经济冲击,造成宏观政策实施后引发更为严重的社会福利损失情况,这也较好验证了本节提出的相关假设。

概而论之，在开放经济环境下，金融加速器强度的变化将对货币政策和财政政策实施后的福利损失水平产生异质性作用。其一，相对于较低程度的金融加速器强度，较高程度的金融加速器强度将引起宏观政策产生更大程度的福利损失情况。其二，在不同宏观政策福利损失分析结果上，货币政策冲击造成的福利损失结果要小于资本所得税冲击、劳动所得税冲击和政府支出冲击下的情况。这意味着货币政策实施后政策效果最优，不仅能够及时熨平经济波动，还能带来较小的社会福利损失，是控制经济平稳运行的最佳宏观政策之选。因此，政策当局在制订宏观政策方案时，应以货币政策为主，以财政政策为辅。其三，在开放经济环境下，经济体面临着更多的经济冲击，使不同宏观政策实施后导致的福利损失情况比封闭经济环境下的更大，因此政策当局在实施宏观政策时，要统筹分析宏观变化形势，综合考虑外部经济环境冲击，秉承审慎而行的作风，避免造成更大范围的福利损失。

第九节 金融加速器强度与汇率制度选择

在开放经济环境下，每个经济体都将面临一个抉择，即如何选择恰当的汇率制度。汇率作为连接国内外经济的重要纽带，对一国经济发展有着不可忽视的影响，汇率的变化不仅能够改变一国的贸易条件，还将通过国内政策冲击造成一国宏观经济环境的巨大波动，乃至引发流动性陷阱危机。同时，汇率制度的不当选择还是大量新兴经济体诱发银行危机和货币危机的根本原因。新兴经济体为了稳定外汇储备和外债规模，降低债务汇兑风险，往往采用固定汇率制度，避免因汇率频繁波动引发的汇率资产负债表效应和外汇储备缩水等问题，降低潜在银行危机爆发的可能性。[①] 这也表现为新兴经济体普遍采取对外钉住某一币种的固定汇率制度，或采取中间汇率制度，极力避免采用浮动汇率制度，进而导

---

① 金祥义、张文菲、万志宏：《汇率制度与银行危机成因：基于银行危机爆发和持续时间的研究》，《世界经济研究》2019 年第 10 期。

致经济体国内市场的资本难以自由流动，政府管制行为明显，并产生汇率制度选择上的"浮动恐惧"特征。[1] 此外，前文对于金融加速器与货币政策、财政政策作用的分析，亦表明汇率因素是影响货币政策和财政政策宏观经济调控效果的重要部分，汇率的变化直接影响企业净资产的总价值，并通过金融加速器机制来改变宏观政策的实施效果。因此，对于汇率制度选择的研究无疑是开放宏观经济下的一个重要内容，这不仅能够完善本书包含金融加速器机制的宏观凯恩斯框架的理论内容，还能拓展本书宏观 DSGE 模型分析中所能得出的有效结论，是研究开放经济环境下宏观经济波动、宏观政策选择和宏观政策福利的重要一环。

基于此，下文将对汇率制度、金融加速器强度和福利损失之间的关系展开系统的分析。一方面，本书参考林季红和潘竟成[2]以及梅冬州和龚六堂[3]的做法，通过改变货币政策对汇率的反应调整系数 ρ_s 来表示不同的汇率制度，并根据 ρ_s 数值的递增，将汇率制度分为四个等次，来表示汇率浮动程度的逐渐弱化。具体而言，当 ρ_s 等于 0 时，表示浮动汇率制度；当 ρ_s 等于 0.5 时，表示有管理的浮动汇率制度；当 ρ_s 等于 1 时，表示爬行钉住的汇率制度；当 ρ_s 等于 1.5 时，表示固定汇率制度。由于 ρ_s 表示货币政策对汇率变化的反应程度，当 ρ_s 趋向于 0 时，此时无论汇率如何变化，货币当局均不对利率水平进行调整，因此该结果表示汇率自由浮动；与此相反，当 ρ_s 数值逐渐变大后，此时汇率水平发生变化，货币当局将不断加强对利率的调整力度，从而保证汇率能够维持在固定水平上，因此上述结果表示货币当局越来越采取接近于固定汇率的制度。另一方面，为了考察汇率变动对整个经济体带来的福利损失情况，本书引入外生汇率冲击因素，即对原有宏观 DSGE 模型中式 (5.47) 进行调整，调整后的式子为：

$$\hat{s}_t = \hat{p}_{f,t} + \varepsilon_{s,t} \tag{5.71}$$

---

[1] Calvo G. A., Reinhart C. M., "Fixing for Your Life", *NBER Working Paper*, No. w8006, 2000.

[2] 林季红、潘竟成：《汇率波动与新兴市场国家货币政策规则——基于巴西、南非和俄罗斯的研究》，《国际经贸探索》2015 年第 5 期。

[3] 梅冬州、龚六堂：《新兴市场经济国家的汇率制度选择》，《经济研究》2011 年第 11 期。

其中，$\varepsilon_{s,t}$ 表示 t 期的外生汇率冲击，是外生经济冲击下导致汇率产生波动的原因。同时，为了考察不同金融加速器强度变化下，不同汇率制度在汇率冲击下引发的福利损失情况，本节根据前文开放经济环境下对金融加速器强度的分类，将金融加速器分为三类：第一类，无金融加速器强度（$u=0$）；第二类，适中金融加速器强度（$u=0.0627$）；第三类，高金融加速器强度（$u=0.08$），以此来考察金融加速器强度变化与汇率制度的选择方案。据此，本书采用福利损失函数的分析方法，通过引入外生的汇率冲击，来模拟不同金融加速器强度下，四种汇率制度带来的福利损失情况，具体结果如表 5.4 所示。

表 5.4　　　　　　　　汇率制度选择的福利损失结果

	浮动汇率制度 ($\rho_s=0$)	有管理的浮动汇率制度 ($\rho_s=0.5$)	爬行钉住的汇率制度 ($\rho_s=1$)	固定汇率制度 ($\rho_s=1.5$)
$u=0$	-0.002698148	-0.008327291	-0.035068197	-0.079749699
$u=0.0627$	-0.003066129	-0.008620893	-0.035282216	-0.080079630
$u=0.08$	-0.003199875	-0.008727447	-0.035486966	-0.080199544

通过分析表 5.4 的结果可以得知以下结论。首先，在表格纵向比较上，随着金融加速器强度的逐渐增加，浮动汇率制度、有管理的浮动汇率制度、爬行钉住的汇率制度和固定汇率制度在外生汇率冲击下产生的社会福利损失水平在不断攀升。具体而言，在浮动汇率制度方面，当不存在金融加速器强度（$u=0$）时，施加一单位正向标准差大小的汇率冲击后，将造成大约 0.0027 单位的社会福利损失；当金融加速器强度适中（$u=0.0627$）时，一单位正向标准差的汇率冲击将导致社会福利水平产生大约 0.0031 单位的损失；当金融加速器强度较高（$u=0.08$）时，一单位正向标准差的汇率冲击使整个经济环境发生大概 0.0032 单位的福利损失。由此可见，当金融加速器强度增强后，在外生汇率冲击下，浮动汇率制度引发的福利损失水平也在不断上升，这也反映了更高程度的金融加速器强度将引起更大的经济波动，导致外生汇率冲击带来更大的福利损失。

在有管理的浮动汇率制度方面，当不存在金融加速器强度（$u=0$）时，施加一单位正向标准差大小的汇率冲击后，将造成大约 0.0083 单位的社会福利损失；当金融加速器强度适中（$u=0.0627$）时，一单位正向标准差的汇率冲击将导致社会福利产生大约 0.0086 单位的损失；当金融加速器强度较高（$u=0.08$）时，一单位正向标准差的汇率冲击使得整个经济环境发生大概 0.0087 单位的福利损失。上述结果表明，在开放经济环境下，相比于较低程度的金融加速器强度，较高程度的金融加速器强度将放大汇率冲击在有管理的浮动汇率制度下产生的社会福利损失水平。

在爬行钉住的汇率制度方面，当不存在金融加速器强度（$u=0$）时，施加一单位正向标准差大小的汇率冲击后，将造成大约 0.0351 单位的社会福利损失；当金融加速器强度适中（$u=0.0627$）时，一单位正向标准差的汇率冲击将导致社会福利产生大约 0.0353 单位的损失；当金融加速器强度较高（$u=0.08$）时，一单位正向标准差的汇率冲击使整个经济环境发生大概 0.0355 单位的福利损失。因此，对于爬行钉住的汇率制度而言，金融加速器强度与汇率冲击带来的福利损失大小存在着明显的正相关关系，当金融加速器强度增加后，汇率冲击将引发更为严重的社会福利损失情况。

在固定汇率制度方面，当不存在金融加速器强度（$u=0$）时，施加一单位正向标准差大小的汇率冲击后，将造成经济体产生大约 0.0797 单位的社会福利损失；当金融加速器强度适中（$u=0.0627$）时，一单位正向标准差的汇率冲击将导致社会福利水平产生大约 0.0801 单位的损失；当金融加速器强度较大（$u=0.08$）时，一单位正向标准差的汇率冲击使整个经济环境发生大概 0.0802 单位的福利损失。根据该结果可知，在固定汇率制度下，随着金融加速器强度的增大，汇率冲击将造成更大程度的福利损失情况。

其次，在表格横向比较上，当不存在金融加速器强度（$u=0$）时，在浮动汇率制度下，一单位正向标准差大小的汇率冲击将造成最小的福利损失水平，损失大小约为 0.0027 单位；当金融加速器强度适中（$u=0.0627$）时，在所有汇率制度当中，一单位正向标准差的汇率冲击带来的福利损失在浮动汇率制度下仍然最小，损失大致为 0.0031 单位；当金融加速器强度较高（$u=0.08$）时，相比于其他汇率制度，浮动汇率制度面临一单位正向标准差的汇率冲击时，能够给整个经济体带来最小的福利损失水平，损失大概为 0.0032 个单位。

综上所述，在金融加速器强度逐渐增强后，不同汇率制度下的福利损失水平也在逐渐增大，这表明更大程度的金融加速器强度将带来更大的宏观经济波动，引发经济环境更大幅度的动荡，进而造成更为严重的福利损失情况；同时，随着汇率浮动程度的减弱，汇率冲击导致的福利损失水平逐渐上升。换言之，相比于其他汇率制度，在浮动汇率制度下，外生汇率冲击造成的社会福利损失最小，这一点与梅冬州和龚六堂[1]、Gertler 等[2]的发现类似。究其原因，浮动汇率制度意味着一国汇率水平能够根据外汇市场供需关系进行自由调整，当外生汇率冲击发生时，该冲击将被汇率的变化所吸收，避免了外生汇率冲击通过宏观政策调整传导至整个实体经济的情况。与此相反，在固定汇率制度下，当外生汇率冲击发生时，中央银行为了维持固定的汇率制度，将通过调整基准利率水平来吸收汇率冲击，因此冲击因素将通过利率水平的变化传导至整个实体经济，造成宏观经济的巨大波动，这就解释了浮动汇率制度下社会福利损失水平较低的原因。

因此，由于我国目前正处于汇率制度改革转型的进程当中，汇率也正从有管理的浮动汇率制度向浮动汇率制度进行逐渐转轨，这意味着当前汇率制度虽能够有效控制外资流入的速度，防范大规模的外来风险性投资，但对我国经济发展带来的福利损失程度还较大。只有逐步推进汇率制度向市场决定的浮动方向发展，才能提高我国在开放经济环境下的潜在福利水平，降低外生汇率冲击对实体经济产生的影响。这也是我国未来汇率制度发展的应有目标和应该承担的时代使命。

---

[1] 梅冬州、龚六堂：《新兴市场经济国家的汇率制度选择》，《经济研究》2011 年第 11 期。

[2] Gertler M., Gilchrist S., Natalucci F. M., "External Constraints on Monetary Policy and the Financial Accelerator", *Journal of Money, Credit and Banking*, Vol. 39, No. 2, 2007, pp. 295–330.

第十节　本章小结

本章将封闭经济环境下的 DSGE 模型拓展至开放经济环境下，构建了含有汇率因素和金融加速器机制的开放宏观 DSGE 模型，据此系统分析了在金融加速器机制下，货币政策和财政政策对宏观经济调控作用的差异性，进一步探究了不同金融加速器强度变化对宏观政策实施效果的影响情况，并总结了开放经济环境下货币政策和财政政策对宏观经济变量作用的客观规律，以及最优汇率制度的选择问题。具体而言，本章主要结论可以归纳为以下几个方面。

其一，在模型拓展上，本章将汇率因素纳入 DSGE 模型构建中：一方面，家庭面临着国内商品和国外商品的消费抉择，并且需要将闲余资金分配到储蓄和国内外的债券购买上，家庭这些行为决策均与汇率变化息息相关；另一方面，企业在国内外进行目标资产的配置，这意味着企业持有本币资产和外币资产，当本币汇率对外发生升值后，企业外币资产的本币价值将发生缩水，这将提高企业面临的外部融资溢价程度，推动了金融加速器机制的发挥。因此，将汇率因素纳入 DSGE 模型分析中，还能拓宽金融加速器对实体经济发挥作用的具体途径，丰富了金融加速器的相关研究领域，并且拓展后的模型与开放宏观环境下经济运行的事实特征更为契合。

其二，在模型拟合性的检验上，本章选取现实宏观经济数据，通过参数校准和贝叶斯估计的方法对模型参数进行调整，构建符合现实经济规律的 DSGE 模型。模型构建完成后，为了进一步评估模型的拟合性，本章采用多变量 MCMC 收敛性诊断和提前一期预测的拟合能力的分析方法，对模型的拟合性能进行估算，发现拓展至开放经济环境下的 DSGE 模型比封闭下的模型对实际宏观经济数据的预测精度更高。这也表明本章构建开放宏观模型来检验货币政策和财政政策效果的必要性。

其三，在外生冲击对经济波动的解释程度上，本章通过方差分解的方法对货币政策冲击和财政政策冲击的解释能力进行评估。结果发现，开放经济环境下的结论与封闭经济环境下的类似，相比于其他冲击，货币政策冲击和作为财政政策主要方式的政府支出冲击，能够解释相关宏观经济变量50%以上的波动，这也反映了货币政策和财政政策是调控宏观经济运行的两大基本手段。此外，在财政政策冲击内部，政府支出冲击对宏观经济变量变化的解释能力最大，劳动所得税冲击次之，资本所得税冲击的解释能力最弱。因此，在现阶段经济发展中，政府支出仍然是政府部门运用财政政策来控制经济运行的主要手段。

其四，在模拟货币政策和财政政策对宏观经济的调控作用上，本章通过施加正向的货币政策冲击、资本所得税冲击、劳动所得税冲击和政府支出冲击，并结合脉冲响应分析图来系统分析货币政策和财政政策对宏观经济的调控路径。结果发现，金融加速器机制能够放大货币政策和财政政策的宏观调控力度，并且随着金融加速器强度的不断增加，货币政策和财政政策冲击对主要宏观经济变量的影响也在逐渐提升。此外，脉冲响应分析结果亦表明，汇率因素是开放经济环境下，不同宏观政策通过金融加速器机制影响经济波动的重要原因，汇率的变化直接影响企业海内外净资产的总额，并通过改变企业面临的外部融资溢价程度来影响整个宏观经济的波动。

其五，在福利损失分析上，本章首先构建了符合效用函数设定形式的福利损失函数，并通过福利损失分析的方法，对金融加速器强度和货币政策、财政政策效果之间的关系进行评估。结果发现，随着金融加速器强度的增加，不同宏观政策冲击将带来更大程度的社会福利损失；同时，在不同金融加速器强度下，货币政策冲击比其他三类财政政策冲击引发的福利损失水平更低。这意味着货币政策具有最优的宏观政策效果，是用于调控宏观经济运行的最优政策。此外，本章还研究了最优的汇率制度选择方案，通过在原有模型中引入外生汇率冲击，考察了不同金融加速器强度下，浮动汇率制度、有管理的浮动汇率制度、爬行钉住的汇率制度和固定汇率制度在汇率冲击下产生的福利损失水平。研究发现，由于浮动汇率制度能够完全吸收汇率冲击，因此降低了汇率冲击对整个宏观经济的传导作用，从而在结果上表现为更低的福利损失水平。这也证明了我国汇率改革朝着市场自由浮动方向发展的必要性。

第六章　金融加速器、预期消息冲击和货币政策规则

前文探究了在金融加速器作用下，货币政策和财政政策对宏观经济的调控效果，并较为详细地分析了不同金融加速器强度下，货币政策和财政政策在熨平经济波动能力上的异质性，以及货币政策和财政政策实施后造成的福利损失情况，从中得出结论：货币政策是兼顾经济调控效果和改善社会福利损失的最优宏观政策。诚然，前文通过严密的数量分析总结了实施货币政策进行宏观调控的优势，但是由于货币政策具有多种政策规则，不同货币政策规则的实施效果大相径庭，这需要我们对不同货币政策规则的异质性展开进一步的分析。货币政策规则大致可以分为数量型、价格型和混合型的货币政策规则[1][2]，不同货币政策规则对宏观经济调控的作用又存在着差异性[3]，这使得西方国家的货币当局在货币政策规则选择上，存在着阶段性的变化。具体地，在 Friedman 和 Schwartz[4] 开创性地提出单一的数量型货币政策规则后，各国中央银行开始实施该货币规则，数量型货币政策规则开始大行其道。但是从 20 世纪末开始，很多国家的货币流通速度发生了大规模的变化，使数量型货币政策规则对宏观经济的调控能力逐

---

[1] 孟宪春、张屹山、李天宇：《中国经济"脱实向虚"背景下最优货币政策规则研究》，《世界经济》2019 年第 5 期。

[2] 王曦等：《中国货币政策规则的比较分析——基于 DSGE 模型的三规则视角》，《经济研究》2017 年第 9 期。

[3] Li B., Liu Q., "On the Choice of Monetary Policy Rules for China: A Bayesian DSGE Approach", *China Economic Review*, Vol. 44, No. 6, 2017, pp. 166–185.

[4] Friedman M., Schwartz A. J., *A Monetary History of the United States*, 1867–1960, Princeton: Princeton University Press, 1963.

步下降，导致各国学者对数量型货币政策规则的有效性开始产生怀疑。① 由于货币流通速度不规律的变化，货币当局的政策可能导致大幅度的物价上涨，对经济产出的稳定带来负面冲击的作用，这也推动了新货币政策规则的发展，促使 Taylor② 提出了价格型货币政策规则，最终该货币政策规则成为西方各国货币当局进行货币政策调控的主流方式。但是，在进入 21 世纪之后，以美国为代表的西方国家，开始注重在货币政策实施上考虑对货币供应量的运用，最为直观的例子便是美国多轮量化宽松的货币政策。这意味着以价格型货币政策规则为依据的宏观调控方式，可能忽视了货币供应量对宏观经济波动的潜在作用。③ 这也推动了货币政策规则的新一轮研究浪潮，促进了混合型货币政策规则的发展。

与此同时，Lucas④ 提出了著名的理性预期理论，对凯恩斯主义经济学派的政策观点进行分析和评判，认为他们的理论忽视了经济行为人对政策效果的合理预期，而经济行为人对宏观经济走势的合理预判，将影响宏观政策带来的经济调控效果。Pigou⑤ 强调了宏观经济波动主要源于行为代理人对未来经济形势预判的偏差，进而奠基了后来的"庇古经济周期"理论，这意味着将预期因素纳入宏观政策分析中具有其内在的经济意义。Beaudry 和 Portier⑥ 指出，宏观政策冲击可分为预期消息冲击和非预期消息冲击，而预期消息冲击对宏观经济的波动有着重要的解释能力。此外，国务院金融稳定发展委员会在 2018 年的会议上，强调了金融市场管理中预期因素的重要性，这表明经济人对政策消息预期

---

① Humphrey T. M., "Fisher and Wicksell on the Quantity Theory", *FRB Richmond Economic Quarterly*, Vol. 83, No. 4, 1997, pp. 71–90.

② Taylor J. B., *Discretion Versus Policy Rules in Practice*, Carnegie-Rochester Conference Series on Public Policy, North-Holland, 1993, pp. 195–214.

③ Belongia M. T., Ireland P. N., "Interest Rates and Money in the Measurement of Monetary Policy", *Journal of Business and Economic Statistics*, Vol. 33, No. 2, 2015, pp. 255–269.

④ Lucas R. E., *Econometric Policy Evaluation: A Critique*, Carnegie-Rochester Conference Series on Public Policy, North-Holland, 1976, pp. 19–46.

⑤ Pigou A. C., *Industrial Fluctuations*, London: Routledge, 1927.

⑥ Beaudry P., Portier F., "An Exploration into Pigou's Theory of Cycles", *Journal of Monetary Economics*, Vol. 51, No. 6, 2004, pp. 1183–1216.

和市场走势预测的变化，能够对我国宏观经济波动产生不可忽视的影响。因此，将预期消息冲击纳入货币政策规则研究中来，并寻求适合我国经济现阶段运行特征的货币政策规则，是分析金融加速器机制下最优货币政策规则的重要一环，也是探寻当下经济运行规律、稳定经济发展规模所亟待解决的问题之一。

基于此，本章内容将预期消息冲击纳入包含金融加速器机制的宏观 DSGE 模型中，系统分析不同货币政策规则对宏观经济调控的差异性，并围绕金融加速器机制、预期消息冲击和货币政策规则这三个因素展开研究，探寻适合我国现阶段经济运行特征的最优的货币政策规则。具体而言，本书构建了一个包含金融加速器机制的宏观 DSGE 模型，模型总共包括七个部门，分别为家庭、商业银行、企业家、资本生产商、零售商、中央银行和政府部门。家庭决策依然以效用最大化为基础，通过提供劳动来获取薪酬工资，并将薪金在消费、储蓄、购买政府债券和持有货币至下期这几种方式中进行分配，以实现家庭跨期消费的最优决策；银行将家庭储蓄的闲余资金以高于储蓄利率的水平向企业家进行放贷，以获取超额的信贷利差，由于存在信贷市场的信息不对称现象，金融加速器机制得以发挥其经济波动的放大作用；同时，企业家每期进行产品生产决策，从资本品生产商手中购入资本品，向家庭雇佣劳动力，以此进行中间品生产，将生产完成的中间品出售给零售商，并在期末将折旧资本品回售给资本品生产商，以完成资本品要素的投入产出循环；资本品生产商购入企业家手中的折旧资本品，并在投资效率冲击下将折旧资本品加工为新资本品，在下期重新出售给企业家；零售商以批发价格从企业家处购进中间品，将其加工为最终品，并在市场上以加成价格进行售卖；中央银行分别通过实施数量型、价格型和混合型的货币政策规则来干预宏观经济的运行，降低宏观经济的波动程度；政府部门则通过实施财政政策对宏观经济进行调控。

第一节 基本 DSGE 模型的构建

一 家庭

假设经济体中存在许多生存无限期的同质家庭,每个家庭通过选择消费、提供劳动、储蓄资金、购买政府债券、持有货币至下期等方式进行经济决策,在既定的约束条件下最大化跨期效用,并假定家庭具有 MIU 形式的效用函数[①],即一个代表性家庭面临如下的目标函数:

$$\max E_0 \sum_{t=0}^{\infty} \beta^t \left(\frac{C_t^{1-\sigma}}{1-\sigma} + \frac{m_t^{1-\xi}}{1-\xi} - \kappa \frac{L_t^{1+\varphi}}{1+\varphi} \right) \tag{6.1}$$

其中,β 表示家庭的贴现因子;C_t 表示家庭 t 期的消费;m_t 表示实际货币余额;L_t 表示相应的劳动供给;φ 表示劳动供给弹性的倒数;ξ 表示货币需求利率弹性的倒数;σ 表示家庭风险规避系数;κ 衡量了家庭劳动供给偏好。同时,家庭受到以下形式的约束条件:

$$C_t + D_t + B_t + m_t = (1 - \tau_{l,t}) w_t L_t + \frac{R_{t-1} D_{t-1}}{\pi_t} + \frac{R_{b,t-1} B_{t-1}}{\pi_t} + \frac{m_{t-1}}{\pi_t} + H_t + Tr_t \tag{6.2}$$

其中,D_t 表示家庭 t 期的储蓄,R_t 为相应的储蓄利率;B_t 表示家庭 t 期购买的政府债券,$R_{b,t}$ 为相应的债券收益率;τ_l 表示劳动所得税的税率;w 表示实际工资;H_t 表示 t 期来自商业银行和零售商的所得利润;Tr_t 表示政府 t 期对家庭的转移支付;$\pi_t = P_t/P_{t-1}$ 表示 t 期通货膨胀。

此时,建立家庭决策的拉格朗日方程,对消费、实际货币余额、劳动供给、储蓄、政府债券进行一阶求导,可以得到以下最优决策方程组:

$$C_t^{-\sigma} = \lambda_t \tag{6.3}$$

$$m_t^{-\xi} = \lambda_t - \frac{E_0 \beta \lambda_{t+1}}{\pi_{t+1}} \tag{6.4}$$

[①] 带有货币变量的效用函数形式,即 MIU(Money in Utility)效用函数。

$$(1-\tau_t)w_t\lambda_t = \kappa L_t^\varphi \tag{6.5}$$

$$\lambda_t = E_0\beta\lambda_{t+1}\frac{R_t}{\pi_{t+1}} \tag{6.6}$$

$$\lambda_t = E_0\beta\lambda_{t+1}\frac{R_{b,t}}{\pi_{t+1}} \tag{6.7}$$

其中，λ_t 表示家庭 t 期的拉格朗日约束因子；将 λ_t 代入式（6.4）至式（6.7）可得：

$$m_t^{-\xi} = C_t^{-\sigma} - \frac{E_0\beta C_{t+1}^{-\sigma}}{\pi_{t+1}} \tag{6.8}$$

$$(1-\tau_t)w_tC_t^{-\sigma} = \kappa L_t^\varphi \tag{6.9}$$

$$\left(\frac{C_{t+1}}{C_t}\right)^\sigma = E_0\beta\frac{R_t}{\pi_{t+1}} \tag{6.10}$$

$$\left(\frac{C_{t+1}}{C_t}\right)^\sigma = E_0\beta\frac{R_{b,t}}{\pi_{t+1}} \tag{6.11}$$

二 商业银行

商业银行的设定还是以 Bernanke 等[①]的模型为基础，由于信贷市场存在摩擦，商业银行与企业之间存在着信息不对称，商业银行根据企业净资产的规模来改变放贷的基准利率，从而形成信贷利差，实现金融加速器机制的运行。具体而言，假设经济体中存在无数多的商业银行，它们作为资金信贷的金融中介部门，以无风险利率 R_t 从家庭手中吸收存款，并将所得资金以预期风险利率 F_{t+1} 贷给企业家，以此获得信贷利差。同时，银行借贷给企业的资金等于企业当期的经营资金缺口，由于企业当期需要决定用于生产的资本 K_{t+1}，并且资本价格为 Q_t，而企业自有净资产为 N_t，因此企业经营所需的资金缺口为 $Q_tK_{t+1}-N_t$，即银行信贷资金 Cr_t 存在以下关系式：

$$Cr_t = D_t = Q_tK_{t+1} - N_t \tag{6.12}$$

此时，企业支付利率超过无风险利率部分的差值称为外部融资溢价，以函数 $f(\cdot)$ 来表示，则银行预期风险利率与企业外部融资溢价

[①] Bernanke B. S., Gertler M., Gilchrist S., "The Financial Accelerator in a Quantitative Business Cycle Framework", *Handbook of Macroeconomics*, Vol. 1, 1999, pp. 1341–1393.

存在以下关系式:

$$E_t F_{t+1} = \frac{f(\cdot) R_t}{\pi_{t+1}} \quad (6.13)$$

银行向企业收取的利率与企业的资产结构相关,具体地,$f(\cdot)$ 可以表示成企业资产净值和资产总价值的函数,即如下函数形式:

$$f(\cdot) = f\left(\frac{N_{t+1}}{Q_t K_{t+1}}\right) \quad (6.14)$$

其中,N_{t+1} 表示 $t+1$ 期企业的资产净值;K_{t+1} 为对应的企业持有的资本,Q_t 为资产的价格,两者乘积表示资产总价值。并且假定企业的总资产由净资产和外部融资构成,因此资产净值 N_{t+1} 不大于对应的资产总价值 $Q_t K_{t+1}$。同时,函数 $f(\cdot)$ 为单调递减函数,即 $f'(\cdot) < 0$,该经济学含义表明当企业资产净值在资产总值中的占比越小,企业总资产中外部融资部分的比重越多时,由于存在信贷市场的信息不完全,银行无法确定企业当前资产净值是否足以偿还未来的信贷资金,因此在相同信贷规模下,银行将向企业收取更高的利息,这意味着企业面临的外部融资溢价更高,即 $f(\cdot)$ 更大。

三 企业家

企业主要负责中间产品的生产,假定经济环境中存在大量同质的企业,它们从银行处获得信贷资金,以此从资本品生产商和家庭手中购买生产中间产品所需的生产要素,在中间产品完工后,将其出售给零售商,并偿还银行对其放贷的资金本息,具体地,企业具有如下的生产函数形式:

$$Y_{i,t} = A_t K_t^\alpha L_t^{1-\alpha} \quad (6.15)$$

其中,$Y_{i,t}$ 表示企业家 t 期的中间品产出;α 表示资本产出弹性;K_t 和 L_t 表示对应的资本和劳动力投入;A_t 表示 t 期的技术冲击,服从 AR(1) 的随机过程。此刻,企业家对应的税后实际资本边际收益 R_{rk} 为:

$$R_{rk,t} = (1-\tau_{k,t}) R_{k,t} = (1-\tau_{k,t}) \frac{\alpha Y_{i,t}}{K_t} \quad (6.16)$$

其中,τ_k 表示企业家缴纳的资本所得税税率;R_k 表示税前资本边际收益。对于企业家而言，拥有单位资本带来的总收益主要源于以下两方面：一方面，企业家可以将资本投入生产，并将中间品出售给零售商来获取经营收益，这部分收益与税后资本的边际收益和批发加成价格有关；另一方面，企业在期末将折旧的资本品回售给资本生产商，获取资本折旧后的剩余价值，这部分收益与资本价格的变化相关。因此，考虑资本所得税后，企业家的预期资本收益率 $F_{k,t+1}$ 可以表示为以下等式：

$$E_t F_{k,t+1} = E_t \left[\frac{R_{rk,t+1}/X_{t+1} + (1-\delta) Q_{t+1}}{Q_t} \right] = E_t \left[\frac{(1-\tau_{k,t}) \alpha Y_{i,t+1}}{Q_t K_{t+1} X_{t+1}} + \frac{(1-\delta) Q_{t+1}}{Q_t} \right] \tag{6.17}$$

其中，$F_{k,t+1}$ 表示企业 $t+1$ 期的预期资本收益率；$R_{rk,t+1}$ 表示企业生产环节对应的税后实际资本边际收益；X_{t+1} 表示企业家向零售商出售产品时批发价格的加成；δ 表示资本折旧率。此时，理性企业家进行生产活动的前提是预期的资本收益率大于银行收取的预期风险利率，而在稳态环境下，预期的资本收益率应与预期风险利率相等，即满足资本的预期边际收益与预期边际成本相等的原则，此时以下等式成立：

$$E_t F_{k,t+1} = E_t F_{t+1} \tag{6.18}$$

此外，市场上企业家存在进入和退出行为，能够存活至下期的概率为 ω，并假定企业家资产净值的动态变化与企业家的存活率 ω 相关。同时，企业家当期的资产净值为潜在资本收益与银行信贷成本的差值，因此在市场进入和退出的作用下，企业家下一期的资产净值与当期的资产净值存在如下动态关系：

$$\begin{aligned} N_{t+1} &= \omega \left[F_{k,t} Q_{t-1} K_t - F_t (Q_{t-1} K_t - N_t) \right] \\ &= \omega \left[F_{k,t} Q_{t-1} K_t - f\left(\frac{N_t}{Q_{t-1} K_t}\right) \frac{R_{t-1}}{\pi_t} (Q_{t-1} K_t - N_t) \right] \end{aligned} \tag{6.19}$$

四 资本品生产商

资本品生产商的设定依旧参考 Christensen 和 Dib[①] 的做法，引入具有二次型资本调整成本和投资边际效率冲击的生产商模型。具体而言，

---

① Christensen I., Dib A., "The Financial Accelerator in an Estimated New Keynesian Model", *Review of Economic Dynamics*, Vol. 11, No. 1, 2008, pp. 155–178.

资本品生产商以单位价格从企业家手中购入折旧资本品 I_t，在投资边际效率冲击 Z_t 的作用下，将折旧资本品加工成新资本品 $Z_t I_t$，并以 Q_t 的价格在市场上向企业家出售。其中，投资边际效率冲击 Z_t 服从 AR(1) 的过程。此时，资本品生产商面临如下的利润最大化目标：

$$\max \left[Q_t Z_t I_t - I_t - \frac{\chi}{2} \left(\frac{I_t}{K_t} - \delta \right)^2 K_t \right] \tag{6.20}$$

其中，χ 表示资本调整成本系数。同时，资本品生产商具有以下的资本累积演化过程：

$$K_{t+1} = Z_t I_t + (1-\delta) K_t \tag{6.21}$$

在目标函数中对原始资本品 I_t 求一阶导数可得资本价值决定方程：

$$Q_t Z_t - 1 - \chi \left(\frac{I_t}{K_t} - \delta \right) = 0 \tag{6.22}$$

五 零售商

在模型中增加零售商部门可以向整个经济环境中引入黏性价格，这是新凯恩斯主义学派完善 RBC 模型的一大贡献。具体地，本书借鉴 Bernanke 等①的做法，假设存在 $m \in [0, 1]$ 区间上的垄断零售商，在竞争市场上以统一的批发价格向企业家购买中间产品 $Y_{i,t}$，对其再加工后生产出最终产品，且其生产函数为 CES 的形式：

$$Y_t = \left[\int_0^1 Y_{i,t}(m)^{\frac{\sigma_i - 1}{\sigma_i}} dm \right]^{\frac{\sigma_i}{\sigma_i - 1}} \tag{6.23}$$

其中，Y_t 表示最终产品；σ_i 表示中间产品的替代弹性。对应的价格指数为：

$$P_t = \left[\int_0^1 P_t(m)^{1-\sigma_i} dm \right]^{\frac{1}{1-\sigma_i}} \tag{6.24}$$

此时零售商面临的需求曲线为：

$$Y_{i,t}(m) = \left[\frac{P_t(m)}{P_t} \right]^{-\sigma_i} Y_t \tag{6.25}$$

---

① Bernanke B. S., Gertler M., Gilchrist S., "The Financial Accelerator in a Quantitative Business Cycle Framework", *Handbook of Macroeconomics*, Vol. 1, 1999, pp. 1341–1393.

同时，假定零售商根据 Calvo[①] 的方式对价格进行调整，每个零售商对其价格进行修改的概率为 $1-\theta$，那么零售商将面临如下的最优化问题：

$$\max E_0 \sum_{k=0}^{\infty} \theta^k \beta^k \frac{u_{t+k}}{u_t} \left[\frac{P_t(m)}{P_{t+k}} - \frac{1}{X_{t+k}} \right] Y_{i,t+k}(m) \quad (6.26)$$

其中，$E_0 \beta^k (u_{t+k}/u_t)$ 表示效用贴现因子，此时零售商最优的定价策略为：

$$P_t^*(m) = \frac{\sigma_i}{\sigma_i - 1} \frac{E_0 \sum_{k=0}^{\infty} \theta^k \beta^k u_{t+k} \frac{Y_{i,t+k}}{X_{t+k}} (P_{t+k})^\sigma}{E_0 \sum_{k=0}^{\infty} \theta^k \beta^k u_{t+k} Y_{i,t+k} (P_{t+k})^{\sigma-1}} \quad (6.27)$$

对应价格水平的演化方程为：

$$P_t^{1-\sigma_i} = (1-\theta)(P_t^*)^{1-\sigma_i} + \theta P_{t-1}^{1-\sigma_i} \quad (6.28)$$

根据上述关系式，并将相关变量对数线性化后可得新凯恩斯—菲利普斯曲线（NKPC）：

$$\hat{\pi}_t = E_0 \beta \hat{\pi}_{t+1} - \frac{(1-\theta)(1-\beta\theta)}{\theta} \hat{x}_t + \varepsilon_{p,t} \quad (6.29)$$

其中，$\hat{\pi}_t$ 表示通货膨胀与其稳态值的偏离；$\hat{x}_t$ 表示价格加成与其稳态值的偏离；$\varepsilon_{p,t}$ 表示随机的价格冲击，服从 $N(0,\sigma_p)$ 的分布。

六　中央银行

在中央银行设定上，为了体现中央银行实施三种不同类型货币规则对宏观经济调控的过程，本书借鉴 Li 和 Liu[②]、伍戈和连飞[③]、Liu 和 Zhang[④] 对中央银行货币政策规则的设定，构建以下三类遵循泰勒规则的货币政策手段，即数量型货币政策规则、价格型货币政策规则以及混合型货币政策规则。

[①] Calvo G. A., "Staggered Prices in a Utility-maximizing Framework", *Journal of Monetary Economics*, Vol. 12, No. 3, 1983, pp. 383-398.

[②] Li B., Liu Q., "On the Choice of Monetary Policy Rules for China: A Bayesian DSGE Approach", *China Economic Review*, Vol. 44, No. 6, 2017, pp. 166-185.

[③] 伍戈、连飞：《中国货币政策转型研究：基于数量与价格混合规则的探索》，《世界经济》2016 年第 3 期。

[④] Liu L. G., Zhang W., "A New Keynesian Model for Analysing Monetary Policy in Mainland China", *Journal of Asian Economics*, Vol. 21, No. 6, 2010, pp. 540-551.

首先,当中央银行采取数量型货币政策规则时,中央银行以货币供应量作为货币政策的中介目标,并通过调整货币供应量的大小对宏观经济运行进行干预,此时数量型货币政策规则具有以下对数线性化的形式:

$$\hat{m}_t = \rho_m \hat{m}_{t-1} + \rho_\pi \hat{\pi}_t + \rho_y \hat{y}_t + mp_t \qquad (6.30)$$

其中,带帽小写字母表示对应变量与其稳态的偏离程度;ρ_m 表示货币政策对货币供应量的平滑调整系数;ρ_π 和 ρ_y 分别表示货币供应量对通货膨胀和产出的反应系数;mp_t 表示货币政策冲击。

其次,当中央银行采取价格型货币政策规则时,中央银行以利率作为货币政策的中介目标,通过调整基准利率大小来干预整个宏观经济的变化,即货币政策服从基本的泰勒规则,此时价格型货币政策规则可以表示成以下对数线性化的形式:

$$\hat{r}_t = \rho_r \hat{r}_{t-1} + \rho_\pi \hat{\pi}_t + \rho_y \hat{y}_t + mp_t \qquad (6.31)$$

其中,ρ_r 表示货币政策对利率的平滑调整系数;ρ_π 和 ρ_y 分别表示利率对通货膨胀和产出的反应系数;mp_t 表示货币政策冲击。

最后,当中央银行采取混合型货币政策规则时,中央银行的中介目标既包括货币供应量因素又包括利率因素,中央银行通过综合运行两大中介目标对整个宏观经济的波动进行调控,此时混合型货币政策规则可以表示成以下对数线性化的形式:

$$\hat{r}_t = \rho_r \hat{r}_{t-1} + \rho_m \hat{m}_{t-1} + \rho_\pi \hat{\pi}_t + \rho_y \hat{y}_t + mp_t \qquad (6.32)$$

其中,ρ_r 表示货币政策对利率的平滑调整系数;ρ_m 表示货币政策对货币供应量的平滑调整系数;ρ_π 表示货币政策对通货膨胀的反应调整系数;ρ_y 表示货币政策对产出的反应调整系数;mp_t 表示货币政策冲击。

此外,为了进一步将预期因素引入货币政策冲击内部,本书参考 Fujiwara 等[1]以及 Schmitt-Grohe 和 Uribe[2] 对外生冲击的设定,将货币政

---

[1] Fujiwara I., Hirose Y., Shintani M., "Can News be a Major Source of Aggregate Fluctuations? A Bayesian DSGE Approach", *Journal of Money, Credit and Banking*, Vol. 43, No. 1, 2011, pp. 1-29.

[2] Schmitt-Grohe S., Uribe M., "What's News in Business Cycles", *Econometrica*, Vol. 80, No. 6, 2012, pp. 2733-2764.

策冲击表示成以下等式：

$$mp_t = \rho_{mp} mp_{t-1} + \mu_{mp,t} \tag{6.33}$$

其中，ρ_{mp} 表示货币政策冲击的一阶自回归系数；μ_{mp} 表示新的消息冲击，并且消息冲击 μ_{mp} 能够进一步分解为预期消息冲击（已预期的货币政策冲击）和未预期消息冲击（未预期的货币政策冲击）这两个部分，即满足以下等式：

$$\mu_{mp,t} = \varepsilon^0_{mp,t} + \varepsilon^1_{mp,t-1} + \varepsilon^2_{mp,t-2} + \cdots + \varepsilon^H_{mp,t-H} \tag{6.34}$$

其中，$\varepsilon^0_{mp,t}$ 表示当期未预期到的消息冲击部分，在本书中指代未预期的货币政策冲击；$\varepsilon^h_{mp,t-h}$（$h=1, 2, 3, \cdots, H$）表示已预期到的消息冲击部分，在本书中指代已预期的货币政策冲击，H 表示经济行为人最大的提前预期期限。需要注意的是，已预期的货币政策冲击表示经济行为人在 $t-h$ 期时就能获取的关于未来 t 期政策冲击的消息，这是经济行为人在 $t-h$ 期获得的信息，但只有在 t 期才对货币政策冲击产生影响。例如，当 $h=2$ 时，上述已预期的货币政策冲击表示经济行为人在 $t-2$ 期时获得的关于未来 t 期货币政策实施的具体信息，这将在 t 期对货币政策冲击带来的宏观经济调控作用产生影响，这类已预期的货币政策冲击是经济行为人通过收集内部信息或与中央银行进行消息沟通所获得的有关未来的消息，成为经济行为人在 t 期前就能预测未来货币政策实施效果的一类私人信息。同时，假定所有消息冲击服从独立同分布的白噪声过程，即 $\varepsilon_{mp,t}$ 服从 $N(0, \sigma_{mp})$ 的分布。

七 政府部门

政府部门通过多种财政政策手段来维持财政收支的平稳，具体地，政府通过发放政府债券、征收劳动所得税和资本所得税来获取必要的财政收入，并且将财政收入用于政府支出、偿还国债利息和对家庭进行转移支付，因此政府部门的预算约束条件可以表示为：

$$G_t + \frac{R_{b,t-1} B_{t-1}}{\pi_t} + Tr_t = \tau_{l,t} w_t N_t + \tau_{k,t} R_{k,t} K_t + B_t \tag{6.35}$$

其中，G_t 表示政府 t 期的政府支出行为。本章由于着重考察货币当局对最优货币政策规则的选择问题，因此假定财政政策变量服从外生的过程，即不考虑财政政策的具体调控模式和预期消息模式，因此可以将政府支出、资本所得税税率、劳动所得税税率视为服从一阶自回归的过程，即 AR(1) 的随机过程，则上述财政政策变量的对数线性化形式可以表示为：

$$\hat{\tau}_{l,t} = \rho_{\tau l}\hat{\tau}_{l,t-1} + \varepsilon_{\tau l,t} \tag{6.36}$$

$$\hat{\tau}_{k,t} = \rho_{\tau k}\hat{\tau}_{l,t-1} + \varepsilon_{\tau k,t} \tag{6.37}$$

$$\hat{g}_t = \rho_g \hat{g}_{t-1} + \varepsilon_{g,t} \tag{6.38}$$

其中，$\varepsilon_{i,t}(i = \tau l、\tau k、g)$ 表示三种主要的财政政策冲击变量，分别表示劳动所得税冲击、资本所得税冲击和政府支出冲击，各变量服从 $N(0, \sigma_i)$ 的分布。此外，$\rho_i(i = \tau l、\tau k、g)$ 表示相应财政政策变量的一阶自回归系数。

八　市场出清条件

最终，产品市场在满足以下条件后达到市场出清水平：

$$Y_t = C_t + I_t + G_t \tag{6.39}$$

第二节　模型对数线性化的处理

在对本章 DSGE 模型进行数值模拟分析前，需要求解所有相关变量的稳态水平，但由于一些方程具有高次项，难以通过一般的代数方式进行求解，此处本书仍然参考 Uhlig 等[1]对高次项方程进行求解的方法，将原有水平方程组转换为对数线性化的结果，并对原有相关等式进行逐一对数线性化求解，下文中小写带帽字母表示对应变量与稳态值的偏离程度，字母不带时间角标的表示相应变量的稳态值。

具体地，对消费的欧拉方程进行对数线性化处理可得：

$$\sigma(\hat{c}_{t+1} - \hat{c}_t) = \hat{r}_t - \hat{\pi}_{t+1} \tag{6.40}$$

家庭最优货币持有量方程的对数线性化结果为：

$$(1-\beta)\xi\hat{m}_t = \sigma(\hat{c}_t - \beta\hat{c}_{t+1}) - \beta\hat{\pi}_{t+1} \tag{6.41}$$

---

[1] Uhlig H., Marimon A., Scott A., "A Toolkit for Analyzing Nonlinear Dynamic Stochastic Models Easily", *Computational Methods for the Study of Dynamic Economies*, Vol. 97, No. 2, 1999, pp. 30–61.

对家庭最优的劳动供给方程进行对数线性化处理可得：

$$\varphi \hat{l}_t + \sigma \hat{c}_t = \hat{w}_t - \frac{\tau_l}{1-\tau_l}\hat{\tau}_{l,t} \tag{6.42}$$

由于稳态时储蓄利率和债券收益率相等，因此债券收益率的对数线性化方程具有以下形式：

$$\hat{r}_{b,t} = \hat{r}_t \tag{6.43}$$

根据企业的生产函数可以求得以下对数线性化过程：

$$\hat{y}_t = \hat{a}_t + \alpha \hat{k}_t + (1-a)\hat{l}_t \tag{6.44}$$

对应边际资本收益和边际劳动报酬的对数线性化结果为：

$$\hat{r}_{k,t} = \hat{y}_t - \hat{k}_t \tag{6.45}$$

$$\hat{w}_t = \hat{y}_t - \hat{l}_t \tag{6.46}$$

考虑资本所得税因素后，企业预期资本收益率的对数线性化形式为：

$$\hat{f}_{t+1} = \frac{\alpha Y(1-\tau_k)}{KXF}\hat{y}_{t+1} - \frac{\alpha Y \tau_k}{KXF}\hat{\tau}_{k,t} + \frac{(1-\delta)Q}{F}(\hat{q}_{t+1}+\hat{x}_{t+1}+\hat{k}_{t+1}) - \hat{k}_{t+1} - \hat{x}_{t+1} - \hat{q}_t \tag{6.47}$$

企业面临的外部融资溢价函数可以表示为：

$$\hat{f}_{t+1} = u(\hat{n}_{t+1} - \hat{q}_t - \hat{k}_{t+1}) + \hat{r}_t - \hat{\pi}_{t+1} \tag{6.48}$$

同时，对企业净资产的动态演化方程进行对数线性化处理可得：

$$\hat{n}_{t+1} = \hat{f}_t + \hat{n}_t \tag{6.49}$$

根据资本品生产商的约束条件，可以将资本品生产商的资本累积过程表示成以下对数线性化等式：

$$\hat{k}_{t+1} = \delta(\hat{z}_t + \hat{i}_t) + (1-\delta)\hat{k}_t \tag{6.50}$$

此时，资本品生产商的资本价值决定方程的对数线性化形式为：

$$\hat{q}_t + \hat{z}_t = \chi\delta(\hat{i}_t - \hat{k}_t) \tag{6.51}$$

引入零售商部门后，新凯恩斯—菲利普斯曲线（NKPC）具有如下的对数线性化形式：

$$\hat{\pi}_t = E_0\beta\hat{\pi}_{t+1} - \frac{(1-\theta)(1-\beta\theta)}{\theta}\hat{x}_t + \varepsilon_{p,t} \tag{6.52}$$

中央银行实施的数量型、价格型和混合型的货币政策规则的对数线性化形式可以表示成：

$$\hat{m}_t = \rho_m \hat{m}_{t-1} + (1-\rho_m)(\nu_\pi \hat{\pi}_t + \nu_y \hat{y}_t) + mp_t \tag{6.53}$$

$$\hat{r}_t = \rho_r \hat{r}_{t-1} + (1-\rho_r)(\nu_\pi \hat{\pi}_t + \nu_y \hat{y}_t) + mp_t \tag{6.54}$$

$$\hat{r}_t = \rho_r \hat{r}_{t-1} + \rho_m \hat{m}_{t-1} + \rho_\pi \hat{\pi}_t + \rho_y \hat{y}_t + mp_t \tag{6.55}$$

$$mp_t = \rho_{mp} mp_{t-1} + \varepsilon_{mp,t}^0 + \varepsilon_{mp,t-1}^1 + \varepsilon_{mp,t-2}^2 + \cdots + \varepsilon_{mp,t-H}^H \tag{6.56}$$

财政政策手段中劳动所得税税率、资本所得税税率和政府支出的对数线性化等式可以表示成：

$$\hat{\tau}_{l,t} = \rho_{\tau l} \hat{\tau}_{l,t-1} + \varepsilon_{\tau l,t} \tag{6.57}$$

$$\hat{\tau}_{k,t} = \rho_{\tau k} \hat{\tau}_{l,t-1} + \varepsilon_{\tau k,t} \tag{6.58}$$

$$\hat{g}_t = \rho_g \hat{g}_{t-1} + \varepsilon_{g,t} \tag{6.59}$$

技术冲击和投资边际效率冲击的动态对数线性化形式可表示为：

$$\hat{a}_t = \rho_a \hat{a}_{t-1} + \varepsilon_{a,t} \tag{6.60}$$

$$\hat{z}_t = \rho_z \hat{z}_{t-1} + \varepsilon_{z,t} \tag{6.61}$$

最后，市场出清条件具有如下的对数线性化表达式：

$$\hat{y}_t = \frac{C}{Y}\hat{c}_t + \frac{I}{Y}\hat{i}_t + \frac{G}{Y}\hat{g}_t \tag{6.62}$$

上述对数线性化方程中包含三种不同的货币政策规则，一共 23 个方程，当中央银行确定某一类具体的货币政策规则后，DSGE 模型的对数线性化方程将缩减为 21 个，正好对应上述 21 个内生变量和 7 个外生冲击变量组成的动态方程系统。此时，对相关结构参数和内生变量的稳态值进行赋值，并施加外生冲击后，就能通过上述动态方程系统来模拟外生冲击下所有内生变量的变化路径和波动情况。

第三节 参数校准和贝叶斯估计

一 参数估计的说明

参数估计依旧秉承参数分类估计的原则，对于影响模型稳态值的参数采用校准的方法，一般根据现有文献的赋值进行校准或依据宏观数据样本的数据矩进行校准；对于能够影响模型结构变化的结构性参数，一般采用贝叶斯估计的方法对其进行赋值。由于本书需要考察中央银行采用三种不同货币政策规则对宏观经济的调控作用，因此需要进行三组参数的估计工作，以确认不同货币政策规则下最拟合实际经济波动的参数估计值。

此外，在预期消息冲击和非预期消息冲击相关结构参数的估计方面，由于外生消息冲击涉及选择最优的消息期限问题，在模型中关乎经济行为人能够在多久之前获得有关 t 期货币政策的消息，即本书中 h 数值的大小，但由于消息期限和参数贝叶斯估计是同步进行的，不同的消息期限数值对应着不同的参数贝叶斯估计结果，因此，在选择消息期限时需要考虑合适的方法。本书参照王曦等[①]和 Fujiwara 等[②]对消息冲击参数估计和期限选择的设定，采用枚举法对最优的消息期限进行估算。具体而言，首先，将最大的消息期限 H 数值设定为 12，因为他们认为经济行为人最多能够记住 12 期的相关消息，即 3 年的信息内容。其次，在最大提前期数值确定后，采用枚举法来考虑所有消息冲击的组合。最后，依据贝叶斯估计的方法对比不同消息期限下模型的边际数据密度值，边际数据密度值可以作为模型拟合优度的一个参考指标，因此，边际数据密度值最大的模型对应的消息期限的数值是最优的。这里需要注意的是，对消息冲击标准差进行先验分布设定时，Görtz 和 Tsoukalas[③]赋予预期消息冲击和非预期消息冲击标准差相同的权重，并令预期消息冲击方差的大小等于非预期消息冲击方差之和，即满足以下等式：

$$\sigma^2_{\varepsilon,\,h=0} = \sigma^2_{\varepsilon,\,h=1} + \sigma^2_{\varepsilon,\,h=2} + \cdots + \sigma^2_{\varepsilon,\,h=H} = \sum_{h=1}^{H} \sigma^2_{\varepsilon,\,h} \qquad (6.63)$$

据此，本书在估计最优消息期限时，参考上述现有文献的方法，采用枚举的贝叶斯估计方法来计算每个模型的边际数据密度值，并确定最

[①] 王曦、王茜、陈中飞：《货币政策预期与通货膨胀管理——基于消息冲击的 DSGE 分析》，《经济研究》2016 年第 2 期。

[②] Fujiwara I., Hirose Y., Shintani M., "Can News be a Major Source of Aggregate Fluctuations? A Bayesian DSGE Approach", *Journal of Money, Credit and Banking*, Vol. 43, No. 1, 2011, pp. 1–29.

[③] Görtz C., Tsoukalas J. D., "News and Financial Intermediation in Aggregate Fluctuations", *Review of Economics and Statistics*, Vol. 99, No. 3, 2017, pp. 514–530.

优的消息期限,从而更为严谨地分析已预期的货币政策冲击和未预期的货币政策冲击带来的宏观经济调控效果。

二 参数的校准

在参数校准方面,大部分影响模型稳态值的参数与前文章节相似,校准的方法和依据便不再赘述。但由于本书采用 MIU 形式的家庭效用函数,因此需要对新增与货币供应量相关的参数进行校准赋值。在货币需求利率弹性的倒数 ξ 校准方面,王曦等[1]先验性地将货币需求利率弹性的倒数设定为 1,孟宪春等[2]对该参数的数值也赋值为 1,Dmitriev 和 Hoddenbagh[3]、Fernandez-Villaverde[4] 也采取了类似的做法,因此本书将货币需求利率弹性的倒数校准为 1。其他方面参数的校准与前文保持一致。

三 参数的贝叶斯估计

进行参数贝叶斯估计前需要选取相应的观测宏观经济变量,本书选取的变量为产出、消费、投资、政府支出、劳动供给、通货膨胀和利率水平,因此观测变量的选取同前文一致,并使观测变量的个数不超过外生冲击的个数,满足贝叶斯参数估计的前提假定。选取的宏观数据样本首先需要进行预处理,包括进行季节调整、取对数处理和剔除长期趋势等步骤,处理完毕的数据还需具有平稳的过程,否则将导致估计结果产生偏差,因此需要对宏观数据样本对应的数据序列进行单位根检验,这一结果已在前文章节中展示,此处便予以省略。经上述数据处理后,本书最终得到 1992 年第一季度到 2019 年第二季度的宏观数据。

在贝叶斯参数估计的先验分布设定上,经过现有文献的发展和实践,对于大部分结构参数的先验分布函数的设定,都有较为统一的方

---

[1] 王曦等:《中国货币政策规则的比较分析——基于 DSGE 模型的三规则视角》,《经济研究》2017 年第 9 期。

[2] 孟宪春、张屹山、李天宇:《中国经济"脱实向虚"背景下最优货币政策规则研究》,《世界经济》2019 年第 5 期。

[3] Dmitriev M., Hoddenbagh J., "The Financial Accelerator and the Optimal State-dependent Contract", *Review of Economic Dynamics*, Vol. 24, No. 1, 2017, pp. 43-65.

[4] Fernandez-Villaverde J., "Fiscal Policy in a Model with Financial Frictions", *American Economic Review*, Vol. 100, No. 2, 2010, pp. 35-40.

法。一般情况下,外生冲击变量的自回归系数设定为贝塔分布,这符合自回归系数介于 0 和 1 之间的特征;外生冲击变量的标准差采取逆伽玛分布的函数分布形式,因为标准差数值为正实数,这与逆伽玛分布的范围一致;其他参数设定为正态分布或伽玛分布。在本章中,由于着重考察中央银行不同货币政策规则的效果,因此需要对三种货币政策规则的反应参数进行先验分布设定。具体地,本书参照郭豫媚等[①]、伍戈和连飞[②]的做法,对货币政策规则的相关参数进行设定,对于货币政策规则中参数的平滑调整系数,本书均将其先验分布设定为服从均值为 0.5 的贝塔分布;对于货币政策规则中通货膨胀和产出的反应系数,本书均将其先验分布设定为服从均值为 1 的正态分布。其他参数的设定参考前文已有的做法,此处不再重复阐述。

在完成相关参数的先验分布设定后,本书开始对最优消息期限进行估算,正如前文所言,对最优消息期限的估计需要借助贝叶斯估计的方法,并通过枚举每一个消息期限 h 的数值来对比不同模型的边际数据密度大小。据此,本书汇报了三种不同货币政策规则下的消息期限选择结果,具体如表 6.1 所示。

表 6.1 的结果显示,三种货币政策规则的最优消息期限估计结果具有以下三个方面的特征。首先,对比消息期限 $h=0$、1、2 的结果可知,$h=0$ 结果的边际数据密度均小于其他两种结果下的情况,$h=0$ 的模型意味着不含有已预期的货币政策冲击,所有货币政策冲击均为当期发生且不可预见的。上述结果表明,含有已预期的货币政策冲击的模型比不含有的更能拟合宏观经济数据的变化。其次,观测消息期限 h 从 0 变化到 12 的结果可以发现,当消息期限的数值逐渐增加后,三种货币政策规则对应的边际数据密度并不是单调变化的,均呈现出先增后减的趋势,这表明经济行为人对消息的预期存在着一个最优的期限。最后,分析三种货币政策规则各个消息期限的边际数据密度可知,当 $h=1$ 时,

---

① 郭豫媚、陈伟泽、陈彦斌:《中国货币政策有效性下降与预期管理研究》,《经济研究》2016 年第 1 期。
② 伍戈、连飞:《中国货币政策转型研究:基于数量与价格混合规则的探索》,《世界经济》2016 年第 3 期。

所有货币政策规则的边际数据密度均达到最大值，这表明本书最优的消息期限应为1期。这一结果也与王曦等[1]的发现一致。

表 6.1　　　　　货币政策规则中最优消息期限的选择结果

数量型货币政策规则		价格型货币政策规则		混合型货币政策规则	
消息期限 h	边际数据密度	消息期限 h	边际数据密度	消息期限 h	边际数据密度
$h=0$	1184.109	$h=0$	1311.275	$h=0$	1068.615
$h=1$	1221.932	$h=1$	1327.577	$h=1$	1192.674
$h=2$	1187.294	$h=2$	1316.345	$h=2$	1069.762
$h=3$	1182.399	$h=3$	1313.731	$h=3$	1065.429
$h=4$	1179.871	$h=4$	1310.892	$h=4$	1063.713
$h=5$	1177.037	$h=5$	1308.248	$h=5$	1062.590
$h=6$	1176.498	$h=6$	1307.522	$h=6$	1059.318
$h=7$	1172.603	$h=7$	1304.479	$h=7$	1055.905
$h=8$	1168.560	$h=8$	1303.088	$h=8$	1051.347
$h=9$	1165.385	$h=9$	1301.930	$h=9$	1049.292
$h=10$	1162.578	$h=10$	1298.485	$h=10$	1046.566
$h=11$	1162.316	$h=11$	1296.196	$h=11$	1044.791
$h=12$	1160.897	$h=12$	1292.684	$h=12$	1043.603

进一步地，本书对最优消息期限 $h=1$ 下的三种货币政策规则的参数贝叶斯估计结果进行汇报，具体结果如表6.2所示。通过分析表6.2的贝叶斯参数估计结果可以发现以下三点结论。首先，仔细分析不同货币政策规则下的金融加速器强度 u 可知，三种货币政策规则下的金融加速器强度大致都在0.048左右，这表明在不同货币政策规则下，金融加速器强度大致保持不变，意味着金融加速器强度外生于中央银行采用的货币规则方式，是信贷市场摩擦带来的产物，并且金融加速器的强度与前文封闭经济环境下模型的数值相似，因此，说明本书对我国金融加速器强度的估计值具有一定的稳健性。其次，通过观察三种货币政策规则

---

[1] 王曦、王茜、陈中飞：《货币政策预期与通货膨胀管理——基于消息冲击的 DSGE 分析》，《经济研究》2016 年第 2 期。

下的企业生存概率 ω 可知，企业生存概率的数值均在 0.9 左右，且随着金融加速器强度的增加，企业生存概率出现递减的现象，这说明随着金融加速器强度增加，当经济环境发生负面冲击时，市场上的企业将受到更大的不利影响，企业退出市场的概率也就越高，也体现了"小冲击，大波动"的金融加速器原理。最后，观察不同货币政策规则下的其他参数可以发现，大体上不同货币政策规则对应的参数结构和参数变化幅度较为相似，这也从一定角度证明在不同模型的设定下，本书参数贝叶斯估计的结果较为稳定。

表 6.2 参数的贝叶斯估计

参数	先验分布	先验均值	数量型货币政策规则			价格型货币政策规则			混合型货币政策规则		
			后验均值	90%置信区间		后验均值	90%置信区间		后验均值	90%置信区间	
u	贝塔分布	0.042	0.0482	0.0395	0.0572	0.0476	0.0385	0.0587	0.0489	0.0367	0.0628
ω	贝塔分布	0.9728	0.8997	0.8968	0.9020	0.9005	0.8915	0.9114	0.8963	0.8891	0.9018
θ	贝塔分布	0.5	0.7032	0.6915	0.7163	0.6991	0.6904	0.7075	0.7129	0.7033	0.7238
χ	伽玛分布	1	1.7395	1.4302	2.1561	1.2625	0.3106	2.2929	1.6087	1.5374	1.6730
X	伽玛分布	5	5.7332	5.2012	6.7202	4.8584	3.2209	6.2897	7.7924	7.5202	8.0343
ρ_π	N	1	1.0135	0.7693	1.2546	0.5793	0.3322	0.8014	1.1339	1.0998	1.1550
ρ_y	N	1	1.1576	1.0035	1.3326	2.3592	2.0589	2.6594	1.8338	1.7472	1.9240
ρ_r	贝塔分布	0.5	—	—	—	0.5027	0.2258	0.8173	0.2044	0.1821	0.2249
ρ_m	贝塔分布	0.5	0.6074	0.5437	0.6719	—	—	—	0.6976	0.5873	0.7082
ρ_a	贝塔分布	0.5	0.4325	0.3434	0.5152	0.4419	0.3435	0.5319	0.6023	0.5513	0.6535
ρ_z	贝塔分布	0.5	0.8916	0.8609	0.9286	0.5242	0.4694	0.5885	0.8154	0.7909	0.8423
ρ_k	贝塔分布	0.5	0.3519	0.1134	0.5111	0.5025	0.1667	0.8070	0.9763	0.9651	0.9916
ρ_l	贝塔分布	0.5	0.9974	0.9957	0.9993	0.8231	0.7441	0.9001	0.4216	0.3890	0.4735
ρ_g	贝塔分布	0.5	0.5333	0.4496	0.6081	0.6734	0.5748	0.7683	0.6718	0.6434	0.6986
ρ_{mp}	贝塔分布	0.5	0.4369	0.2637	0.5605	0.6438	0.5473	0.7307	0.5468	0.5300	0.5669
σ_a	逆伽玛分布	0.1	0.0132	0.0120	0.0144	0.0162	0.0141	0.0183	0.0128	0.0118	0.0137
σ_z	逆伽玛分布	0.1	0.0123	0.0118	0.0129	0.0306	0.0252	0.0362	0.0120	0.0118	0.0122
σ_p	逆伽玛分布	0.1	0.1537	0.1419	0.1677	0.1588	0.1430	0.1746	0.1602	0.1481	0.1739
σ_k	逆伽玛分布	0.1	0.0741	0.0233	0.1331	0.0816	0.0237	0.1393	0.5236	0.3597	0.6469
σ_l	逆伽玛分布	0.1	0.2616	0.2297	0.2917	0.2395	0.1295	0.3434	0.0709	0.0238	0.1200

续表

参数	先验分布	先验均值	数量型货币政策规则		价格型货币政策规则		混合型货币政策规则	
			后验均值	90%置信区间	后验均值	90%置信区间	后验均值	90%置信区间
σ_g	逆伽玛分布	0.1	0.1092	0.0979　0.1196	0.1056	0.0949　0.1175	0.1053	0.0919　0.1179
$\sigma_{\varepsilon,h=0}$	逆伽玛分布	0.1	0.0490	0.0267　0.0680	0.0205	0.0166　0.0247	0.0207	0.0171　0.0243
$\sigma_{\varepsilon,h=1}$	逆伽玛分布	0.1	0.0620	0.0347　0.0884	0.0261	0.0233　0.0288	0.0248	0.0206　0.0291

第四节　模型拟合性的检验

在完成模型参数估计之后，需要评估模型的拟合程度，尤其是检验包含预期消息冲击的三种不同货币政策规则的模型能否更好地拟合现实经济的波动。对此，本章将通过多变量 MCMC 收敛性诊断和拟合能力分析这两种方法对模型的拟合性进行评估，以确保本章经参数估计后的模型是对现实宏观经济波动的正确反映，也为下文实证分析所归纳的相关结论提供合理的事实保证。

一　模型的多变量 MCMC 收敛性诊断

多变量 MCMC 收敛性诊断能够评估模型参数整体的收敛性，若模型整体能够收敛于宏观样本数据的数据矩，则可以认为经参数估计后的模型能够较好地反映实际宏观经济的波动情况，即对实际数据具有较强的拟合性。据此，本章从样本数据中选择了两条马尔科夫计算链，并分别对三种不同货币政策规则的模型进行了为数 10000 次的蒙特卡洛模拟抽样，最终三种模型的多变量 MCMC 收敛性诊断结果如图 6.1 所示。

其中，图 6.1 从左往右分别表示数量型货币政策规则、价格型货币政策规则和混合型货币政策规则的多变量 MCMC 收敛性诊断结果；interval、m2、m3 分别表示模拟数据序列的一阶矩（期望值）、二阶矩（方差）和三阶矩（偏度）的收敛情况；两条曲线表示两条不同的马尔科夫计算链。根据图 6.1 的结果可以得知，三种不同货币政策规则的模型均能较好地拟合宏观样本数据的数据矩。具体而言，在三种模型的一

（a）数量型货币政策规则

（b）价格型货币政策规则

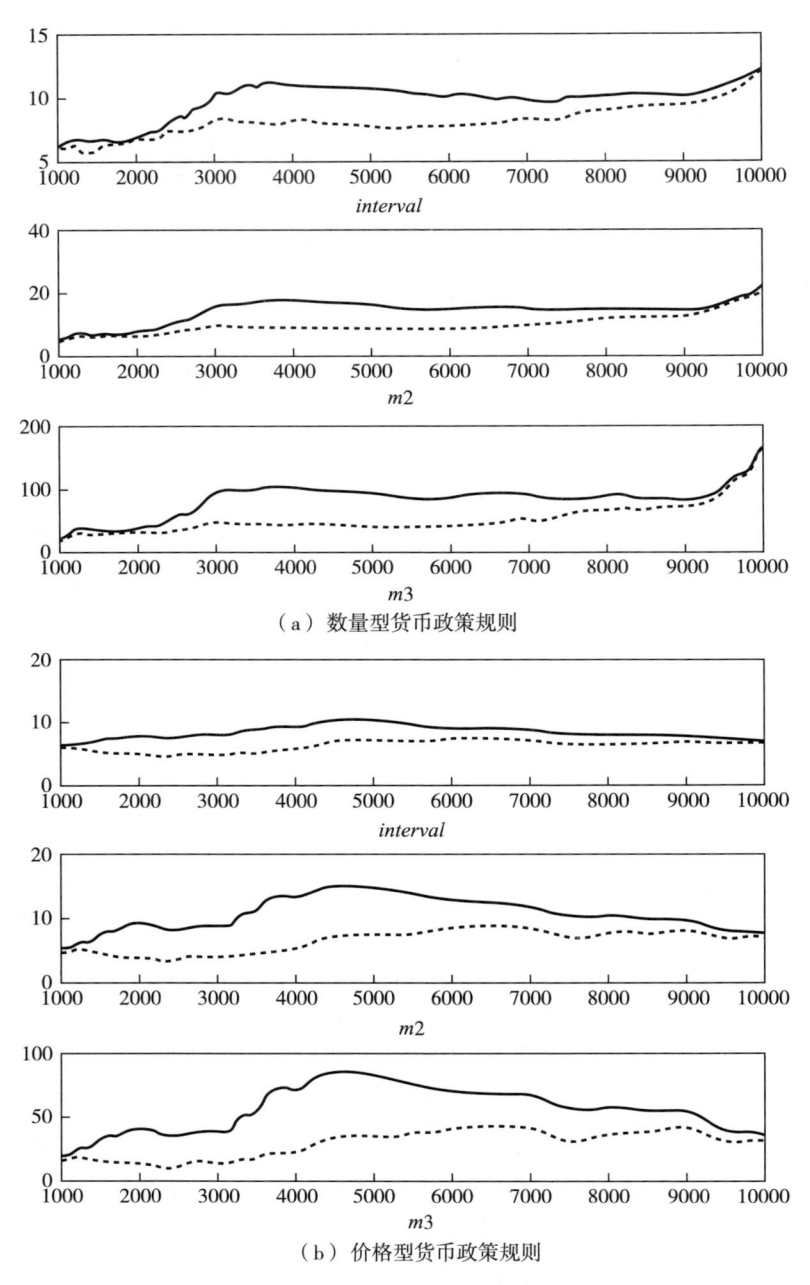

图 6.1　三种货币政策规则的多变量 MCMC 收敛性诊断结果

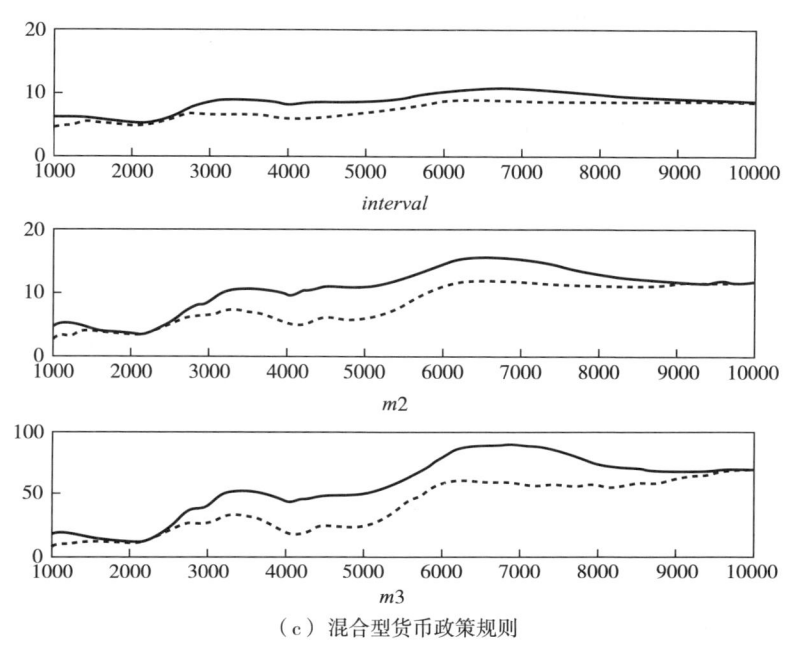

（c）混合型货币政策规则

图 6.1　三种货币政策规则的多变量 MCMC 收敛性诊断结果（续）

阶矩结果中，随着蒙特卡洛模拟次数的增加，两条马尔科夫计算链代表的规模因子大小逐渐趋于同一水平，并且在蒙特卡洛模拟接近 1 万次的时候达到收敛水平。同理可知，三种货币政策规则的二阶矩和三阶矩结果也能在蒙特卡洛模拟结束前收敛于相应的数值，这表明三种模型整体上能够较好地拟合实际宏观数据的数据矩。综上，多变量 MCMC 收敛性诊断表明，本章对三种模型参数估计的结果较为适宜，整体上能够较好地拟合现实中宏观经济的运行情况。

二　模型的拟合能力分析

模型拟合能力分析是评估模型预测数据对实际宏观数据的拟合程度，以模型提前一期预测数据和实际宏观样本数据进行拟合对比，这一方法可以评估模型对宏观走势的拟合性和预测精确性。[1] 为了进一步检验在三种不同货币政策规则的模型中，包含预期消息冲击因素的模型与

---

[1] Nimark K. P., "A Structural Model of Australia as a Small Open Economy", *Australian Economic Review*, Vol. 42, No. 1, 2009, pp. 24-41.

不包含预期消息冲击的模型对现实数据的预测差异性，本章针对产出、消费、投资和通货膨胀这四个主要宏观经济变量，将三种模型中包含预期因素和不包含预期因素的预测结果进行了对比，分别汇报于图 6.2、图 6.3 和图 6.4 之中。

首先，图 6.2 汇报了数量型货币政策规则下的分析结果。从图 6.2 中可以发现，整体上，含有预期消息冲击和不含有预期消息冲击的模型均能较好地拟合产出、消费、投资、通货膨胀四个主要宏观变量的波动趋势，这表明模型参数估计的结果较适宜，能够精确预测宏观经济变量的变化。进一步观察含有预期消息冲击和不含有预期消息冲击的模型可知，相比于不含有预期消息冲击的模型，含有预期消息冲击的模型能够更好地拟合主要宏观经济变量的变化势头，并且对实际宏观数据预测的偏差程度更低，这在图形上反映为更小的偏离和波动幅度。

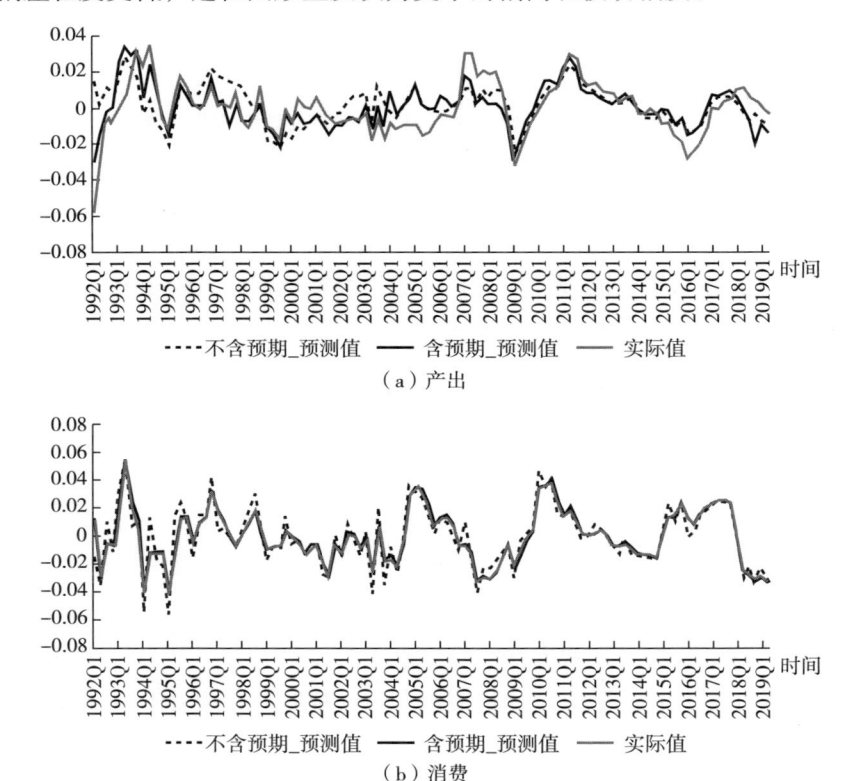

（a）产出

（b）消费

图 6.2　数量型货币政策规则的拟合能力分析结果

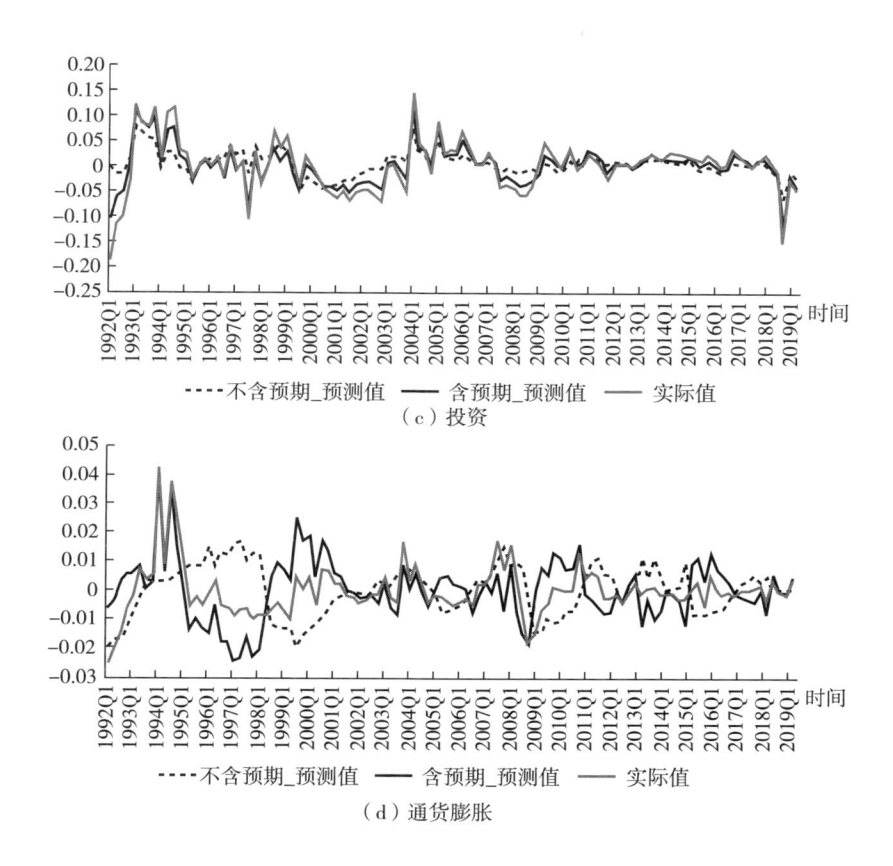

图 6.2　数量型货币政策规则的拟合能力分析结果（续）

其次，图 6.3 汇报了价格型货币政策规则下的分析结果。通过分析图 6.3 的结果可知，包含预期消息冲击和不包含预期消息冲击的价格型货币政策规则模型，大致上能够精确预测主要宏观经济变量的波动趋势和波动方向。进一步观察可以发现，含有预期消息冲击的模型比不含有预期消息冲击的模型具有更强的拟合性，能够更好地拟合样本期限内产出、消费、投资和通货膨胀的变化趋势。并且，在包含预期消息冲击的模型中，对于产出、消费、投资三个变量的预测值，几乎与实际观测值完全相同，对于通货膨胀变量的预测值，虽然在某些时期与实际值有所偏离，但能够大致描绘出实际宏观数据的变化势头，因此该模型参数设定的结果对实际数据的拟合能力较强。

（a）产出

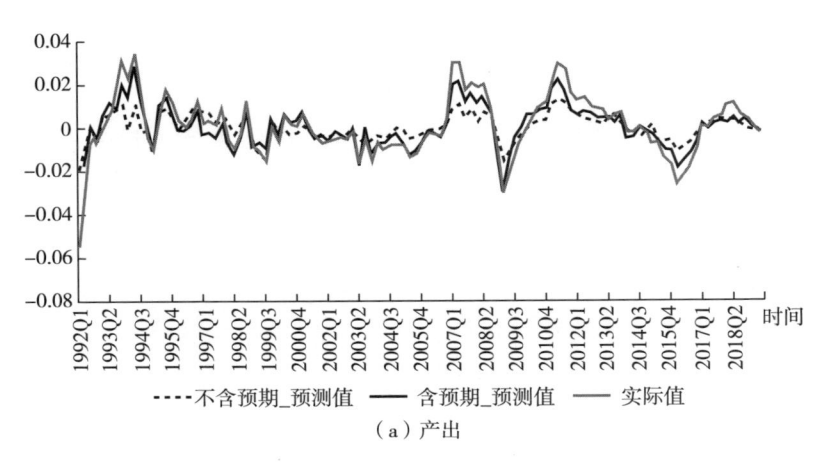

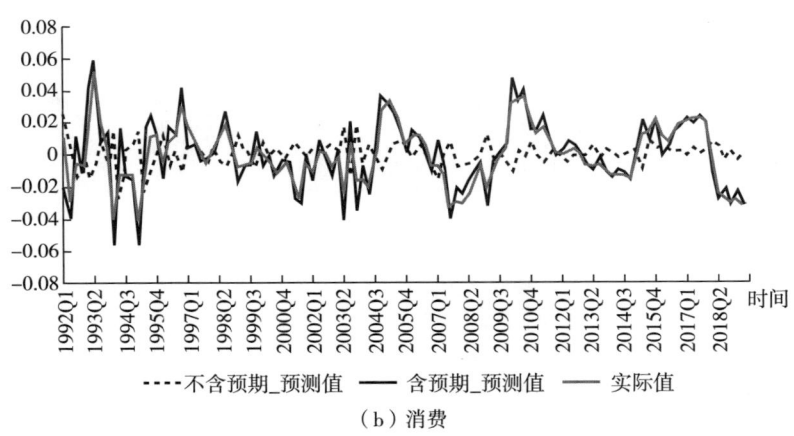

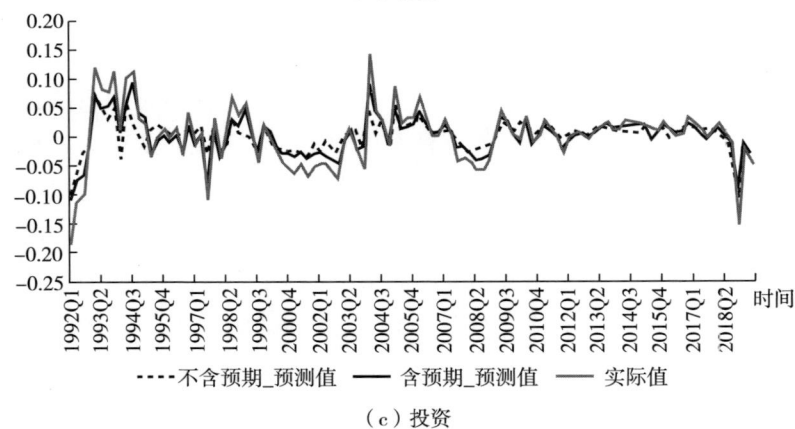

（b）消费

（c）投资

图 6.3　价格型货币政策规则的拟合能力分析结果

(d) 通货膨胀

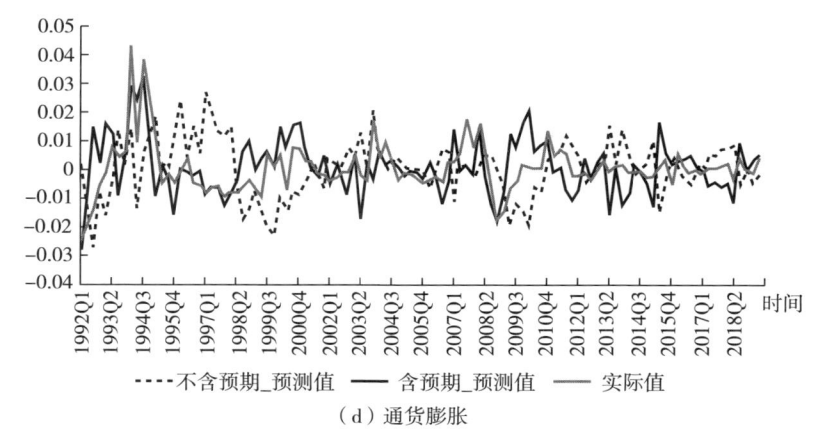

图 6.3 价格型货币政策规则的拟合能力分析结果（续）

最后，图 6.4 汇报了混合型货币政策规则下的分析结果。图 6.4 的结果显示，含有预期消息冲击和不含有预期消息冲击的模型均能反映产出、消费、投资和通货膨胀这四个宏观经济变量的波动情况，这表明两种不同的模型大致上都能刻画出实际宏观经济数据的波动趋势，模型具有一定的拟合性。进一步分析两种模型下的结果易知，相比于不含有预期消息冲击的模型，含有预期消息冲击的模型能够更为贴切地预测出实际宏观数据的波动趋势，并且预测精度更高，对实际数据的预测偏差和波动偏离幅度更低，这表明含有预期消息冲击的模型具有更强的拟合性。

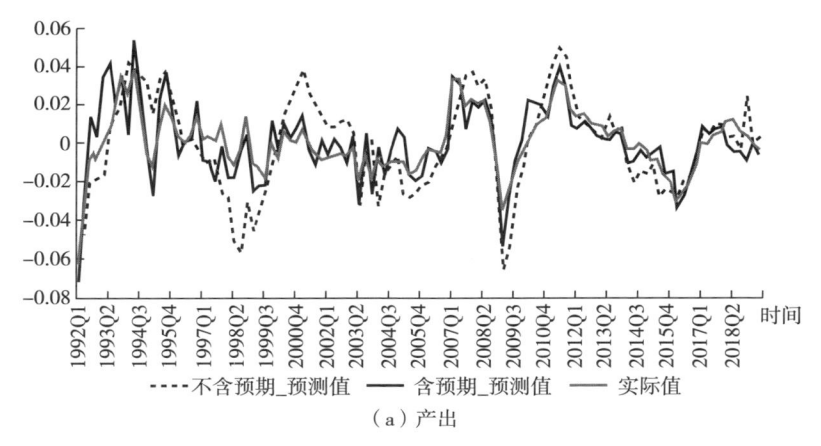

(a) 产出

图 6.4 混合型货币政策规则的拟合能力分析结果

（b）消费

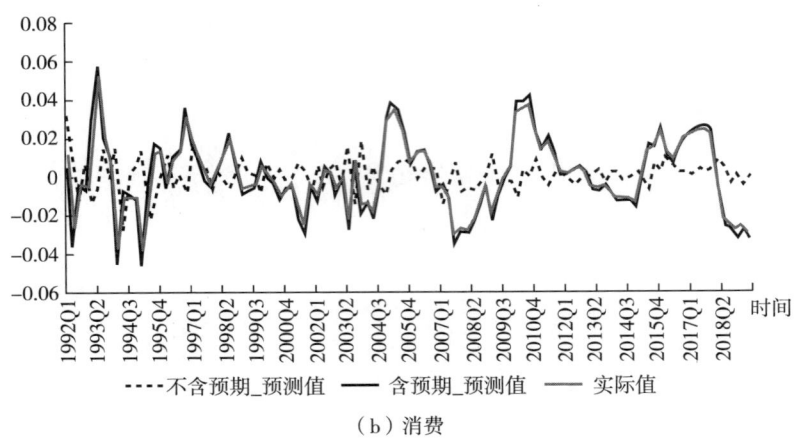

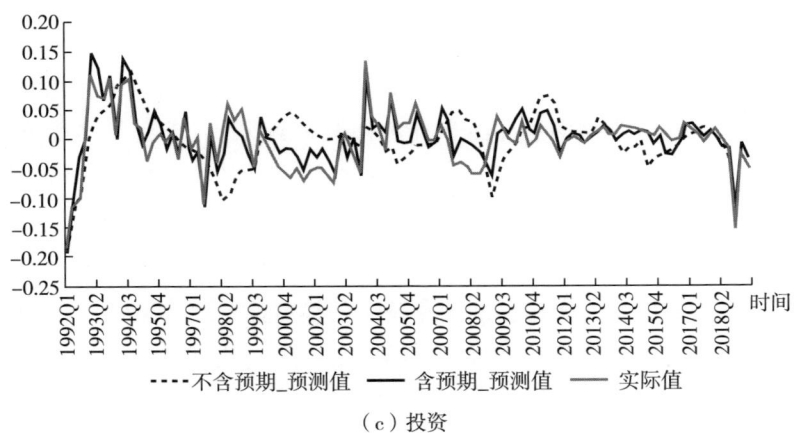

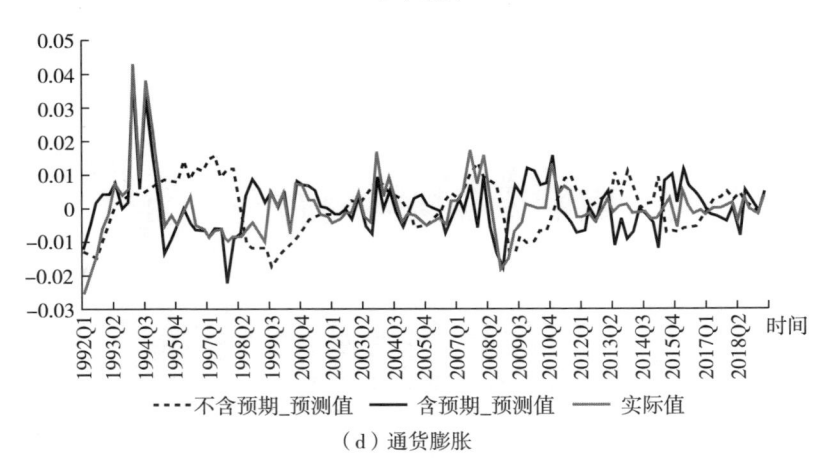

（c）投资

（d）通货膨胀

图 6.4 混合型货币政策规则的拟合能力分析结果（续）

综上，三种不同货币政策规则下的模型均能较好地拟合实际宏观数据的基本走势，并且三种模型的提前一期预测结果均显示，含有预期消息冲击的模型对实际数据的拟合程度更高，对宏观数据实时波动情况的预测偏差更低。这表明若在模型构建中不考虑预期消息冲击因素，很可能错误估计货币政策带来的宏观调控效果，也证明了本章构建含有预期消息冲击的宏观 DSGE 模型的合理性。

第五节　基准模型的脉冲响应分析

为了检验不同货币政策规则下，中央银行货币政策调控对实体经济的影响大小，本节通过脉冲响应分析的方法，来观测三种不同类型的货币政策规则对宏观经济调控能力的差异性，并且能够分析金融加速器机制下，三种货币政策规则实施后的具体影响路径，这将为我们总结货币政策背后作用机理和不同货币政策规则对实体经济影响的客观规律提供有效的途径。据此，下文将通过脉冲响应分析方法来探究三种货币政策规则对控制宏观经济运行的具体作用。

一　数量型货币政策规则的基准脉冲响应结果

图 6.5 汇报了数量型货币政策规则下，施加一单位正向标准差大小的已预期的货币政策冲击和未预期的货币政策冲击后，相关宏观经济变量的脉冲响应分析图。根据结果可以发现，整体上两种冲击对主要宏观经济变量的影响方向相同，均能带来产出、消费、投资、通货膨胀等经济变量水平的增加。具体而言，一单位正向标准差的已预期的货币政策冲击下，当期产出增加 0.170%，消费水平立刻上升 0.024%，当期投资增长 0.518%，通货膨胀水平立刻上升 0.091%；一单位正向标准差的未预期的货币政策冲击下，当期产出增加 0.157%，消费水平立刻上升 0.016%，当期投资增长 0.356%，通货膨胀水平立刻上升 0.079%。利率、外部融资溢价、资本价值、净资产等变量在两种冲击下也发生不同程度的变动，并且上述部分变量存在着过度超调的现象。此外，进一步观察已预期的货币政策冲击和未预期的货币政策冲击带来的宏观波动大

小可知，相比于未预期的货币政策冲击，已预期的货币政策冲击对相关宏观经济变量的调控作用更大。这表明，已预期的货币政策冲击对宏观经济变量的影响更大，是导致相关宏观经济变量波动的主要原因。该结论与王曦等①以及 Schmitt-Grohe 和 Uribe② 的发现一致。这意味着引导公众形成政策预期，便能够有效提高货币政策对宏观经济的调控能力。

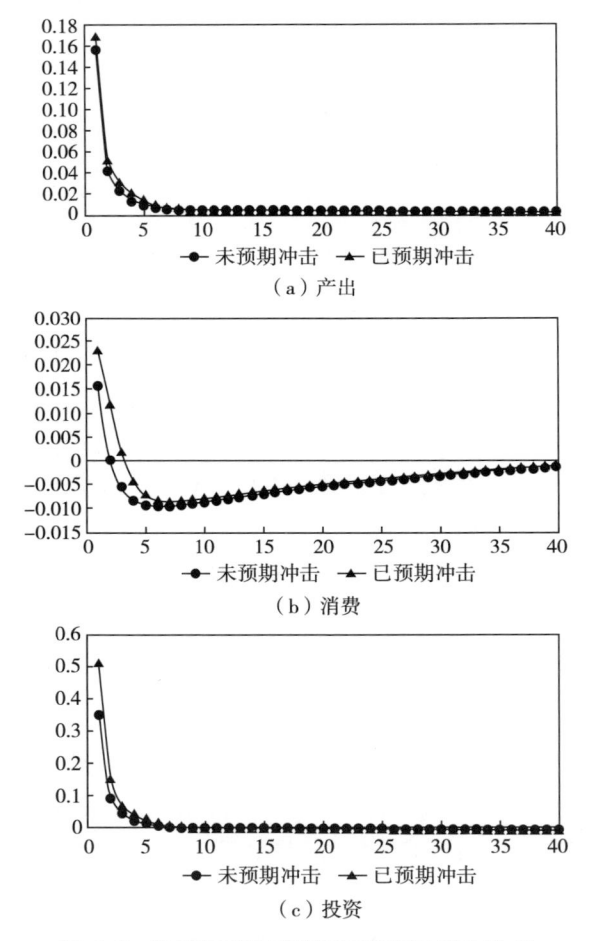

图 6.5　数量型货币政策规则的脉冲响应分析

---

① 王曦、王茜、陈中飞：《货币政策预期与通货膨胀管理——基于消息冲击的 DSGE 分析》，《经济研究》2016 年第 2 期。
② Schmitt-Grohe S., Uribe M., "What's News in Business Cycles", *Econometrica*, Vol. 80, No. 6, 2012, pp. 2733-2764.

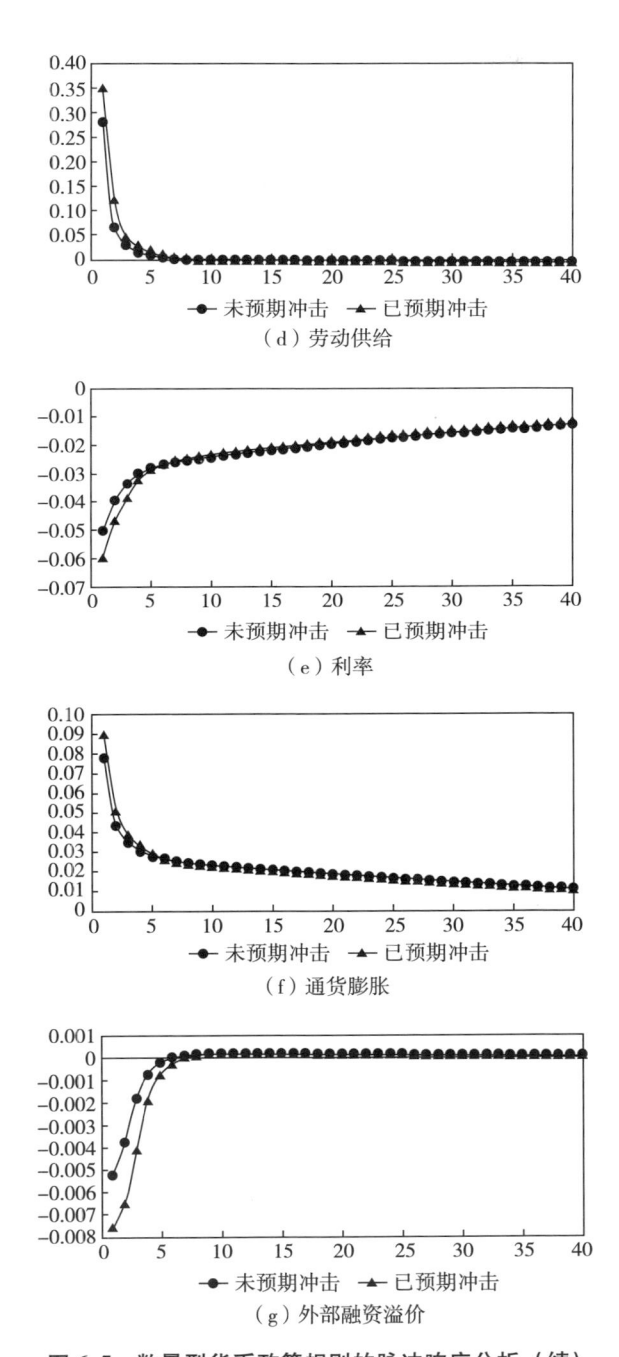

第六章 金融加速器、预期消息冲击和货币政策规则 | 193

(d) 劳动供给

(e) 利率

(f) 通货膨胀

(g) 外部融资溢价

图 6.5 数量型货币政策规则的脉冲响应分析（续）

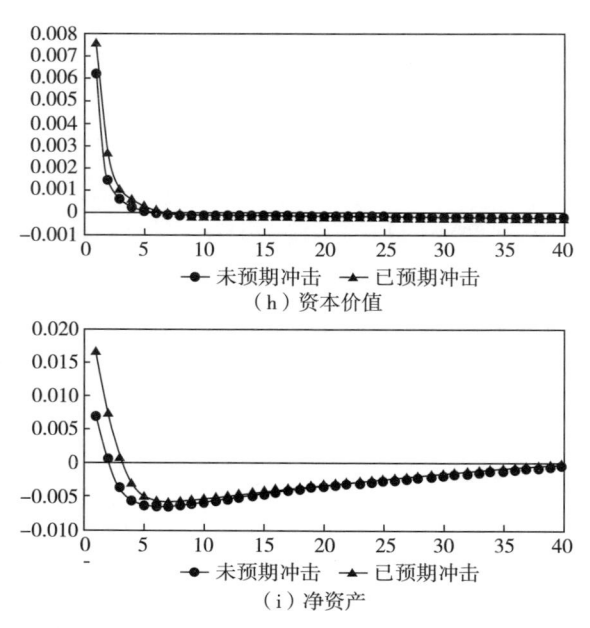

图 6.5　数量型货币政策规则的脉冲响应分析（续）

虽然近年来我国利率市场化改革进程在不断推进，金融市场多样化的进程得到了进一步发展，但由于市场利率并未完全放开，金融市场摩擦现象频繁，利率作为货币政策目标的传导途径存在受阻问题[①]，因此货币当局对宏观形势的调控仍较大幅度依赖于数量型的货币政策规则，这表现为中央银行通过调整货币供应量来影响实体经济的变化。就其传导路径而言，首先，正向的货币政策冲击直接提高了经济环境中的货币流通量，导致原有的货币市场供需均衡被打破，产生"流动性过剩"的现象，进一步降低了市场的基准利率水平。其次，利率水平的下降改变了家庭当期的消费决策和企业的投资热情，增加了家庭当期的消费，提高了企业的投资规模，进而整体上提高了社会对产品的总需求；产品需求面水平的提高，改变了企业最优的产出目标，提高了最终的社会产出，促使企业增加劳动生产要素的投入，提高了劳动市场的供给水平。此时根据企业生产函数可知，随着劳动要素投入的增加，劳动边际产出的水平逐渐下滑，对应的劳动边际成本将上升，这意味着企业对产品的

---

① 温信祥、苏乃芳：《大资管、影子银行与货币政策传导》，《金融研究》2018 年第 10 期。

定价加成能力更低；进一步根据新凯恩斯—菲利普斯曲线（NKPC）可知，通货膨胀水平将有所上升，这表明经济体中通货膨胀的来源主要为成本推动型。最后，根据资本价值决定方程可知，企业投资水平的增加将提高资本价值，进而使企业的净资产发生增值，此时在信息不完全的信贷市场中，银行对企业信贷资金的"利率加成"幅度减小，即企业面临着更低的外部融资溢价，并进一步推动金融加速器机制的运行。

二 价格型货币政策规则的基准脉冲响应结果

图 6.6 汇报了价格型货币政策规则下，施加一单位正向标准差大小的已预期的货币政策冲击和未预期的货币政策冲击后，相关宏观经济变量的脉冲响应分析图。可见，在价格型货币政策冲击下，产出、消费、投资和通货膨胀等主要宏观经济变量均发生了明显的下滑，这与基本的经济学逻辑是一致的，并且部分变量出现了过度超调的现象。具体而言，一单位正向标准差的已预期的货币政策冲击下，当期产出减少 0.596%，消费水平立刻下降 0.075%，当期投资降低 1.154%，通货膨胀水平立刻下降 0.335%；一单位正向标准差的未预期的货币政策冲击下，当期产出减少 0.454%，消费水平立刻下降 0.043%，当期投资降低 0.987%，通货膨胀水平立刻下降 0.262%。劳动供给、资本价值和净资产等变量也出现了不同程度的缩减现象，这表明价格型货币政策规则带来的冲击能够有效降低经济运行过热的现象。此外，进一步分析已预期和未预期的两个货币政策冲击可知，相对于未预期的货币政策冲击，已预期的货币政策冲击对所有宏观经济变量的影响程度更大、调控作用更强，这与数量型货币政策规则下的结果一致，也表明已预期货币政策冲击对干预宏观经济运行的重要作用。

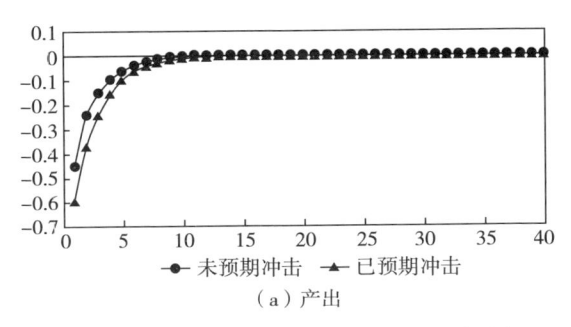

(a) 产出

图 6.6 价格型货币政策规则的脉冲响应分析

(b）消费

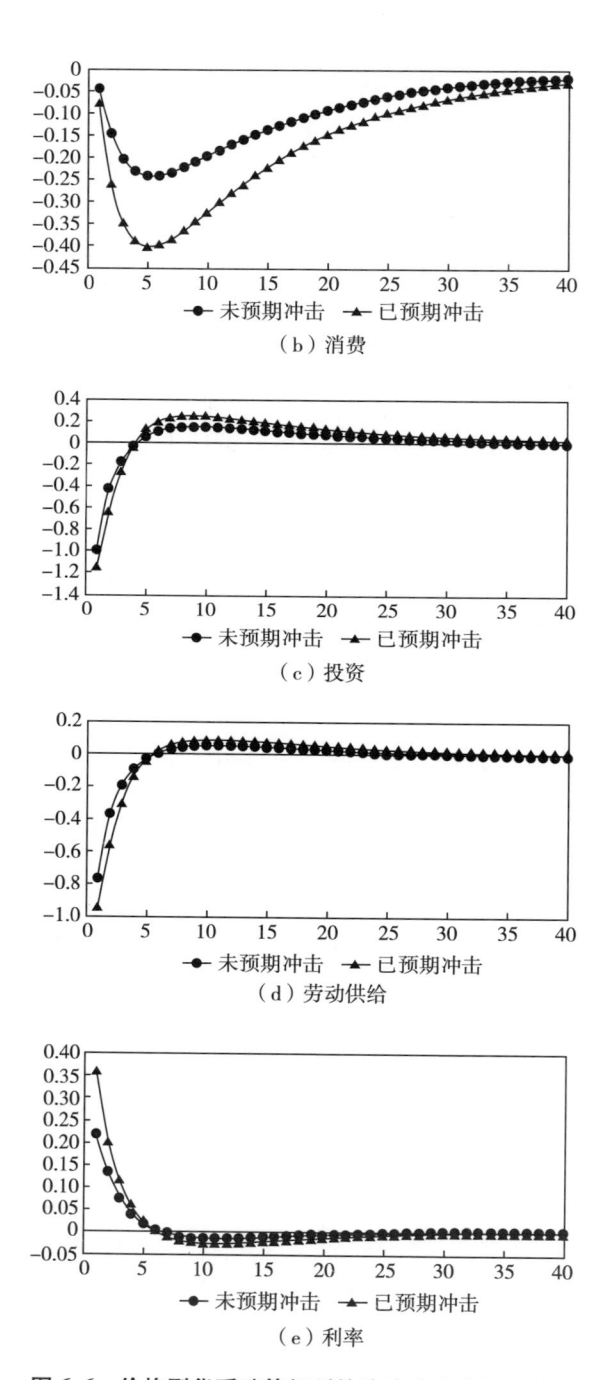

(c）投资

(d）劳动供给

(e）利率

图 6.6　价格型货币政策规则的脉冲响应分析（续）

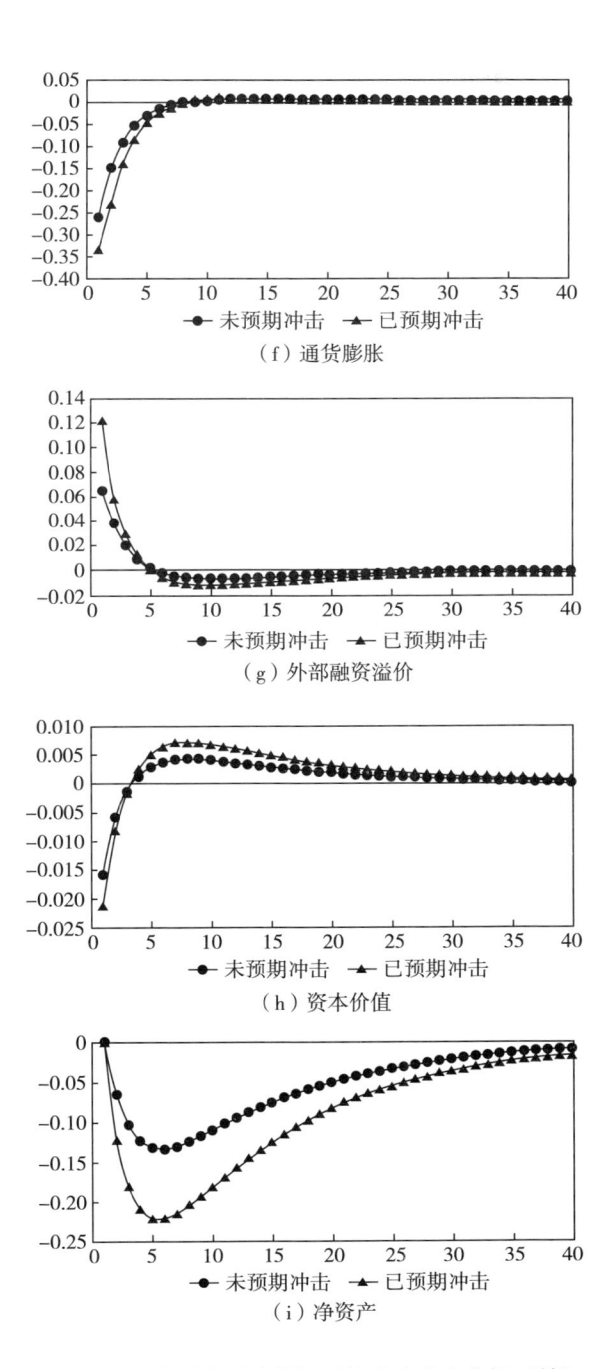

第六章 金融加速器、预期消息冲击和货币政策规则 | 197

(f) 通货膨胀

(g) 外部融资溢价

(h) 资本价值

(i) 净资产

图 6.6 价格型货币政策规则的脉冲响应分析（续）

不同于数量型货币政策规则，价格型货币政策规则将利率作为货币政策的中介目标，中央银行通过调整市场上的基准利率，从而对整个宏观经济的运行予以控制，这一货币政策规则在西方国家中较为盛行。由于西方国家金融市场发展较为完善，金融衍生品的种类丰富多样，又加之以货币供应量为中介目标的调控手段的有效性在逐年下降，因此造成了价格型货币政策规则在西方国家的风靡现象。价格型货币政策规则具有以下的宏观作用路径：首先，在正向的货币政策冲击下，市场的利率水平直接得到提升，这一方面通过增加家庭储蓄来降低家庭的当期消费水平；另一方面提高了企业面临的融资成本，降低了企业当下的最优投资规模，进而导致经济体的消费和投资水平均出现一定程度的缩减。其次，需求侧消费水平的降低，促使企业下调最优的产出目标，降低了最终的产出水平，这反映为企业在生产过程中减少对劳动、资本生产要素的投入，降低了家庭劳动供给的水平，这进一步减少了企业面临的边际成本，增强了企业对产品的定价加成能力，从而通过新凯恩斯—菲利普斯曲线（NKPC）对现行的通货膨胀水平带来消减的作用，引致通货紧缩的现象。最后，通过资本价值决定方程可知，企业投资规模的下降将导致资本价值缩水，从而降低了企业净资产的价值总额，提高了银行的"利率加成"能力，在金融加速器的机理下，企业将面临更高的外部融资溢价程度，并进一步通过金融加速器的作用，放大了紧缩性货币政策带来的宏观经济冲击。

三 混合型货币政策规则的基准脉冲响应结果

图 6.7 汇报了混合型货币政策规则下，施加一单位正向标准差大小的已预期的货币政策冲击和未预期的货币政策冲击后，相关宏观经济变量的脉冲响应分析图。通过分析图 6.7 结果可知，混合型货币政策规则下，已预期的货币政策冲击和未预期的货币政策冲击均能带来较为明显的宏观缩减作用。具体而言，一单位正向标准差的已预期的货币政策冲击下，当期产出减少 0.452%，消费水平立刻下降 0.004%，当期投资降低 1.224%，通货膨胀水平立刻下降 0.281%；一单位正向标准差的未预期的货币政策冲击下，当期产出减少 0.357%，消费水平立刻下降 0.001%，当期投资降低 0.931%，通货膨胀水平立刻下降 0.222%。其

他变量,如劳动供给、资本价值、净资产等均发生不同程度的缩减,并且部分宏观经济变量存在着过度超调的现象。此外,通过仔细对比两种不同冲击下的脉冲响应图可知,相比于未预期的货币政策冲击,已预期的货币政策冲击能够给宏观经济变量带来更大程度的变化,这再次验证了已预期的货币政策冲击是解释宏观经济波动的重要因素。①

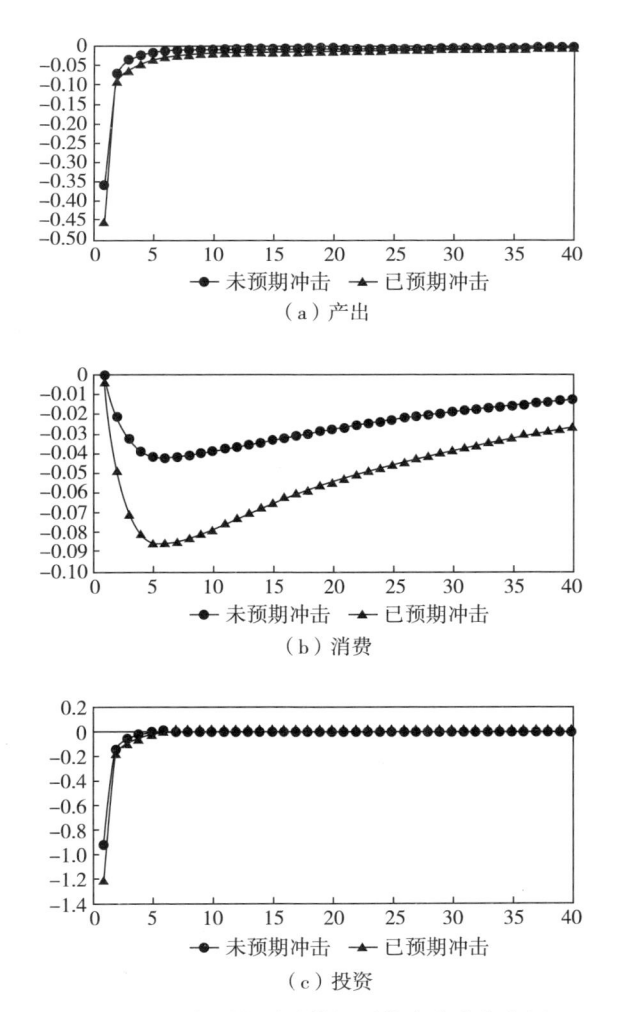

(a) 产出

(b) 消费

(c) 投资

图 6.7 混合型货币政策规则的脉冲响应分析

① Beaudry P., Portier F., "An Exploration into Pigou's Theory of Cycles", *Journal of Monetary Economics*, Vol. 51, No. 6, 2004, pp. 1183-1216.

(d) 劳动供给

(e) 利率

(f) 通货膨胀

(g) 外部融资溢价

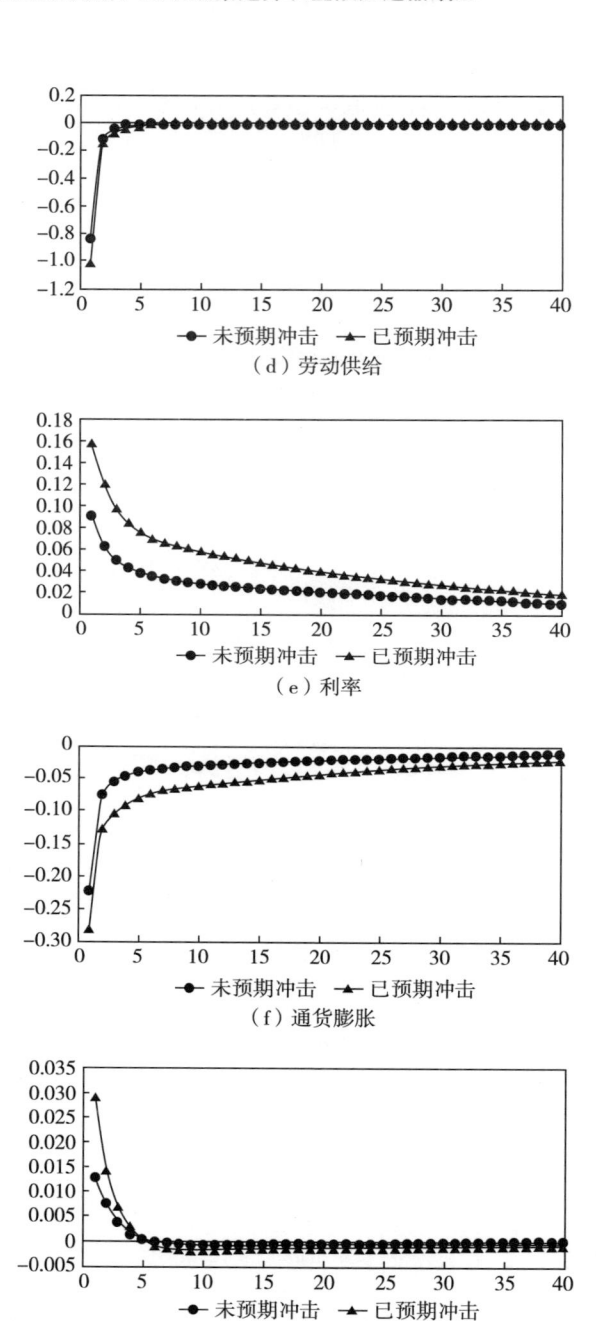

图 6.7 混合型货币政策规则的脉冲响应分析（续）

(h) 资本价值

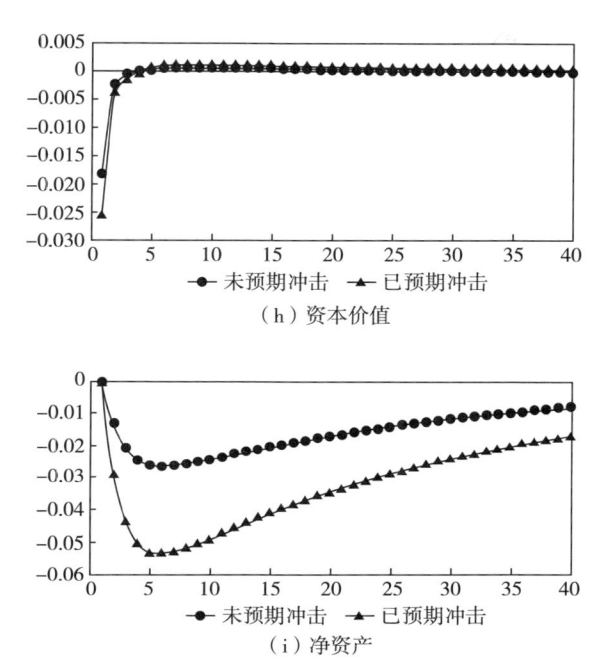

(i) 净资产

图 6.7　混合型货币政策规则的脉冲响应分析（续）

混合型的货币政策规则结合了数量型和价格型货币政策规则的特征，对宏观经济调控有着不同的效果，这也吸引了大量学者对混合型货币政策规则展开研究。大部分研究结果显示，混合型货币政策规则不仅具有更强的熨平经济波动的能力，并且带来的福利损失水平更低[1][2][3]，因此混合型货币政策内容的探讨成为该学术领域内的新宠。进一步地，本章中混合型货币政策规则的调控路径如下：首先，正向的货币政策冲击提高了基准利率水平，并通过影响家庭跨期的消费决策和企业的融资成本，使家庭消费和企业投资规模出现明显的下滑，而产品需求的下

---

[1] 王曦等：《中国货币政策规则的比较分析——基于 DSGE 模型的三规则视角》，《经济研究》2017 年第 9 期。

[2] 岳超云、牛霖琳：《中国货币政策规则的估计与比较》，《数量经济技术经济研究》2014 年第 3 期。

[3] Liu L. G., Zhang W., "A New Keynesian Model for Analysing Monetary Policy in Mainland China", *Journal of Asian Economics*, Vol. 21, No. 6, 2010, pp. 540−551.

降，降低了企业最优的生产目标，最终减少了经济体的产出水平。其次，企业生产目标下调后，减少了对劳动生产要素的需求，进而降低了劳动市场均衡状态时的供给水平，使企业面临的劳动边际产出水平上升，劳动边际成本下降，进一步降低了企业当前的边际成本，提高了企业在产品上的定价加成能力，此时根据新凯恩斯—菲利普斯曲线（NK-PC）可知，经济体的通货膨胀水平将有所下降。最后，企业投资规模的缩减将通过资本价值决定方程对资本价值产生负面影响，进一步减少了企业的净资产总价值，净资产的下降，提高了银行信贷资金的"利率加成"幅度，使企业在信贷市场上面临更高程度的外部融资溢价，并通过金融加速器机制放大货币政策冲击引发的宏观波动现象。

第六节　不同金融加速器强度下的异质性分析

上文通过脉冲响应分析的方法，对三种货币政策规则下的宏观经济调控效果展开了较为详细的讨论，并探讨了已预期的货币政策冲击与未预期的货币政策冲击对宏观经济变量的差异性作用。研究发现，在不同的货币政策规则下，已预期的货币政策冲击对宏观经济变量的影响程度均大于未预期的货币政策冲击。这表明预期消息冲击是解释宏观经济波动的重要因素，因此，中央银行与公众展开合理的交流，能够提高货币政策的实施效果。但是行文至此，本章还未对不同金融加速器强度与三种货币政策规则下的预期消息冲击之间的关系进行探究，对于该问题的剖析将有助于我们深入理解金融加速器强度变化带来的差异性作用，理解预期货币政策冲击在金融加速器强度变化下的具体效果，也将为我们厘清不同货币政策规则的宏观调控作用带来诸多裨益。

据此，本节通过改变原有模型中金融加速器的强度，以检验在三种不同货币政策规则下，已预期的货币政策冲击对主要宏观经济变量的异质性作用。具体而言，本章以基准模型中的金融加速器强度为基础，将不同货币政策规则下的金融加速器强度分为三类，分类方法与前文章节保持一致。第一类，无金融加速器强度（$u=0$），三种货币政策规则下该分类强度均相同。第二类，适中金融加速器强度，在三种货币政策规则的模型中，该分类方法将其贝叶斯估计的后验均值结果作为相应的金融加速器强度，即在数量型货币政策规则下，适中金融加速器强度为 $u=0.0482$；在价格型货币政策规则下，适中金融加速器强度为 $u=0.0476$；在混合型货币政策规则下，适中金融加速器强度为 0.0489。第三类，高金融加速器强度（$u=0.08$），三种货币政策规则下该分类强度均相同。此外，上述分类标准与梅冬州和龚六堂[①]强调的金融加速器强度介于 0—0.1 之间的原则相一致。在此基础上，本章对数量型、价格型和混合型货币政策规则下不同冲击结果予以汇报，并分析已预期的货币政策冲击在不同金融加速器强度下的宏观调控能力，以总结相关货币政策规则在预期消息冲击方面的事实特征。

一 数量型货币政策规则下的异质性分析

首先，本节基于数量型货币政策规则，研究不同金融加速器强度对已预期货币政策冲击效果的差异化作用，由于数量型货币政策规则通过调整货币供应量来影响实体经济变化，因此货币供应量的变化将进一步改变市场利率水平和企业投资规模，进而对企业资本价值和净资产造成影响，以此发挥金融加速器的作用。当金融加速器强度增强时，根据企业的外部融资溢价方程可知，企业外部融资溢价的变化程度更大，此时已预期的货币政策冲击经由金融加速器发挥的宏观调控作用将被放大，因此理论上可以推断金融加速器强度与已预期的货币政策冲击之间存在正相关关系。为了检验这一推论，本节通过脉冲响应分析的方法，对金融加速器强度变化下已预期的货币政策冲击的宏观调控效果进行检验，并针对产出、消费、投资、通货膨胀这四个主要宏观经济变量进行分析，具体结果如图 6.8 所示。

从图 6.8 的结果可以发现，在一单位正向标准差大小的货币政策冲击后，不同金融加速器强度对数量型货币政策规则的宏观调控效果的影响存在差异性。具体而言，在产出方面，当不存在金融加速器强度

---

① 梅冬州、龚六堂：《新兴市场经济国家的汇率制度选择》，《经济研究》2011 年第 11 期。

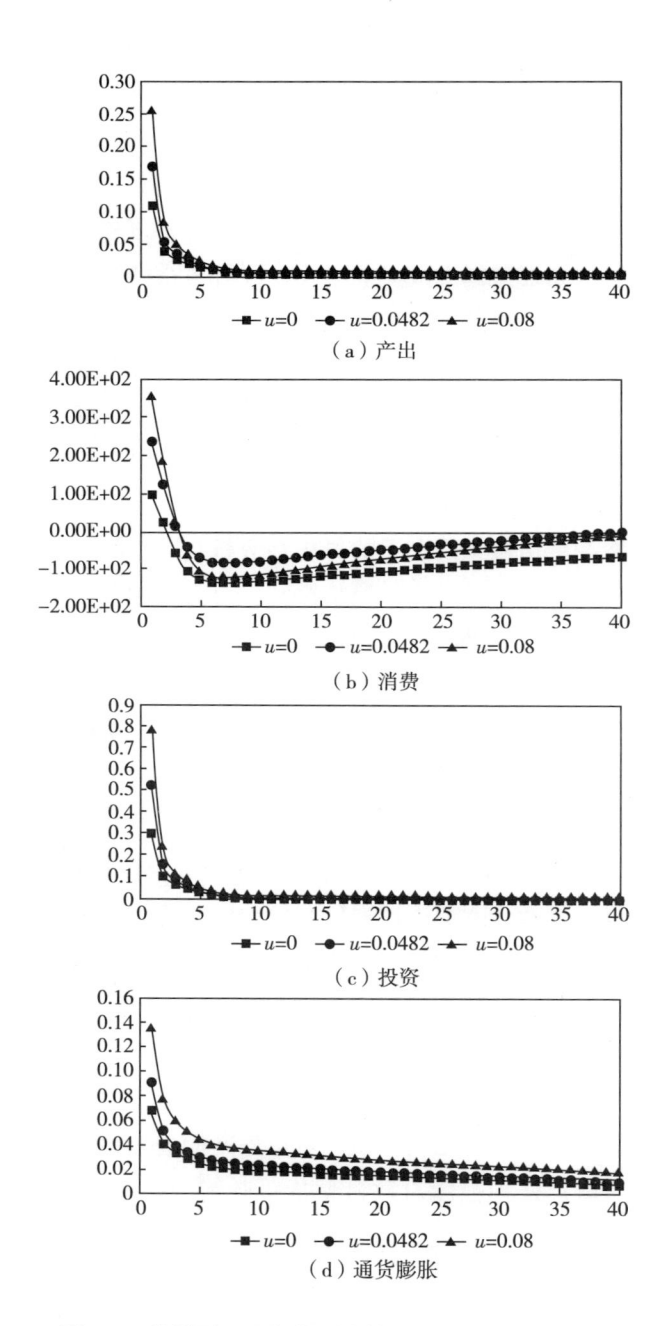

图 6.8 数量型已预期货币政策冲击的脉冲响应分析

($u=0$) 时，一单位正向标准差的已预期的货币政策冲击下，产出当期直接上升 0.109%；当金融加速器强度适中（$u=0.0482$）时，一单位正向标准差的已预期的货币政策冲击能够使产出增加 0.170%；当金融加速器强度较高（$u=0.08$）时，一单位正向标准差的已预期的货币政策冲击使产出立刻上升 0.255%。上述分析结果表明，随着金融加速器强度的增加，已预期的货币政策冲击对产出的促进作用在不断上升，并且这一作用具有较长的持续时间，在大约第 10 期后，产出水平逐渐收敛于稳态值。

在消费方面，当不存在金融加速器强度（$u=0$）时，一单位正向标准差的已预期的货币政策冲击下，消费当期直接上升 0.010%；当金融加速器强度适中（$u=0.0482$）时，一单位正向标准差的已预期的货币政策冲击能够使消费增加 0.024%；当金融加速器强度较高（$u=0.08$）时，一单位正向标准差的已预期的货币政策冲击使消费立刻上升 0.036%。由此可见，金融加速器强度与已预期的货币政策冲击对消费的调控作用存在着明显的正相关关系。这表明，金融加速器强度增强后，已预期的货币政策冲击能够带来更大程度的消费拉动作用，并且这一作用存在着过度超调的现象，随着时间的推移，消费逐渐向稳态水平趋近。

在投资方面，当不存在金融加速器强度（$u=0$）时，一单位正向标准差的已预期的货币政策冲击下，投资当期直接上升 0.290%；当金融加速器强度适中（$u=0.0482$）时，一单位正向标准差的已预期的货币政策冲击能够使投资增加 0.518%；当金融加速器强度较高（$u=0.08$）时，一单位正向标准差的已预期的货币政策冲击使投资立刻上升 0.777%。因此，相比于较低程度的金融加速器强度，较高程度的金融加速器强度将放大已预期的货币政策冲击带来的宏观调控作用，即已预期的货币政策冲击能够使投资更快增长，但已预期的货币政策冲击这一作用持续时间较短，大约在第 5 期后，投资就向原有稳态水平逐渐逼近。

在通货膨胀方面，当不存在金融加速器强度（$u=0$）时，一单位正向标准差的已预期的货币政策冲击下，通货膨胀当期直接上升 0.068%；当金融加速器强度适中（$u=0.0482$）时，一单位正向标准差的已预期的货币政策冲击能够使通货膨胀增加 0.091%；当金融加速器强度较高

($u=0.08$）时，一单位正向标准差的已预期的货币政策冲击使通货膨胀立刻上升 0.136%。上述结果显示，随着金融加速器强度的增加，已预期的货币政策冲击将带来更大幅度的通货膨胀拉动效应，促使通货膨胀更大比例地上升，并且这一作用具有较久的持续时间，随着冲击时间向后推移，通货膨胀逐渐收敛于稳态水平。

综上分析，在数量型货币政策规则下，金融加速器强度与已预期的货币政策冲击对主要宏观经济变量的影响存在着显著的正相关关系，即当金融加速器强度增加后，相关宏观变量的波动程度有了明显的提升，这也较好地验证了本节提出的相关推论。究其原因，金融加速器机制刻画了在信贷市场存在摩擦的情况下，银行对企业信贷的"利率加成"幅度，进而通过该机制影响企业的投资决策，并反作用于整个宏观经济的波动。具体而言，正向的已预期的货币政策冲击提高了流通的货币供应量，降低了市场上的利率水平，拉动了家庭消费水平，并使企业面临的融资成本下降，促进投资规模增长。进一步地，当金融加速器强度有所增加后，根据外部融资溢价方程可知，企业此时面临更低的外部融资溢价程度。这意味着企业的融资成本更低，可推动企业投资规模更大程度地上涨，最终带动产出水平的增长，从而实现金融加速器的放大作用。此外，产品需求面的增长，改变了企业最优的产出目标，使企业增加生产所需的要素投入，提高了企业的边际成本，降低了企业对产品的定价加成能力，根据新凯恩斯—菲利普斯曲线（NKPC）可知，经济体的通货膨胀水平将有所增加。

二 价格型货币政策规则下的异质性分析

价格型货币政策规则下，利率是中央银行货币政策调控的中介目标，因此中央银行能够通过对利率的调节来干预整个宏观经济的变化。当金融加速器强度发生改变后，已预期的货币政策冲击对宏观经济的调控作用应当发生明显的变化，这也表现为金融加速器机制对货币政策冲击的放大作用发生了改变。因此，进一步探究不同金融加速器强度与已预期货币政策冲击带来的宏观经济效应之间的潜在关系，对研究价格型货币政策规则下已预期的货币政策冲击对实体经济的作用尤为重要，有助于我们更深层次地理解已预期的货币政策冲击带来的宏观调控效应。

据此，本章通过脉冲响应分析的方法，汇报了价格型货币政策规则下，已预期的货币政策冲击对主要宏观经济变量的影响，具体结果如图6.9所示。

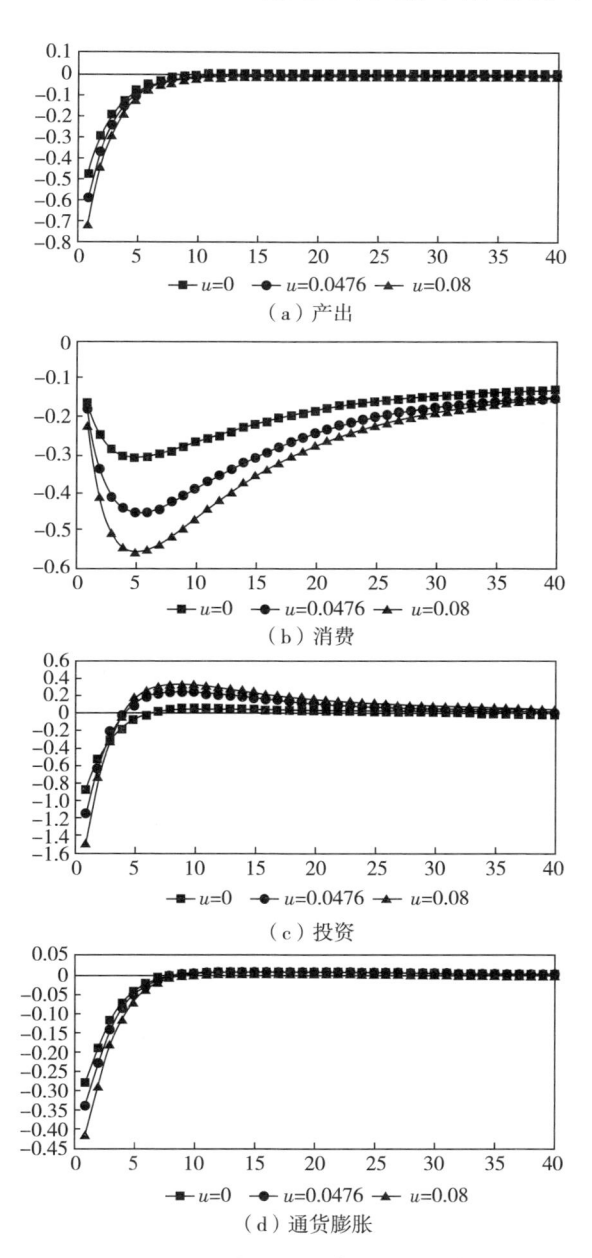

(a) 产出

(b) 消费

(c) 投资

(d) 通货膨胀

图 6.9 价格型已预期货币政策冲击的脉冲响应分析

从图 6.9 的结果可以发现，在一单位正向标准差大小的货币政策冲击后，不同金融加速器强度对价格型货币政策规则调控效果的影响存在差异性。具体而言，在产出方面，当不存在金融加速器强度（$u=0$）时，一单位正向标准差的已预期的货币政策冲击下，产出当期直接下降 0.481%；当金融加速器强度适中（$u=0.0476$）时，一单位正向标准差的已预期的货币政策冲击能够使产出减少 0.596%；当金融加速器强度较高（$u=0.08$）时，一单位正向标准差的已预期的货币政策冲击使产出立刻下降 0.719%。因此，相比于较低程度的金融加速器强度，金融加速器强度较高时，已预期的货币政策冲击对产出的抑制作用更强，产出将发生更大幅度的缩减，同时这一作用存在着明显的过度超调现象，并随着时间的推移，产出向稳态水平逐渐收敛。

在消费方面，当不存在金融加速器强度（$u=0$）时，一单位正向标准差的已预期的货币政策冲击下，消费当期直接下降 0.010%；当金融加速器强度适中（$u=0.0476$）时，一单位正向标准差的已预期的货币政策冲击能够使消费减少 0.024%；当金融加速器强度较高（$u=0.08$）时，一单位正向标准差的已预期的货币政策冲击使消费立刻下降 0.036%。上述结果表明，随着金融加速器强度的增加，已预期货币政策冲击能够带来更大程度的消费消减作用，并且消费呈现出"倒驼峰式"的变化趋势，这一作用一直持续到消费收敛于稳态水平。

在投资方面，当不存在金融加速器强度（$u=0$）时，一单位正向标准差的已预期的货币政策冲击下，投资当期直接下降 0.290%；当金融加速器强度适中（$u=0.0476$）时，一单位正向标准差的已预期的货币政策冲击能够使投资减少 0.518%；当金融加速器强度较高（$u=0.08$）时，一单位正向标准差的已预期的货币政策冲击使投资立刻下降 0.777%。由此可见，已预期的货币政策冲击对投资具有明显的抑制作用，并且随着金融加速器强度的增加，对投资的抑制作用也在逐渐增强；同时，已预期货币政策冲击对投资带来的影响呈现出明显的过度超调现象，并且随着冲击时间的向后推移，投资逐渐向稳态水平趋近。

在通货膨胀方面，当不存在金融加速器强度（$u=0$）时，一单位正向标准差的已预期的货币政策冲击下，通货膨胀当期直接下降 0.068%；

当金融加速器强度适中（$u=0.0476$）时，一单位正向标准差的已预期的货币政策冲击能够使通货膨胀减少 0.091%；当金融加速器强度较高（$u=0.08$）时，一单位正向标准差的已预期的货币政策冲击使得通货膨胀立刻下降 0.136%。上述结果意味着，金融加速器强度与已预期货币政策冲击的调控作用之间存在着明显的正相关关系，即随着金融加速器强度的增加，已预期货币政策冲击能够更大幅度地拉低通货膨胀水平，并且这一作用伴随着明显的过度超调现象，大致在第 10 期后，通货膨胀收敛于稳态水平。

概而论之，在价格型货币政策规则下，已预期的货币政策冲击能够对主要宏观经济变量产生显著的作用，并随着金融加速器强度的增加，带来更大幅度的宏观调控效应。具体调控路径在于：首先，在价格型货币政策规则下，正向的货币政策冲击直接提高了基准的利率水平，导致家庭跨期消费决策发生变化，降低了家庭当期的消费水平，同时减少了企业的投资规模。其次，社会平均消费水平的下降，致使企业最优的产出目标发生下滑，降低了企业最优的产出水平，缩减了企业对生产要素的需求。根据企业生产函数的边际效应可知，这进一步增加了生产要素的边际产出，降低了企业面临的要素边际成本，使企业对产品的定价加成能够有所增加，并经由新凯恩斯—菲利普斯曲线（NKPC）对通货膨胀水平带来抑制的作用。最后，当金融加速器强度增加后，银行对企业信贷的"利率加成"能力有所提高，这体现为信贷市场摩擦下，企业面临更高的外部融资溢价程度，从而导致企业投资规模发生进一步下滑，并螺旋式地反作用于整个经济产出，进而实现金融加速器对宏观冲击的放大作用。

三 混合型货币政策规则下的异质性分析

本节对混合型货币政策规则下，已预期的货币政策冲击和金融加速器强度之间的关系进行探究，由于混合型货币政策规则融入了货币供应量和利率两大因素，中央银行可以根据往期利率和货币供应量的变化，合理改变货币政策相应的中介目标。在金融加速器的作用下，已预期的货币政策冲击还将通过金融加速器机制对宏观经济环境产生更大的冲击，并且随着金融加速器强度的变化，已预期货币政策冲击带来的作用也将发生明显的变化。为了具体探究这一变化的形式和作用程度,本节通过在不同金融加速器强度下,施加正向的已预期货币政策冲击,以此探究该货币政策冲击对主要宏观经济变量的影响情况,具体结果如图 6.10 所示。

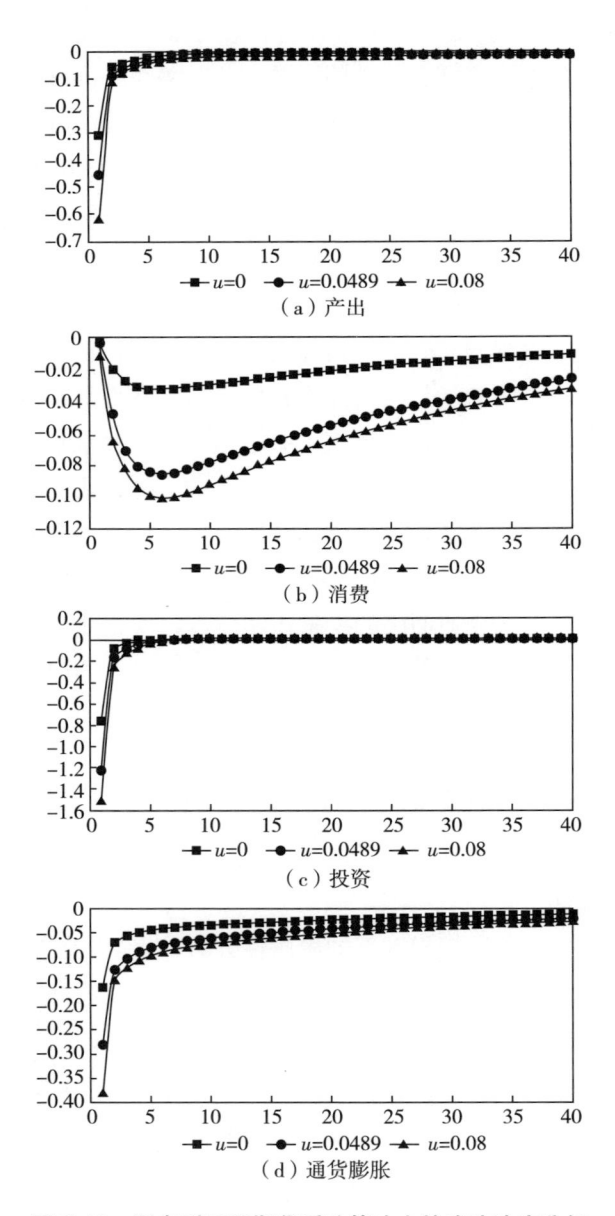

(a) 产出

(b) 消费

(c) 投资

(d) 通货膨胀

图 6.10　混合型已预期货币政策冲击的脉冲响应分析

从图 6.10 的结果可以发现，在一单位正向标准差大小的货币政策冲击下，不同金融加速器强度对混合型货币政策规则调控效果的影响存在差异性。具体而言，在产出方面，当不存在金融加速器强度（$u=0$）时，一单位正向标准差的已预期的货币政策冲击下，产出当期直接下降 0.308%；当金融加速器强度适中（$u=0.0489$）时，一单位正向标准差的已预期的货币政策冲击能够使产出减少 0.452%；当金融加速器强度较高（$u=0.08$）时，一单位正向标准差的已预期的货币政策冲击使产出立刻下降 0.615%。可知，随着金融加速器强度的增加，已预期的货币政策冲击对产出的抑制作用在不断增强，并且货币政策冲击这一作用的持续时间较短，随着时间的推移，产出逐渐收敛于稳态水平。

在消费方面，当不存在金融加速器强度（$u=0$）时，一单位正向标准差的已预期的货币政策冲击下，消费当期直接下降 0.003%；当金融加速器强度适中（$u=0.0489$）时，一单位正向标准差的已预期的货币政策冲击能够使消费减少 0.004%；当金融加速器强度较高（$u=0.08$）时，一单位正向标准差的已预期的货币政策冲击使消费立刻下降 0.011%。由此可见，相比于较低程度的金融加速器强度，较高程度的金融加速器强度将放大已预期货币政策冲击对消费带来的作用，即随着金融加速器强度的增加，正向的已预期的货币政策冲击对消费的抑制作用更大，并且这一作用的持续时间较长，直至消费逐渐向稳态水平逼近。

在投资方面，当不存在金融加速器强度（$u=0$）时，一单位正向标准差的已预期的货币政策冲击下，投资当期直接下降 0.765%；当金融加速器强度适中（$u=0.0489$）时，一单位正向标准差的已预期的货币政策冲击能够使投资减少 1.224%；当金融加速器强度较高（$u=0.08$）时，一单位正向标准差的已预期的货币政策冲击使投资立刻下降 1.511%。上述结果表明，金融加速器强度与已预期货币政策冲击的作用之间存在着明显的正相关关系，即随着金融加速器强度的增加，已预期的货币政策冲击能够造成投资规模更大幅度的缩减，并且这一作用存在过度超调的现象，随着冲击时间的向后推移，投资逐渐向稳态水平收敛。

在通货膨胀方面，当不存在金融加速器强度（$u=0$）时，一单位正向标准差的已预期的货币政策冲击下，通货膨胀当期直接下降 0.162%；当金融加速器强度适中（$u=0.0489$）时，一单位正向标准差的已预期的货币政策冲击能够使通货膨胀减少 0.281%；当金融加速器强度较高（$u=0.08$）时，一单位正向标准差的已预期的货币政策冲击使通货膨胀立刻下降 0.381%。分析上述结果可知，已预期的货币政策冲击对通货膨胀具有明显的遏制作用，并且随着金融加速器强度的增加，对通货膨胀带来的影响也在不断增强。同时，已预期的货币政策冲击这一作用的持续时间较长，在货币政策冲击发生以后，通货膨胀水平缓慢收敛于稳态值。

总而言之，混合型货币政策规则能够兼顾利率和货币供应量两大因素的变化，并通过金融加速器的放大作用，对整个宏观经济环境产生显著的影响。作用路径在于：信贷市场的摩擦导致银行与企业之间存在着信息不对称的现象，银行对企业放贷的利率是以企业自身净资产规模为基础，加上企业潜在违约的风险补贴，使银行在放贷环节上具有"利率加成"的特性，此时当金融加速器强度增加后，银行"利率加成"的幅度将更大，直观地表现为企业面临着更高的外部融资溢价程度及更高的融资成本，从而导致企业投资规模发生更大范围的缩减。因此，一方面，正向的货币政策冲击直接提高了基准的利率水平，随着金融加速器强度的增加，对企业投资产生更大的缩减作用，并进一步对产出水平产生螺旋式的反作用。另一方面，利率水平的上升增加了家庭的储蓄水平，减少了家庭当期的消费，使整个社会对产品的需求发生下滑，促使企业调低最优的产出目标，减少生产要素的投入，进而降低了企业面临的边际成本，提高了企业对产成品的定价加成能力，此时根据新凯恩斯—菲利普斯曲线（NKPC）可知，经济环境中的通货膨胀水平将有所下降。

综上所述，本节通过对数量型、价格型和混合型货币政策规则下已预期货币政策冲击的分析，我们探讨了金融加速器强度与已预期的货币政策冲击的宏观调控效果之间的关系，发现无论中央银行采取何种货币政策规则，当金融加速器强度增加后，已预期的货币政策冲击将对各宏观经济变量产生更大程度的影响，这与理论推断的结果是一致的。由于信贷市场存在摩擦，银行进行资金放贷时具有"利率加成"的特性，并且这一特性随着金融加速器强度的增加而不断上升，表现为企业面临更为严峻的外部融资溢价程度和更高的资金融通成本，进而降低了企业最优的投资规模，并经由金融加速器机制进一步改变宏观经济的运行。

第七节 金融加速器强度与货币政策福利损失分析

前文对三种货币政策规则下，已预期和未预期的货币政策冲击对宏观经济的影响展开了较为详细的分析，发现已预期的货币政策冲击是导致宏观经济变量发生变化的主力军，是影响宏观经济波动的重要因素，并由此进一步分析了金融加速器强度与已预期的货币政策冲击效果之间的关联，明确了两者之间的正相关关系。但是行文至此，本章尚未分析不同货币政策规则下，已预期和未预期的货币政策冲击产生的福利损失情况，以及随着金融加速器强度的变化，不同规则货币政策冲击下的福利损失水平。诚然，对于不同规则的货币政策有效性的评估，不能仅依赖于货币政策是否能够发挥最大的宏观调控作用，还需对货币政策实施后导致的社会整体福利损失水平进行估算。若忽视货币政策的福利损失分析，有可能导致货币当局采用不当的货币政策规则，对宏观经济运行进行错误的控制，进而产生较大的福利损失现象。这意味着货币政策福利分析是评估不同规则下货币政策效果的重要一环，对于该问题的分析，不但有助于我们加深在金融加速器机制下，对不同货币政策规则的宏观调控效果的认识，而且能够帮助我们辨析适于当下经济运行规律的最优的货币政策规则，积极为货币当局甄选货币规则提供事实的依据。据此，本节内容将通过推算基准模型的福利损失函数，系统地分析在不同货币政策规则下，已预期和未预期的货币政策冲击产生的福利损失大小，并总结不同货币政策规则在实施效果上的客观规律。

一 福利损失函数的构建

对不同货币政策规则实施后的福利损失结果展开分析之前，我们需要构建一个适合本章 DSGE 模型的福利损失函数，基于此，本章参考 Woodford[1] 对福利损失函数的推导方法，在文中效用函数稳态值处进行泰勒二阶展开，通过对数线性化方程的转化，最终得到整个社会的福利损失函数，并以此来分析不同货币政策规则下，已预期和未预期的货币政策冲击带来的福利损失情况，详细的推导过程如下。

首先，参考 Woodford[2] 的做法，对本章所用的效用函数在其稳态处进行泰勒展开，可以得到以下形式的方程：

$$U_t = U + U_C C\left(\frac{C_t-C}{C}\right) + \frac{1}{2}U_{CC}C^2\left(\frac{C_t-C}{C}\right)^2 + U_m m\left(\frac{m_t-m}{m}\right) + \frac{1}{2}U_{mm}m^2\left(\frac{m_t-m}{m}\right)^2$$
$$+ U_L L\left(\frac{L_t-L}{L}\right) + \frac{1}{2}U_{LL}L^2\left(\frac{L_t-L}{L}\right)^2 + O(\cdot) \quad (6.64)$$

其中，不加时间下标的字母代表对应变量的稳态值；U_C、U_m 和 U_L 分别表示效用函数对消费、实际货币余额和劳动的一阶导数；U_{CC}、U_{mm} 和 U_{LL} 表示对应的二阶导数；$O(\cdot)$ 表示变量 C、m 和 L 的高阶无穷小。同时，效用函数一阶导数和二阶导数对应的函数形式如下：

$$U_C = C^{-\sigma} \quad (6.65)$$

$$U_{CC} = -\sigma C^{-\sigma-1} \quad (6.66)$$

$$U_m = m^{-\xi} \quad (6.67)$$

$$U_{mm} = -\xi C^{-\xi-1} \quad (6.68)$$

$$U_L = -\kappa L^{\varphi} \quad (6.69)$$

$$U_{LL} = -\kappa\varphi L^{\varphi-1} \quad (6.70)$$

其次，利用变量对数线性化的二阶近似代数关系式：

$$\frac{H_t-H}{H} = \hat{h}_t + \frac{1}{2}\hat{h}_t^2 \quad (6.71)$$

---

[1] Woodford M., *Interest and Prices: Foundations of a Theory of Monetary Policy*, Princeton: Princeton University Press, 2003.

[2] Woodford M., *Interest and Prices: Foundations of a Theory of Monetary Policy*, Princeton: Princeton University Press, 2003.

通过上述对数线性化的近似等式，对式（6.64）中的 C、m 与 L 进行替换，可以得到如下形式的效用函数代数式：

$$U_t = U + U_C C\left(\hat{c}_t + \frac{1}{2}\hat{c}_t^2\right) + \frac{1}{2}U_{CC}C^2\left(\hat{c}_t + \frac{1}{2}\hat{c}_t^2\right)^2 + U_m m\left(\hat{m}_t + \frac{1}{2}\hat{m}_t^2\right)$$

$$+ \frac{1}{2}U_{mm}m^2\left(\hat{m}_t + \frac{1}{2}\hat{m}_t^2\right)^2 + U_L L\left(\hat{l}_t + \frac{1}{2}\hat{l}_t^2\right) + \frac{1}{2}U_{LL}L^2\left(\hat{l}_t + \frac{1}{2}\hat{l}_t^2\right)^2 + O(\cdot)$$

(6.72)

其中，小写带帽字母代表对应变量的对数线性化形式。根据式（6.65）至式（6.70）对上式进行展开，进行同类项合并之后可以得到下式：

$$U_t = U + C^{1-\sigma}\left(\hat{c}_t + \frac{1-\sigma}{2}\hat{c}_t^2\right) + m^{1-\xi}\left(\hat{m}_t + \frac{1-\xi}{2}\hat{m}_t^2\right) - \kappa L^{1+\varphi}\left(\hat{l}_t + \frac{1+\varphi}{2}\hat{l}_t^2\right)$$

$$+ O(\hat{c}_t^3) + O(\hat{m}_t^3) + O(\hat{l}_t^3)$$

(6.73)

则整个社会的福利损失函数 W 可以表示成以下代数式的加总形式：

$$W = E_0 \sum_{t=0}^{\infty} \beta^t \left(\frac{U_t - U}{U_C C}\right) = E_0 \sum_{t=0}^{\infty} \beta^t \left\{\left(\hat{c}_t + \frac{1-\sigma}{2}\hat{c}_t^2\right)\right.$$

$$\left. + \frac{m^{1-\xi}}{C^{1-\sigma}}\left(\hat{m}_t + \frac{1-\xi}{2}\hat{m}_t^2\right) - \frac{\kappa L^{1+\varphi}}{C^{1-\sigma}}\left(\hat{l}_t + \frac{1+\varphi}{2}\hat{l}_t^2\right)\right\}$$

(6.74)

对上式在稳态处求解条件期望可得如下形式的平均福利损失函数 $Loss$：

$$Loss = \frac{1-\sigma}{2}\mathrm{var}(\hat{c}_t) + \frac{m^{1-\xi}}{C^{1-\sigma}}\frac{1-\xi}{2}\mathrm{var}(\hat{m}_t) - \frac{\kappa L^{1+\varphi}}{C^{1-\sigma}}\frac{1+\varphi}{2}\mathrm{var}(\hat{l}_t)$$

(6.75)

此时，将本章相关的参数 σ、ξ、κ 和 ϕ 的数值代入式（6.75）后，就可得到下文用于分析的最终的社会平均福利损失函数。

二 三种货币政策规则下的福利损失分析

在构建完成福利损失函数之后，以此为基础的货币政策的福利损失分析即可有序展开，进一步探究不同金融加速器强度下，不同规则的货币政策冲击将导致企业多大程度的福利损失，以及已预期和未预期的货币政策冲击带来的福利损失情况。同时，为了顾及不同货币政策规则下福利损失大小的可比原则，将金融加速器强度细分为以下三类：第一类,无金融加速器强度($u=0$);第二类,适中金融加速器强度($u=0.0482$)①;第三类,高金融加速器强度($u=0.08$)。据此来探究不同金融加速器强度与三种货币政策规则实施后的福利损失大小之间的潜在关系。就理论角度而言,随着金融加速器强度的增加,银行在信贷市场摩擦下的"利率加成"能力更大,企业面临的外部融资溢价程度也将逐渐上升。这意味着,金融加速器机制对货币政策冲击的放大效果更强,所有宏观经济变量的波动幅度也将随之增大,这在数理统计上表现为相关变量的方差数值呈现出递增的趋势。根据平均福利损失函数的等式可知,社会整体的福利损失水平将有所提高,即金融加速器强度与不同货币政策规则的福利损失大小之间,理应有着正相关的关系。为了验证这一假设在不同货币政策规则下是否成立,本章将通过更为严谨的数理方法,对此展开详细的分析。具体而言,针对不同的货币政策规则,通过施加正向的已预期的和未预期的货币政策冲击,来观察不同金融加速器强度下,相应政策冲击带来的福利损失大小,并以此来评估最优的货币政策规则,具体结果如表 6.3 所示。

通过分析表 6.3 的结果可以发现以下三点结论。

首先,通过对比不同金融加速器强度下不同货币政策规则中的两类冲击结果,可以发现,随着金融加速器强度的增大,预期的和未预期的货币政策冲击带来的福利损失大小在逐渐攀升。具体而言,在数量型货币政策规则方面,当不存在金融加速器强度($u=0$)时,施加一单位正向标准差大小的已预期和未预期的货币政策冲击后,将分别造成大约 0.0106 和 0.0010 单位的社会福利损失;当金融加速器强度适中($u=0.0482$)时,已预期的和未预期的货币政策冲击将导致社会福利分别产生大约 0.0154 和 0.0142 单位的损失;当金融加速器强度较高($u=0.08$)时,已预期的和未预期的货币政策冲击使整个经济体分别发生大概 0.0191 和 0.0169 单位的福利损失。分析上述结果可以得知,金融加速器强度与宏观政策福利损失之间存在正相关。

---

① 通过贝叶斯估计后,数量型、价格型和混合型货币政策规则下的金融加速器强度分别为 0.0482、0.0476 和 0.0489,为了让适中金融加速器强度分类下的不同结果具有可比性,本书将上述三种贝叶斯估计结果的均值作为适中的金融加速器强度,即为 0.0482。

第六章　金融加速器、预期消息冲击和货币政策规则 | 217

在价格型货币政策规则方面，当不存在金融加速器强度（$u=0$）时，施加一单位正向标准差大小的已预期和未预期的货币政策冲击后，将分别造成大约 0.0151 和 0.0119 单位的社会福利损失；当金融加速器强度适中（$u=0.0482$）时，已预期的和未预期的货币政策冲击将导致社会福利分别产生大约 0.0204 和 0.0128 单位的损失；当金融加速器强度较高（$u=0.08$）时，已预期的和未预期的货币政策冲击使整个经济体分别发生大概 0.0290 和 0.0178 单位的福利损失。由此可见，相比于较低程度的金融加速器强度，较高程度的金融加速器强度将放大两类货币政策冲击引发的福利损失水平，即金融加速器强度增强后，已预期和未预期的货币政策冲击将产生更为严峻的福利损失情况。

在混合型货币政策规则方面，当不存在金融加速器强度（$u=0$）时，施加一单位正向标准差大小的已预期和未预期的货币政策冲击后，将分别造成大约 0.0112 和 0.0004 单位的社会福利损失；当金融加速器强度适中（$u=0.0482$）时，已预期的和未预期的货币政策冲击将导致社会福利分别产生大约 0.0176 和 0.0006 单位的损失；当金融加速器强度较高（$u=0.08$）时，已预期的和未预期的货币政策冲击使整个经济体分别发生大概 0.0254 和 0.0008 单位的福利损失。上述结果表明，金融加速器强度与两类货币政策冲击带来的福利损失结果呈现出明显的正相关关系，即随着金融加速器强度的增加，已预期和未预期的货币政策冲击将导致更大范围的社会福利损失。

其次，对比不同金融加速器强度下，已预期和未预期的货币政策冲击所导致的福利损失情况的差异，可以得知，在数量型、价格型和混合型货币政策规则中，无论金融加速器强度如何变化，同一货币规则下的已预期货币政策冲击，比未预期的货币政策冲击能够产生更大程度的福利损失，这与预期一致。已预期的货币政策冲击能够带来更大范围的宏观经济变量波动，将造成福利损失函数的数值上升，意味着已预期的货币政策冲击虽然具有更大的宏观调控能力，但将引致整个社会更大范围的福利损失。

最后，对比同一金融加速器强度下，不同货币政策规则总冲击带来的福利损失情况可知，在混合型货币政策规则下，两类货币政策冲击带来的福利损失总和最小。具体而言，当不存在金融加速器强度（$u=0$）时，混合型货币政策规则下的福利损失总和最小，大约造成 0.0116 单位的福利损失；当金融加速器强度适中（$u=0.0482$）时，相比于数量型货币政策规则和价格型货币政策规则，混合型货币政策规则实施后导致的总福利损失依旧最小，福利损失大小大致为 0.0182 单位；当金融加速器强度较高（$u=0.08$）时，混合型货币政策规则仍然是三种货币政策规则下福利损失总水平最小的，大概带来 0.0262 单位的福利损失。这也证实了孟宪春等[1]、王曦等[2]、伍戈和连飞[3]的观点，由于混合型货币政策规则兼顾数量型和价格型货币政策规则的特点，在稳定物价水平和熨平经济波动两方面的综合能力更强，从而给整个经济体带来更小的福利损失。

综上所述，通过对三种货币政策规则下福利损失的分析，本章较好证明了金融加速器强度与不同货币政策规则带来的福利损失之间的正相关关系，即相比于较低程度的金融加速器强度，较高程度的金融加速器强度将导致不同货币政策规则带来更大的福利损失水平，较好地证实了上文假设的真实性。进一步地，对比已预期的和未预期的货币政策冲击下的结果可知，在不同金融加速器强度下，已预期的货币政策冲击总比未预期的货币政策冲击带来更大范围的福利损失，体现了已预期的货币政策冲击具有"调控强、损失大"的政策特征。此外，在不同金融加速器强度下，混合型货币政策规则是三种货币政策规则中导致总福利损失最小的规则。这意味着，在包含金融加速器机制和预期消息冲击因素的宏观经济环境中，混合型货币政策规则是中央银行对宏观经济进行调控的最优货币政策规则。

---

[1] 孟宪春、张屹山、李天宇：《中国经济"脱实向虚"背景下最优货币政策规则研究》，《世界经济》2019 年第 5 期。

[2] 王曦等：《中国货币政策规则的比较分析——基于 DSGE 模型的三规则视角》，《经济研究》2017 年第 9 期。

[3] 伍戈、连飞：《中国货币政策转型研究：基于数量与价格混合规则的探索》，《世界经济》2016 年第 3 期。

表 6.3　　　　　　　不同货币政策规则下的福利损失结果

		数量型货币政策规则		价格型货币政策规则		混合型货币政策规则	
		已预期	未预期	已预期	未预期	已预期	未预期
$u=0$	分类结果	0.010583	0.009987	0.015109	0.011891	0.011217	0.000429
	总结果	0.020570		0.27000		0.011646	
$u=0.0482$	分类结果	0.015400	0.014156	0.020386	0.012804	0.017609	0.000581
	总结果	0.029556		0.033190		0.018190	
$u=0.08$	分类结果	0.019141	0.016853	0.029049	0.017841	0.025404	0.000770
	总结果	0.035994		0.046890		0.026174	

第八节　本章小结

随着金融加速器效应和公众预期因素对宏观经济波动的影响与日俱增，货币当局在甄选适宜的货币政策规则时，需要综合考虑金融加速器强度和公众预期变化对货币政策宏观调控效果的影响。基于此，本章结合金融加速器机制和预期消息冲击因素，构建了包含 MIU 效用函数形式的宏观 DSGE 模型，以此评估货币当局用以调控宏观经济运行的最优的货币政策规则，经过严谨的数理模型推导和系统的实证分析之后，本章得到了以下几方面的结论。

其一，在模型构建上。本章构建了包含预期消息冲击和金融加速器机制的宏观 DSGE 模型，借助参数校准和贝叶斯估计的方法，对数理模型进行完善，同时衔接上一章的分析结果，以此来考察货币当局最优货币政策规则的选择问题。此外，模型多变量 MCMC 收敛性诊断和模拟拟合能力分析的结果表明，本章构建的模型整体上对我国实际宏观经济数据的拟合能力较强，包含预期消息冲击因素的模型具有更高的宏观走势预测精度，并且对当下宏观经济变化趋势的拟合程度更高，从而凸显了本章构建包含预期消息冲击模型的合理性。

其二，在脉冲响应分析上。本章通过对不同货币政策规则施加正向的外生冲击，来检验已预期和未预期的货币政策冲击对宏观经济的调控作用，研究显示，已预期的货币政策冲击和未预期的货币政策冲击均能通过金融加速器机制对实体经济产生影响，并且相对于未预期的货币政策冲击，已预期的货币政策冲击能够带来更大的宏观调控效应，这一结论不随不同货币政策规则的变化而改变。同时，本章还分析了不同金融加速器强度对已预期的货币政策冲击效果的影响，发现随着金融加速器强度的增加，已预期的货币政策冲击能够对主要宏观经济变量产生更大的作用，并从理论机理上对这一现象展开合理分析。

其三，在三种货币政策规则的福利损失分析上。本章依据家庭效用函数的形式，数理上推导了符合宏观 DSGE 模型的福利损失函数，并通过福利损失分析来检验不同货币政策规则下的福利损失情况。结果表明：首先，随着金融加速器强度的增强，在不同货币政策规则下，已预期和未预期的货币政策冲击导致的福利损失水平呈现出递增的趋势。其次，当金融加速器强度发生变化时，相比于未预期的货币政策冲击，已预期的货币政策冲击能够给整个经济体带来更为严峻的福利损失。最后，在同一金融加速器强度下，相比于数量型货币政策规则和价格型货币政策规则，混合型货币政策规则下两类冲击导致的总福利损失水平最低，这意味着混合型货币政策规则是适合当下经济运行规律的最优货币政策规则。

第七章 研究结论和政策建议

本书从我国金融市场摩擦日益频繁、宏观政策调控趋于多样化的现实经济特点出发，围绕着金融加速器机制、货币政策和财政政策选择方案这几方面展开系统的研究，试图在新凯恩斯框架基础上，通过构建符合我国本土化特征的宏观 DSGE 模型，对包含金融加速器机制的宏观经济波动规律予以总结，并刻画货币政策和财政政策对熨平当下宏观经济波动的具体效果，以期为政策当局提供有利于调控宏观经济走势、稳定产出增长、提高社会福利水平的最佳宏观政策方案，并由此得到了丰富的研究结论。据此，本章将从全书研究结论、相应的政策建议和未来研究展望这三个方面对本书研究内容作出总结。

第一节 研究结论

全球突发的金融危机促使各国开始关注金融市场的良性发展，随着我国金融市场改革步伐的日益推进，金融风险堆积、金融泡沫滋生和金融摩擦显著等问题也逐渐浮出水面，这使我国宏观经济变化过程中存在着明显的金融加速器现象。为了探究我国当下宏观经济运行的客观规律，以及寻求最优的宏观政策方案，本书从金融加速器和货币财政政策效果入手，通篇研究了不同经济情形下，金融加速器机制对货币政策和财政政策调控效果的影响。本书核心内容由三章组成，分别为第四章、第五章和第六章。看似独立的三个章节，实则在研究内容上具有相关性和秉承性。第四章研究了封闭经济环境下金融加速器与货币政策和财政政策的作用，第五章在此基础上将研究内容拓展至开放经济环境下，第六章基于前两章对货币政策调控效果的结论，进一步在金融加速器机制下，针对货币当局对货币政策规则的甄选问题展开研究。因此，全书较好地秉承研究主题的一致性和连贯性，围绕金融加速器的作用机理，对货币政策和财政政策的宏观经济调控作用逐步展开探究，并得到了以下几方面主要的结论。

首先，在封闭经济环境模型的研究上。本书构建了包含金融加速器机制的宏观 DSGE 模型，并将税率因素融入金融加速器机制环节中，拓宽了传统宏观经济分析上实现金融加速器作用的渠道，并以此探究货币政策和三类财政政策对宏观经济的调控效果。研究发现，第一，包含金融加速器的模型更能契合我国宏观经济波动的特征，证实了金融加速器机制存在于我国宏观经济运行之中。第二，方差分解的结果显示，货币政策和财政政策能够解释超过一半的宏观经济波动现象，表明货币政策和财政政策是控制我国宏观经济运行的基本手段，并且整体上，财政政策比货币政策对宏观经济变量的解释能力更大；不同的财政政策对宏观经济的解释力度亦存在着差异性，政府支出的作用最大，劳动所得税的作用次之，资本所得税的作用最小。第三，脉冲响应分析结果表明，货币政策和三类财政政策冲击均能够通过金融加速器机制对宏观经济变量产生影响，并且随着金融加速器强度的增加，货币政策和三类财政政策对宏观经济的调控作用呈现出递增的趋势。第四，福利损失分析的结果显示，随着金融加速器强度的增加，货币政策和三类财政政策实施后带来的福利损失水平逐渐攀升，并且相比于其他宏观政策冲击，货币政策冲击导致的福利损失水平最小，这意味着货币政策是调控宏观经济形势的最优政策。

其次，在开放经济环境模型的研究上。本书将封闭经济环境下的模型拓展至宏观开放经济中，将汇率、国际资产配置、贸易等因素纳入包含金融加速器机制的宏观 DSGE 模型的构建之中，据此探究开放经济环境下，货币政策和三类财政政策对控制我国宏观经济运行趋势的作用。研究发现，第一，模型拟合分析表明，通过贝叶斯估计和参数校准后的宏观 DSGE 模型，能够较好拟合现实宏观经济数据的变化规律，对宏观经济数据的预测精度有了进一步的提高，并且开放经济环境下的金融加速器强度更大。第二,方差分解结果显示,在开放经济环境下,货币政策和财政政策仍是引起宏观经济波动的主要原因,能够解释一半以上的宏观经济波动;相比于货币政策,财政政策对宏观经济的整体调控能力更强,其中政府支出的作用最强,劳动所得税的作用次之,资本所得税的作用最弱。第三,脉冲响应分析表明,在开放经济环境下,金融加速器对货币政策和三类财政政策冲击的放大作用更强,并且随着金融加速器强度的增加,货币政策和三类财政政策对宏观经济变量的影响能力随之增强。第四,政策福利损失分析表明,相对于较低程度的金融加速器强度,较高程度的金融加速器强度将导致货币政策和财政政策产生更大的福利损失;在不同金融加速器强度分类下,货币政策实施后的福利损失水平依旧最小,这意味着货币政策是政策当局用以调控宏观经济变化的不二之选。第五,汇率制度选择的分析结果表明,金融加速器强度的增加,将放大四种汇率制度在汇率冲击下给整个社会产生的福利损失;进一步地,相比于有管理的浮动汇率制度、爬行钉住的汇率制度和固定汇率制度,浮动汇率制度带来的福利损失水平最低,这表明放开汇率制度管制、推进汇率自由浮动是我国未来汇率制度改革的最优路径。

最后,在货币政策规则的研究上。本书结合金融加速器和公众预期等现实经济特征,将预期消息冲击和金融加速器因素,融入货币政策规则的研究框架中,构建了具有 MIU 效用函数形式的中国本土化的 DSGE 模型,并以此模型来评估数量型、价格型和混合型货币政策规则对宏观经济的调控作用。研究发现:第一,模型对实际宏观数据的拟合结果显示,在三种货币政策规则下,相对于不包含预期消息冲击的模型,包含预期消息冲击的模型能够更好拟合现实数据的波动情况,这表明公众预期对宏观经济波动具有重要影响。第二,脉冲响应分析的结果表明,在三种货币政策规则下,已预期的货币政策冲击和未预期的货币政策冲击均能通过金融加速器机制来干预宏观经济的波动;同时,相比于未预期的货币政策冲击,已预期的货币政策冲击对宏观经济的调控能力更大,这表明预期消息冲击是推动宏观经济变化的重要因素之一,引导公众形成合理预期,能够更大范围地发挥货币政策产生的宏观调控作用。第三,不同金融加速器强度的分析表明,金融加速器强度与已预期的货币政策冲击调控效果之间存在着显著的正相关关系，即随着金融加速器强度的增加，已预期的货币政策冲击能够带来更大的宏观经济调控作用。第四，福利损失分析结果表明，随着金融加速器强度的增加，三种货币政策规则实施后引发的福利损失水平在不断增大；进一步地，相对于未预期的货币政策冲击，已预期的货币政策冲击将导致更大范围的福利损失；同时，与数量型货币政策规则和价格型货币政策规则相比，混合型货币政策规则对整个社会产生的福利损失水平最小。

第二节　政策建议

我国金融市场发展正处于改革转型的重要时期，但是我国金融市场发展过程中仍堆积了大量泡沫风险，并且频频出现由于信息不对称引致的信贷市场摩擦，如中小企业融资难、银行市场垄断结构明显等现实问题。根据 Bernanke 等（1999）[①] 的理论可知，这些客观现象均表明我国宏观经济环境运行中存在着明显的金融加速器现象，而金融加速器机制的存在，将放大负面宏观冲击带来的经济崩塌作用，表现为"小冲击、大波动"的宏观经济变化趋势。因此，有效控制现行经济中金融加速器对宏观经济冲击的放大作用，保障货币政策和财政政策发挥有效的宏观调控效果，是维持我国未来经济平稳发展的要领之处。据此，本书提出以下几方面的政策建议：

其一，加大资本市场改革发展力度，推动直接融资渠道多样化的建设。在我国当下经济运行中，银行部门发挥着资金信贷的重要职能，企业资金融通还较大程度上依赖于传统的银行部门，即我国金融结构仍以间接融资方式的银行导向型为主[②]，这一金融结构将推进金融加速器机制，放大对宏观经济的冲击，导致宏观经济出现大幅度的波动。因此，加快我国资本市场的建设，完善金融衍生品的品种，提高企业通过资本

[①] Bernanke B. S., Gertler M., Gilchrist S., "The Financial Accelerator in a Quantitative Business Cycle Framework", *Handbook of Macroeconomics*, Vol. 1, 1999, pp. 1341-1393.

[②] 金祥义、张文菲：《金融结构与出口持续时间》，《国际金融研究》2019 年第 10 期。

市场进行直接融资的比例，从而推动市场导向型的直接融资方式发挥其资金融通的作用，将有效减小信贷市场摩擦引致的金融加速器效应，降低不利宏观冲击借助信贷市场摩擦来发挥金融加速器作用的可能性。

其二，政策当局应审慎实施相关的宏观调控政策。本书分析表明，相对于较低程度的金融加速器强度，较高程度的金融加速器强度更能放大宏观政策带来的经济调控作用。这意味着政策当局在制定相应宏观政策时，应合理估测经济运行环境中的金融加速器强度，错估金融加速器强度和误判经济发展形势，将导致宏观政策带来超过原有预期的作用效果，可能造成过犹不及的调控结果。因此，政策当局应审慎实施相关宏观政策，构建政策评估专家组，在实施政策之前进行多轮专家组研讨，从而最大限度降低误判宏观经济形势产生的不利后果。

其三，推动汇率的自由浮动。在当今宏观开放经济的环境下，汇率制度的选择是每个国家必须面临的问题。我国目前仍处于参考一揽子货币、有管理的浮动汇率制度阶段。但就本书研究结论而言，该汇率制度并不是我国当下经济运行过程中最优的汇率制度。事实上，政府部门应该逐步放开对我国资本流动的管制，促进外汇市场自由交易，进一步推动由市场供需决定的浮动汇率制度的设立，形成汇率的自由浮动。在浮动汇率制度下，国外经济变化导致的汇率冲击将被汇率自由浮动所吸收，避免了在固定汇率制度下，中央银行需要通过实施货币政策来维持汇率稳定，从而导致外部汇率冲击通过货币政策传导至国内经济体系，并经由金融加速器机制扩大了外部经济带来的宏观经济波动。

其四，制订适宜的宏观政策方案，引导公众形成合理预期，推动混合型货币政策规则的实施。本书研究结论表明，相比于货币政策，三类财政政策虽然对宏观经济具有更强的调控作用，但政策实施后将引发更大程度的福利损失，因此货币政策效果优于三类财政政策效果。这意味着政策当局应尽量采取货币政策的宏观调控方式，并配以辅助的财政政策手段，当宏观经济发生波动时，最优的做法应是通过货币政策进行逆周期调控。进一步地，公众预期对货币政策的宏观调控作用有着重要的影响，并且混合型货币政策规则能够最大幅度降低政策实施后带来的福利损失。这对于我国货币当局而言，应该增加与公众交流的信息平台，设立混合型货币政策规则的转轨机制，使公众对货币当局未来的政策方向形成充分的预期，从而合理引导公众进行货币政策预判，避免公众预期误判导致货币政策效果甚微的不利处境，并利用混合型货币政策规则来提高社会平均的福利水平，降低货币政策实施后带来的福利损失成本，进而防范金融加速器机制对福利损失的放大风险。

第三节 未来研究展望

本书通过构建DSGE模型对现实宏观经济运行的特征进行了刻画和分析，以此来洞悉不同宏观政策的具体调控效果，但不可否认，本书模型与我国真实的经济环境仍存在一定的差距。其中一个重要的表现是，我国经济变化过程往往体现出多部门的二元经济结构特征，如国有经济与民营经济、朝阳产业与夕阳产业、城市经济与农村经济、关税壁垒与非关税壁垒、宏观政策的内部目标与外部目标等。正是这些二元结构因素的共同作用才构成了一个完整的经济运行体系，但是本书现阶段的研究并未对二元经济结构特征进行详尽的刻画，而是以一个相对简约的DSGE模型来描述我国经济的变化特征以及相应宏观经济政策的调控效果，以此总结一些经济发展大方向上的事实规律。当然，上述二元经济结构特征的不足也将是本书未来研究的一个可取方向之一，可以通过在模型细节中加入更为多样的二元部门特征，使模型更加逼近现实经济运行发展的情况，由此可能得出更多未曾发现的研究结论。这将进一步丰富本书潜在的研究成果，也能为政策实施提供更多可行的指导意见，也是本书未来研究的期许所在。

参考文献

一　中文文献

蔡宏波、王俊海：《所得税与中国宏观经济波动——基于动态随机一般均衡模型的拓展研究》，《经济理论与经济管理》2011年第11期。

晁江锋等：《罕见灾难冲击与财政政策效应研究——基于中国经济的实证检验》，《当代财经》2015年第1期。

陈汉鹏、戴金平：《Shibor作为中国基准利率的可行性研究》，《管理世界》2014年第10期。

崔光灿：《资产价格、金融加速器与经济稳定》，《世界经济》2006年第11期。

崔治文、王蓓、管芹芹：《我国有效税率结构的经济增长效应——基于SVAR模型的实证研究》，《南方经济》2011年第2期。

戴金平、陈汉鹏：《中国利率市场化中基准利率的选择——Shibor作为基准利率的可行性研究》，《财经科学》2013年第10期。

戴金平、金永军：《货币政策的行业非对称效应》，《世界经济》2006年第7期。

邓红亮、陈乐一：《劳动生产率冲击、工资粘性与中国实际经济周期》，《中国工业经济》2019年第1期。

杜清源、龚六堂：《带"金融加速器"的RBC模型》，《金融研究》2005年第4期。

高然等：《信贷约束、影子银行与货币政策传导》，《经济研究》2018年第12期。

高铁梅、王金明：《我国货币政策传导机制的动态分析》，《金融研究》2001年第3期。

郭豫媚、陈伟泽、陈彦斌：《中国货币政策有效性下降与预期管理研究》，《经济研究》2016 年第 1 期。

韩晓峰、陈师：《银行全球化、金融加速器与国际经济风险传导——基于中、美两国宏观经济数据的实证研究》，《财经科学》2018 年第 4 期。

洪源、罗宏斌：《财政赤字的通货膨胀风险——理论诠释与中国的实证分析》，《财经研究》2007 年第 4 期。

侯成琪、龚六堂：《食品价格、核心通货膨胀与货币政策目标》，《经济研究》2013 年第 11 期。

贾俊雪、秦聪、张静：《财政政策、货币政策与资产价格稳定》，《世界经济》2014 年第 12 期。

蒋海、储著贞：《总供给效应、适应性学习预期与货币政策有效性》，《金融研究》2014 年第 5 期。

金春雨、张龙、贾鹏飞：《货币政策规则、政策空间与政策效果》，《经济研究》2018 年第 7 期。

金祥义：《金融加速器、货币政策财政政策调控和宏观经济波动》，《大连理工大学学报》（社会科学版）2022 年第 5 期。

金祥义、张文菲：《个人所得税扭曲下的货币政策调控研究——基于类拉弗曲线的视角》，《中南财经政法大学学报》2021 年第 1 期。

金祥义、张文菲：《金融加速器、预期消息冲击和货币政策规则选择》，《当代财经》2022 年第 3 期。

金祥义、张文菲：《金融结构与出口持续时间》，《国际金融研究》2019 年第 10 期。

金祥义、张文菲：《外汇风险暴露、货币错配与银行稳定性——来自银行微观数据的经验证明》，《中南财经政法大学学报》2019 年第 1 期。

金祥义、张文菲、万志宏：《汇率制度与银行危机成因：基于银行危机爆发和持续时间的研究》，《世界经济研究》2019 年第 10 期。

金中夏、洪浩：《开放经济条件下均衡利率形成机制——基于动态随机一般均衡模型（DSGE）对中国利率变动规律的解释》，《金融研究》2013 年第 7 期。

康立、龚六堂:《金融摩擦、银行净资产与国际经济危机传导——基于多部门 DSGE 模型分析》,《经济研究》2014 年第 5 期。

李义超、周英章:《我国货币政策和财政政策的效用比较研究》,《数量经济技术经济研究》2002 年第 3 期。

林东杰、崔小勇、龚六堂:《货币政策、消费品和投资品通货膨胀——基于金融加速器视角》,《金融研究》2019 年第 3 期。

林季红、潘竟成:《汇率波动与新兴市场国家货币政策规则——基于巴西、南非和俄罗斯的研究》,《国际经贸探索》2015 年第 5 期。

林仁文、杨熠:《中国市场化改革与货币政策有效性演变——基于 DSGE 的模型分析》,《管理世界》2014 年第 6 期。

刘斌:《我国 DSGE 模型的开发及在货币政策分析中的应用》,《金融研究》2008 年第 10 期。

刘金全、梁冰:《我国财政政策作用机制与经济周期波动的相依性检验》,《财贸经济》2005 年第 10 期。

刘兰凤、袁申国:《中国经济金融加速器效应的 DSGE 模型分析》,《南方经济》2012 年第 8 期。

刘溶沧、马拴友:《赤字、国债与经济增长关系的实证分析——兼评积极财政政策是否有挤出效应》,《经济研究》2001 年第 2 期。

刘一楠、王亮:《内生的杠杆阈值、金融加速器与宏观经济波动——基于动态随机一般均衡模型（DSGE）的分析》,《南方经济》2018 年第 12 期。

梅冬州、杨友才、龚六堂:《货币升值与贸易顺差：基于金融加速器效应的研究》,《世界经济》2013 年第 4 期。

梅冬州、龚六堂:《新兴市场经济国家的汇率制度选择》,《经济研究》2011 年第 11 期。

梅冬州、杨友才、龚六堂:《货币升值与贸易顺差：基于金融加速器效应的研究》,《世界经济》2013 年第 4 期。

孟宪春、张屹山、李天宇:《中国经济"脱实向虚"背景下最优货币政策规则研究》,《世界经济》2019 年第 5 期。

牟俊霖、王阳：《财政政策、货币政策的就业效应研究——基于要素扩展的向量自回归模型的估计》，《宏观经济研究》2017年第3期。

任碧云：《中国货币政策与财政政策的协调配合的技术路径》，《中国经济问题》2009年第3期。

全冰：《混频数据、投资冲击与中国宏观经济波动》，《经济研究》2017年第6期。

王国静、田国强：《政府支出乘数》，《经济研究》2014年第9期。

王君斌：《通货膨胀惯性、产出波动与货币政策冲击：基于刚性价格模型的通货膨胀和产出的动态分析》，《世界经济》2010年第3期。

王频、侯成琪：《预期冲击、房价波动与经济波动》，《经济研究》2017年第4期。

王文甫、王子成：《积极财政政策与净出口：挤入还是挤出？——基于中国的经验与解释》，《管理世界》2012年第10期。

王曦等：《中国货币政策规则的比较分析——基于DSGE模型的三规则视角》，《经济研究》2017年第9期。

王曦、王茜、陈中飞：《货币政策预期与通货膨胀管理——基于消息冲击的DSGE分析》，《经济研究》2016年第2期。

王燕武、吴华坤：《企业存货调整与中国财政政策的效力发挥》，《管理世界》2019年第1期。

温信祥、苏乃芳：《大资管、影子银行与货币政策传导》，《金融研究》2018年第10期。

伍戈、连飞：《中国货币政策转型研究：基于数量与价格混合规则的探索》，《世界经济》2016年第3期。

谢平：《中国货币政策分析：1998—2002》，《金融研究》2004年第8期。

许志伟、刘建丰：《收入不确定性、资产配置与货币政策选择》，《经济研究》2019年第5期。

薛涧坡、张网：《积极财政政策：理论发展、政策实践与基本经验》，《财贸经济》2018年第10期。

薛立国等：《财政政策对宏观经济波动的影响研究——基于金融加

速器模型的分析》,《国际金融研究》2016 年第 10 期。

鄢莉莉:《金融中介效率对货币政策效果的影响——基于动态随机一般均衡模型的研究》,《国际金融研究》2012 年第 6 期。

严成樑、龚六堂:《税收政策对经济增长影响的定量评价》,《世界经济》2012 年第 4 期。

杨慎可:《金融加速器与财政政策的动态效应》,《中央财经大学学报》2013 年第 12 期。

袁申国、陈平、刘兰凤:《汇率制度、金融加速器和经济波动》,《经济研究》2011 年第 1 期。

岳超云、牛霖琳:《中国货币政策规则的估计与比较——基于 DSGE 模型分析》,《数量经济技术经济研究》2014 年第 3 期。

张成思:《中国通胀惯性特征与货币政策启示》,《经济研究》2008 年第 2 期。

张杰、庞瑞芝、邓忠奇:《财政自动稳定器有效性测定:来自中国的证据》,《世界经济》2018 年第 5 期。

张开、龚六堂:《开放经济下的财政支出乘数研究——基于包含投入产出结构 DSGE 模型的分析》,《管理世界》2018 年第 6 期。

张志栋、靳玉英:《我国财政政策和货币政策相互作用的实证研究——基于政策在价格决定中的作用》,《金融研究》2011 年第 6 期。

赵扶扬、王忏、龚六堂:《土地财政与中国经济波动》,《经济研究》2017 年第 12 期。

赵昕东、陈飞、高铁梅:《我国货币政策工具变量效应的实证分析》,《金融研究》2002 年第 10 期。

赵振全、于震、刘淼:《金融加速器效应在中国存在吗?》,《经济研究》2007 年第 6 期。

周波、侯帅圻:《中国财政货币政策稳定通胀和产出吗?——基于 DSGE 模型的研究》,《财经问题研究》2019 年第 1 期。

朱军:《开放经济中的财政政策规则——基于中国宏观经济数据的 DSGE 模型》,《财经研究》2013 年第 3 期。

二 英文文献

Adam K., Billi R. M., "Distortionary Fiscal Policy and Monetary Policy Goals", *Economics Letters*, Vol. 122, No. 1, 2014, pp. 1–6.

An S., Schorfheide F., "Bayesian Analysis of DSGE Models", *Econometric Reviews*, Vol. 26, No. 2, 2007, pp. 113–172.

Angelini P., Neri S., Panetta F., "Monetary and Macroprudential Policies", *Bank of Italy Temidi Discussione Working Paper*, No. 801, 2011.

Aoki K., Proudman J., Vlieghe G., "House Prices, Consumption, and Monetary Policy: A Financial Accelerator Approach", *Journal of Financial Intermediation*, Vol. 13, No. 4, 2004, pp. 414–435.

Auclert A., "Monetary Policy and the Redistribution Channel", *American Economic Review*, Vol. 109, No. 6, 2019, pp. 2333–2367.

Auerbach A. J., "Implementing the New Fiscal Policy Activism", *American Economic Review*, 2009, 99 (2): 543–549.

Baxter M., King R. G., "Fiscal Policy in General Equilibrium", *American Economic Review*, Vol. 83, No. 3, 1993, pp. 315–334.

Beaudry P., Portier F., "An Exploration into Pigou's Theory of Cycles", *Journal of Monetary Economics*, Vol. 51, No. 6, 2004, pp. 1183–1216.

Beetsma R., Giuliodori M., Klaassen F., "Trade Spill-overs of Fiscal Policy in the European Union: A Panel Analysis", *Economic Policy*, Vol. 21, No. 48, 2006, pp. 640–687.

Belongia M. T., Ireland P. N., "Interest Rates and Money in the Measurement of Monetary Policy", *Journal of Business and Economic Statistics*, Vol. 33, No. 2, 2015, pp. 255–269.

Bernanke B. S., Blinder A. S., "The Federal Funds Rate and the Channels of Monetary Transmission", *American Economic Review*, Vol. 82, No. 4, 1992, pp. 901–921.

Bernanke B. S., Boivin J., Eliasz P., "Measuring the Effects of Monetary Policy: A Factor-augmented Vector Autoregressive (FAVAR) Approach", *The Quarterly Journal of Economics*, Vol. 120, No. 1, 2005, pp. 387–422.

Bernanke B. S., Gertler M., Gilchrist S., "The Financial Accelerator in a Quantitative Business Cycle Framework", *Handbook of Macroeconomics*, Vol. 1, 1999, pp. 1341–1393.

Bernanke B. S., Gertler M., "Inside the Black Box: The Credit Channel of Monetary Policy Transmission", *Journal of Economic Perspectives*, Vol. 9, No. 4, 1995, pp. 27–48.

Bernanke B. S., Gertler M., Gilchrist S., "The Financial Accelerator and the Flight to Quality", *Review of Economics and Statistics*, Vol. 78, No. 1, 1996, pp. 1–15.

Bernanke B. S., Gertler M., "Agency Costs, Net Worth, and Business Fluctuations", *American Economic Review*, Vol. 79, No. 1, 1989, pp. 14–31.

Bhattarai K., Trzeciakiewicz D., "Macroeconomic Impacts of Fiscal Policy Shocks in the UK: A DSGE Analysis", *Economic Modelling*, Vol. 61, 2017, pp. 321–338.

Bianchi F., Ilut C., "Monetary/Fiscal Policy Mix and Agents' Beliefs", *Review of Economic Dynamics*, Vol. 26, 2017, pp. 113–139.

Bianchi F., Melosi L., "The Dire Effects of the Lack of Monetary and Fiscal Coordination", *Journal of Monetary Economics*, Vol. 104, No. 1, 2019, pp. 1–22.

Borio C., "The Financial Cycle and Macroeconomics: What Have We Learnt?", *Journal of Banking & Finance*, Vol. 45, No. 1, 2014, pp. 182–198.

Brunnermeier M. K., Sannikov Y., "A Macroeconomic Model with a Financial Sector", *American Economic Review*, Vol. 104, No. 2, 2014, pp. 379–421.

Calvo G. A., Reinhart C. M., "Fixing for Your Life", *NBER Working Paper*, No. w8006, 2000.

Calvo G. A., "Staggered Prices in a Utility-maximizing Framework",

Journal of Monetary Economics, Vol. 12, No. 3, 1983, pp. 383–398.

Cambazoglu B., Karaalp H. S., "The External Finance Premium and the Financial Accelerator: The Case of Turkey", *International Journal of Economic Sciences and Applied Research*, Vol. 6, No. 1, 2013, pp. 103–121.

Cespedes L. F., Chang R., Velasco A., "Balance Sheets and Exchange Rate Policy", *American Economic Review*, Vol. 94, No. 4, 2004, pp. 1183–1193.

Chang C., Chen K., Waggoner D. F., "Trends and Cycles in China's Macroeconomy", *NBER Macroeconomics Annual*, Vol. 30, No. 1, 2016, pp. 1–84.

Christensen I., Dib A., "The Financial Accelerator in an Estimated New Keynesian Model", *Review of Economic Dynamics*, Vol. 11, No. 1, 2008, pp. 155–178.

Christiano L. J., Eichenbaum M., Evans C., "The Effects of Monetary Policy Shocks: Some Evidence from the Flow of Funds", *NBER Working Paper*, No. w4699, 1994.

Christiano L. J., Motto R., Rostagno M., "Risk Shocks", *American Economic Review*, Vol. 104, No. 1, 2014, pp. 27–65.

Christiano L., Motto R., Rostagno M., "Shocks, Structures or Monetary Policies? The Euro Area and US after 2001", *Journal of Economic Dynamics and Control*, Vol. 32, No. 8, 2008, pp. 2476–2506.

Chung H., Davig T., Leeper E. M., "Monetary and Fiscal Policy Switching", *Journal of Money, Credit and Banking*, Vol. 39, No. 4, 2007, pp. 809–842.

Coenen G., Wieland V., "The Zero-interest-rate Bound and the Role of the Exchange Rate for Monetary Policy in Japan", *Journal of Monetary Economics*, Vol. 50, No. 5, 2003, pp. 1071–1101.

Devereux M. B., Lane P. R., Xu J., "Exchange Rates and Monetary Policy in Emerging Market Economies", *The Economic Journal*, Vol. 116, No. 511, 2006, pp. 478–506.

Dixit A., Lambertini L., "Monetary-fiscal Policy Interactions and Commitment Versus Discretion in a Monetary Union", *European Economic Review*, Vol. 45, No. 4, 2001, pp. 977-987.

Dmitriev M., Hoddenbagh J., "The Financial Accelerator and the Optimal State-dependent Contract", *Review of Economic Dynamics*, Vol. 24, No. 1, 2017, pp. 43-65.

Domac I., Peria M. S. M., "Banking Crises and Exchange Rate Regimes: Is There a Link?", *Journal of International Economics*, Vol. 61, No. 1, 2003, pp. 41-72.

Easterly W., Rebelo S., "Fiscal Policy and Economic Growth", *Journal of Monetary Economics*, Vol. 32, No. 3, 1993, pp. 417-458.

Elekdag S., Justiniano A., Tchakarov I., "An Estimated Small Open Economy Model of the Financial Accelerator", *IMF Staff Papers*, Vol. 53, No. 2, 2006, pp. 219-241.

Fernandez-Villaverde J., "Fiscal Policy in a Model with Financial Frictions", *American Economic Review*, Vol. 100, No. 2, 2010, pp. 35-40.

Friedman M., Schwartz A. J., *A Monetary History of the United States*, 1867-1960, Princeton: Princeton University Press, 1963.

Friedman M., *A Program for Monetary Stability*, New York: Fordham University Press, 1960.

Fujiwara I., Hirose Y., Shintani M., "Can News be a Major Source of Aggregate Fluctuations? A Bayesian DSGE Approach", *Journal of Money, Credit and Banking*, Vol. 43, No. 1, 2011, pp. 1-29.

Fukunaga I., "Financial Accelerator Effects in Japan's Business Cycles", *BOJ Research and Statistics Department Working Paper Series*, 2002, pp. 2-6.

Furceri D., Sousa R. M., "The Impact of Government Spending on the Private Sector: Crowding-out Versus Crowding-in Effects", *Kyklos*, Vol. 64, No. 4, 2011, pp. 516-533.

Gali J., Monacelli T., "Monetary Policy and Exchange Rate Volatility in a Small Open Economy", *The Review of Economic Studies*, Vol. 72, No. 3, 2005, pp. 707-734.

Gali J., "Monetary Policy and Rational Asset Price Bubbles", *American Economic Review*, Vol. 104, No. 3, 2014, pp. 721-752.

Gertler M., Gilchrist S., Natalucci F. M., "External Constraints on Monetary Policy and the Financial Accelerator", *Journal of Money, Credit and Banking*, Vol. 39, No. 2, 2007, pp. 295-330.

Gertler M., Karadi P., "A Model of Unconventional Monetary Policy", *Journal of Monetary Economics*, Vol. 58, No. 1, 2011, pp. 17-34.

Gilchrist S., Hairault J. O., Kempf H., "Monetary Policy and the Financial Accelerator in a Monetary Union", *ECB Working Paper*, No. 150, 2002.

Gilchrist S., Zakrajsek E., "Credit Spreads and Business Cycle Fluctuations", *American Economic Review*, Vol. 102, No. 4, 2012, pp. 1692-1720.

Greenwood J., Hercowitz Z., Huffman G. W., "Investment, Capacity Utilization, and the Real Business Cycle", *American Economic Review*, Vol. 78, No. 3, 1988, pp. 402-417.

Görtz C., Tsoukalas J. D., "News and Financial Intermediation in Aggregate Fluctuations", *Review of Economics and Statistics*, Vol. 99, No. 3, 2017, pp. 514-530.

Hall S., "Financial Accelerator Effects in UK Business Cycles", *Bank of England Quarterly Bulletin*, Vol. 42, No. 1, 2002, pp. 91-101.

Hallett A. H., Libich J., Stehlík P., "Welfare Improving Coordination of Fiscal and Monetary Policy", *AUCO Czech Economic Review*, Vol. 5, No. 1, 2011, pp. 7-26.

Herbst E. P., Schorfheide F., *Bayesian Estimation of DSGE Models*, London: Princeton University Press, 2015.

Hollmayr J., Kuhl M., "Monetary-fiscal Interaction and Quantitative Easing", *Economics Letters*, Vol. 174, No. 1, 2019, pp. 200-207.

Humphrey T. M., "Fisher and Wicksell on the Quantity Theory", *FRB*

Richmond Economic Quarterly, Vol. 83, No. 4, 1997, pp. 71-90.

Iacoviello M., "House Prices, Borrowing Constraints, and Monetary Policy in the Business Cycle", *American Economic Review*, Vol. 95, No. 3, 2005, pp. 739-764.

Kearney C., Monadjemi M., "Fiscal Policy and Current Account Performance: International Evidence on the Twin Deficits", *Journal of Macroeconomics*, Vol. 12, No. 2, 1990, pp. 197-219.

Keynes J. M., *The Theory of Employment Interest and Money*, London: Macmillan, 1960.

Kim S. J., "Growth Effect of Taxes in an Endogenous Growth Model: To What Extent do Taxes Affect Economic Growth?", *Journal of Economic Dynamics and Control*, Vol. 23, No. 1, 1998, pp. 125-158.

Kishan R. P., Opiela T. P., "Bank Size, Bank Capital, and the Bank Lending Channel", *Journal of Money, Credit, and Banking*, Vol. 32, No. 1, 2000, pp. 121-141.

Kwapil C., Scharler J., "Interest Rate Pass-through, Monetary Policy Rules and Macroeconomic Stability", *Journal of International Money and Finance*, Vol. 29, No. 2, 2010, pp. 236-251.

Kydland F. E., Prescott E. C., "Time to Build and Aggregate Fluctuations", *Econometrica: Journal of the Econometric Society*, Vol. 50, No. 6, 1982, pp. 1345-1370.

Leeper E. M., Plante M., Traum N., "Dynamics of Fiscal Financing in the United States", *Journal of Econometrics*, Vol. 156, No. 2, 2010, pp. 304-321.

Li B., Liu Q., "On the Choice of Monetary Policy Rules for China: A Bayesian DSGE Approach", *China Economic Review*, Vol. 44, No. 6, 2017, pp. 166-185.

Liu L. G., Zhang W., "A New Keynesian Model for Analysing Monetary Policy in Mainland China", *Journal of Asian Economics*, Vol. 21, No. 6, 2010, pp. 540-551.

Lucas R. E. , *Econometric Policy Evaluation: A Critique*, Carnegie-Rochester Conference Series on Public Policy, North – Holland, 1976, pp. 19-46.

Lucas R. E. , "Methods and Problems in Business Cycle Theory", *Journal of Money, Credit and Banking*, Vol. 12, No. 4, 1980, pp. 696-715.

McCallum B. T. , *Robustness Properties of a Rule for Monetary Policy*, Carnegie-Rochester Conference Series on Public Policy, North-Holland, 1988, pp. 173-203.

McKay A. , Reis R. , "The Role of Automatic Stabilizers in the US Business Cycle", *Econometrica*, Vol. 84, No. 1, 2016, pp. 141-194.

Mishkin F. S. , "Globalization, Macroeconomic Performance, and Monetary Policy", *Journal of Money Credit and Banking*, Vol. 41, No. 1, 2009, pp. 187-196.

Monacelli T. , Perotti R. , "Fiscal Policy, Wealth Effects, and Markups", *NBER Working Paper*, No. w14584, 2008.

Muscatelli V. A. , Tirelli P. , Trecroci C. , "Fiscal and Monetary Policy Interactions: Empirical Evidence and Optimal Policy Using a Structural New-Keynesian Model", *Journal of Macroeconomics*, Vol. 26, No. 2, 2004, pp. 257-280.

Nimark K. P. , "A Structural Model of Australia as a Small Open Economy", *Australian Economic Review*, Vol. 42, No. 1, 2009, pp. 24-41.

Ottonello P. , Winberry T. , "Financial Heterogeneity and the Investment Channel of Monetary Policy", *NBER Working Paper*, No. w24221, 2018.

Papadamou S. , Siriopoulos C. , "Corporate Yield Spread and Real Activity in Emerging Asia: Evidence of a Financial Accelerator for Korea", *Journal of Economic Integration*, Vol. 24, No. 2, 2009, pp. 275-293.

Pigou A. C. , *Industrial Fluctuations*, London: Routledge, 1927.

Poilly C. , "Does Money Matter for the Identification of Monetary Policy

Shocks: A DSGE Perspective", *Journal of Economic Dynamics and Control*, Vol. 34, No. 10, 2010, pp. 2159-2178.

Primiceri G. E., "Time Varying Structural Vector Autoregressions and Monetary Policy", *The Review of Economic Studies*, Vol. 72, No. 3, 2005, pp. 821-852.

Rabanal P., "Does Inflation Increase after a Monetary Policy Tightening? Answers Based on an Estimated DSGE Model", *Journal of Economic Dynamics and Control*, Vol. 31, No. 3, 2007, pp. 906-937.

Ricardo D., *Principles of Political Economy and Taxation*, London: George Bell and Sons, 1891.

Schmitt-Grohe S., Uribe M., "What's News in Business Cycles", *Econometrica*, Vol. 80, No. 6, 2012, pp. 2733-2764.

Shobande O. A., Shodipe O. T., "New Keynesian Liquidity Trap and Conventional Fiscal Stance: An Estimated DSGE Model", *Economics and Business*, Vol. 33, No. 1, 2019, pp. 152-169.

Sims C. A., "Macroeconomics and Reality", *Econometrica: Journal of the Econometric Society*, Vol. 48, No. 1, 1980, pp. 1-48.

Smets F., Wouters R., "An Estimated Dynamic Stochastic General Equilibrium Model of the Euro Area", *Journal of the European Economic Association*, Vol. 1, No. 5, 2003, pp. 1123-1175.

Smets F., Wouters R., "Shocks and Frictions in US Business Cycles: A Bayesian DSGE Approach", *American Economic Review*, Vol. 97, No. 3, 2007, pp. 586-606.

Stahler N., Thomas C., "FiMod—A DSGE Model for Fiscal Policy Simulations", *Economic Modelling*, Vol. 29, No. 2, 2012, pp. 239-261.

Taylor J. B., *Discretion Versus Policy Rules in Practice*, Carnegie-Rochester Conference Series on Public Policy, North-Holland, 1993, pp. 195-214.

Taylor J. B., "The Financial Crisis and the Policy Responses: An Empirical Analysis of What Went Wrong", *NBER Working Paper*, No. w14631,

2009.

Tervala J., "Fiscal Policy and Direct Crowding-out in a Small Open Economy", *International Economics and Economic Policy*, Vol. 5, No. 3, 2008, pp. 255–268.

Uhlig H., Marimon A., Scott A., "A Toolkit for Analyzing Nonlinear Dynamic Stochastic Models Easily", *Computational Methods for the Study of Dynamic Economies*, Vol. 97, No. 2, 1999, pp. 30–61.

Van A. B., Garretsen H., Gobbin N., "Monetary and Fiscal Policy Transmission in the Euro-area: Evidence from a Structural VAR Analysis", *Journal of Economics and Business*, Vol. 55, No. 5, 2003, pp. 609–638.

Vijverberg C. P. C., "An Empirical Financial Accelerator Model: Small Firms' Investment and Credit Rationing", *Journal of Macroeconomics*, Vol. 26, No. 1, 2004, pp. 101–129.

Woodford M., *Interest and Prices: Foundations of a Theory of Monetary Policy*, Princeton: Princeton University Press, 2003.

Woodford M., "Convergence in Macroeconomics: Elements of the New Synthesis", *American Economic Journal: Macroeconomics*, Vol. 1, No. 1, 2009, pp. 267–279.